《基层治理能力提升特色实训手册》 编写组 编

基层治理能力提升

特色实训手册

JICENG ZHILI NENGLI TISHENG
TESE SHIXUN SHOUCE

中国社会出版社

国家一级出版社 · 全国百佳图书出版单位

图书在版编目（CIP）数据

基层治理能力提升特色实训手册 ／《基层治理能力
提升特色实训手册》编写组编 ． —— 北京 ：中国社会出版
社，2024．10． —— ISBN 978-7-5087-7124-3

Ⅰ．D669.3-62

中国国家版本馆 CIP 数据核字第 2024P2R241 号

基层治理能力提升特色实训手册

出 版 人：程　伟
终 审 人：魏光洁
责任编辑：马　岩
装帧设计：李　尘
出版发行：中国社会出版社
　　　　　（北京市西城区二龙路甲 33 号　邮编 100032）
印刷装订：北京博海升彩色印刷有限公司
版　　　次：2024 年 10 月第 1 版
印　　　次：2024 年 10 月第 1 次印刷
开　　　本：185mm×260mm　1/16
字　　　数：300 千字
印　　　张：15
定　　　价：88.00 元

编委会

目 录

第一章 概 述……………………………………………………001

  第一节 提升基层治理能力的紧迫性与必要性………………002

  第二节 实训手册的重要意义…………………………………004

  第三节 实训手册的内容和特点………………………………005

  第四节 结语与寄语……………………………………………009

第二章 "策划大师":活动策划的"金钥匙"……………010

  第一节 社区活动策划基本理论………………………………010

  第二节 社区活动策划基本方法………………………………015

  第三节 社区活动策划典型案例………………………………028

  第四节 答疑解惑………………………………………………043

  第五节 考核通关………………………………………………045

第三章 "金牌调解":纠纷化解的"彩虹桥"……………049

  第一节 基层调解工作基本理论………………………………049

  第二节 基层调解工作基本方法………………………………055

  第三节 基层调解典型案例……………………………………064

  第四节 答疑解惑………………………………………………069

  第五节 考核通关………………………………………………070

第四章 "应急高手":应急管理的"灭火队"……………072

  第一节 基层治理中的应急管理基本理论……………………072

  第二节 基层治理中的应急管理基本方法……………………079

  第三节 基层治理中的应急管理典型案例……………………084

  第四节 答疑解惑………………………………………………094

  第五节 考核通关………………………………………………095

第五章 "暖心群工"：基层群众的"小棉袄"…………………… 100

第一节 党的群众工作基本理论及发展…………………… 100

第二节 新时代做好群众工作基本方法…………………… 102

第三节 做好群众工作典型案例…………………… 105

第四节 答疑解惑…………………… 108

第五节 考核通关…………………… 109

第六章 "开会达人"：基层会议的"实战宝典"…………………… 111

第一节 基层会议基本理论…………………… 111

第二节 基层各类会议的基本方法…………………… 118

第三节 各类会议典型案例…………………… 130

第四节 答疑解惑…………………… 143

第五节 考核通关…………………… 150

第七章 "数字大咖"：基层治理的数智先锋…………………… 155

第一节 数字治理基本理论与方法…………………… 155

第二节 基层治理数字化典型案例…………………… 159

第三节 答疑解惑…………………… 167

第四节 考核通关…………………… 172

第八章 "网格菁英"：网格服务的"多面手"…………………… 174

第一节 基层网格化服务管理基本理论…………………… 174

第二节 基层网格化服务管理基本方法…………………… 180

第三节 基层网格化服务管理实践案例…………………… 183

第四节 答疑解惑…………………… 187

第五节 考核通关…………………… 190

第九章 "安心社工"：筑起心灵的"小港湾"…………………… 191

第一节 专业社会工作者参与基层治理基本理论…………………… 191

第二节 专业社工参与基层治理基本方法…………………… 203

第三节 专业社工参与基层治理典型案例…………………… 209

第四节 答疑解惑…………………… 223

第五节 考核通关…………………… 225

主要参考文献…………………… 227

后 记…………………… 232

第一章　概　述

基层治理是国家治理的基石，是落实党和国家大政方针、维护社会和谐稳定、服务人民群众的前沿阵地。

党的十八大以来，以习近平同志为核心的党中央站在巩固党的执政基础和维护国家政权安全的战略高度，坚定不移加强党对基层治理的领导，不断推进基层治理理论创新、实践创新和制度创新。习近平总书记围绕基层治理发表了一系列重要论述，深刻揭示了中国特色基层治理的理论、价值观和方法论，科学阐释了新时代为什么要推进、怎样推进基层治理体系和治理能力现代化建设等重大理论和实践问题，全面深化了我们党对推进基层治理现代化的规律性认识。

2021 年 4 月 28 日，《中共中央　国务院关于加强基层治理体系和治理能力现代化建设的意见》明确指出，提升基层政府治理行政执行能力、为民服务能力、议事协商能力、应急管理能力、平安建设能力[①]。2024 年 3 月 28 日，《中共中央办公厅　国务院办公厅关于加强社区工作者队伍建设的意见》明确提出，着力健全职业体系、加强能力建设、完善管理制度、强化激励保障，打造一支政治坚定、素质优良、敬业奉献、结构合理、群众满意的社区工作者队伍，为加强和完善社区治理提供坚实人才支撑[②]。

中央社会工作会议 2024 年 11 月 5 日至 6 日在京召开，会上传达了中共中央总书记、国家主席、中央军委主席习近平对社会工作作出的重要指示，指出社会工作是党和国家工作的重要组成部分，事关党长期执政和国家长治久安，事关社会和谐稳定和人民幸福安康。社会工作部门要加强自身建设，强化政治担当，勇于实践探索，扎实履职尽责[③]。

基层治理能力的强弱直接关系到党和国家大政方针的执行效果，社会矛盾纠纷的

---

① 中共中央　国务院关于加强基层治理体系和治理能力现代化建设的意见［EB/OL］.（2021-07-11）［2024-06-27］. http://www.gov.cn/zhengce/2021-07/11/content_5624201.htm.

② 中共中央办公厅　国务院办公厅关于加强社区工作者队伍建设的意见［EB/OL］.（2024-04-10）［2024-06-27］. https://www.gov.cn/gongbao/2024/issue_11306/202404/content_6947726.html.

③ 习近平对社会工作作出重要指示：坚定不移走中国特色社会主义社会治理之路　推动新时代社会工作高质量发展［EB/OL］.［2024-11-06］. https://www.gov.cn/yaowen/liebiao/202411/content_6985137.htm.

化解程度，人民群众的满足感、幸福感和安全感。为了全面提升基层治理工作者的能力水平，中共深圳市龙华区委党校联合中国社会治理研究会组织专家学者，策划编写本手册，旨在为基层工作者提供一套全面、实用、可操作的工作指南，帮助他们更好地履职尽责、提升管理能力和服务水平，推动基层治理工作高质量发展。

第一节　提升基层治理能力的紧迫性与必要性

在当前经济社会快速发展变革的形势背景下，基层治理能力提升的重要性日益凸显。提升基层治理能力成为促进社会稳定、增进民生福祉、推动经济社会发展的重要举措。为了提升基层治理的效率和水平，加强基层干部队伍建设，编写出版基层治理能力提升培训手册显得尤为紧迫和必要。

一、提升基层治理能力的紧迫性

《中共中央办公厅　国务院办公厅关于加强社区工作者队伍建设的意见》提出，用5年左右时间，实现"社区工作者职业体系基本建立，能力建设不断强化，管理制度更加科学，激励保障机制愈加健全，关心关爱社区工作者氛围日益浓厚；社区工作者政治素质、履职能力、工作作风全面加强，队伍结构持续优化，收入待遇合理保障，职业认同感和自豪感切实增强，为民爱民、干事创业的精气神进一步提升"。本手册的编写对于实现《中共中央办公厅　国务院办公厅关于加强社区工作者队伍建设的意见》提出的目标具有重要推动作用，可以帮助加速社区工作者职业体系的建立和提升，推动社区治理水平的不断提高。

一是基层干部能力提升的迫切需求。基层干部普遍面临着治理能力不足、专业知识缺乏等问题，这直接影响了基层治理的效果和质量。因此，迫切需要一本全面系统、实用性强的实训手册，帮助基层干部提升治理能力，更好地应对基层工作中的各种挑战。

二是我国社会深度转型的严峻挑战。我国处于深度社会转型的关键时期，经济结构的调整、社会矛盾的复杂化、利益格局的多元化、机制体制的深度化等都对基层治理提出了新的挑战。基层治理作为直面群众、解决问题的最前沿，必须不断提升治理能力，以应对日益复杂的社会问题。

三是社会治理创新的客观要求。随着人民群众生活水平的提高，群众对基层服务的需求也日益多样化。从基本的生活保障到更高层次的精神文化需求，从公共安全到环境保护，都对基层治理能力提出了更高的要求。为了适应这一变化，需要不断创新基层治理的理念、方法和手段。而实训手册的编写正是推动社会治理创新的重要途径之一，通过总结实践经验、推广先进模式，为基层干部提供新的思路和方法。

四是应对复杂社会问题的现实需要。当前基层治理面临诸多问题，如城乡发展不平衡、环境保护压力增大、公共安全隐患增多等。这些问题需要基层干部具备较高的治理能力和专业素养才能有效应对。因此，编写一本针对性强的培训教材，对于提升基层干部的治理能力和应对复杂问题的能力具有重要意义。

五是信息化和数字化的迅速发展。随着信息技术、数字化技术的快速发展，信息的传播速度加快、覆盖范围更广，基层治理工作面临着前所未有的压力；数字化对于基层社会治理提供了强大的技术赋能。网络舆论的监管、信息安全的保障、电子政务的建设等都需要基层治理能力的提升来适应信息化时代的发展。

二、提升基层治理能力的必要性

基层治理不仅是国家现代化能力的基础和关键，直接影响了我国国家治理体系和治理能力的现代化水平，更是中国特色现代化非常重要的组成部分，展现了中国特色社会主义制度的优势和特点。

一是促进基层干部队伍建设。广大的基层干部作为基层治理必不可少的核心力量，其素质和能力与基层治理的成效紧密相连、密切相关。通过编写实训手册，可以系统梳理基层治理的理论知识和实践经验，为基层干部提供全面的学习资料，有助于提升他们的专业素养和治理能力，促进基层干部队伍建设。

二是维护社会稳定和谐。基层治理能力的提升有助于更好地解决群众矛盾和问题，维护社会稳定和谐。通过加强基层治理，减少和缓解社会矛盾，消除社会冲突，为经济社会发展提供良好的社会环境。

三是规范基层治理工作。基层治理工作涉及方方面面，需要遵循一定的规范和标准。实训手册可以明确基层治理的职责、任务和要求，规范基层治理工作的流程和操作，提高基层治理的效率和水平。同时，实训手册还可以提供具体的案例和解决方案，帮助基层干部更好地解决实际工作中遇到的问题。

四是促进经济发展。基层治理能力的提升有助于优化营商环境，激发市场活力，促进经济发展。通过提高基层治理效率和服务水平，可以降低企业运营成本，增强市场竞争力，推动经济持续健康发展。

五是推动基层治理创新实践。实训手册不仅是学习资料，更是推动基层治理创新实践的重要工具。通过编写实训手册，可以总结和提炼基层治理的成功经验和做法，推广先进的治理理念和模式，激发基层干部的创新意识和实践能力。同时，实训手册还可以引导基层干部关注社会热点和难点问题，探索新的治理方法和途径，推动基层治理工作的不断创新和发展。

六是提升政府公信力。基层治理能力的提升有助于提升政府公信力，增强群众对政府的信任和支持。通过加强基层治理，可以让群众感受到政府的服务和关怀，增强群众对政府的认同感和满意度。

综上所述,编写出版基层治理能力提升实训手册,不仅有助于提升基层干部的治理能力和应对复杂社会问题的能力,还能推动基层治理创新实践和规范基层治理工作。

第二节　实训手册的重要意义

基层治理是国家治理的基础,基层治理能力的强弱直接关系到社会稳定、经济发展和民生改善。当前不少地方存在着治理能力不足、基层干部专业素养不高、专业技能需要提升等问题,这在一定程度上制约了基层治理的效能和水平,因此,提升基层治理能力已成为当前社会治理领域亟待解决的重要课题。

本手册旨在帮助基层工作者全面提升治理能力,掌握基层治理的核心知识和技能。通过系统学习本手册的内容,基层工作者将能够更好地理解基层治理的理论体系和实践要求,掌握解决实际问题的有效方法和技巧。同时,本手册还注重培养基层工作者的创新意识和实践能力,引导他们积极探索基层治理的新思路、新模式,推动基层治理创新发展。此外,本手册还有助于推动基层治理的规范化、专业化、精细化发展,提升基层治理的整体水平和效能。

一是提升基层干部的治理能力。基层治理能力提升培训手册的出版,为基层干部提供了一本全面、系统、实用的学习资料。通过学习,基层干部可以深入了解基层治理的理论知识和实践经验,掌握治理工作的基本方法和技能,从而提升自身的治理能力和专业素养。

二是规范基层治理工作。培训手册的内容涵盖了基层治理的各个方面,包括治理理念、制度建设、工作流程等。通过学习,基层干部可以更加清晰地了解治理工作的职责、任务和要求,规范治理工作的流程和操作,提高治理工作的效率和水平。

三是推动基层治理创新实践。培训手册不仅注重传授基本知识和方法,还强调创新思维和实践能力的培养。通过学习,基层干部可以接触到先进的治理理念和创新的治理方法,激发创新意识和实践能力,推动基层治理工作的不断创新和发展。

四是加强基层干部队伍建设。基层治理能力提升实训教材的出版,有助于加强基层干部队伍建设。通过学习,基层干部可以不断提升自身的治理能力和专业素养,为基层治理工作提供有力的人才保障。同时,实训手册也可以作为选拔和考核基层干部的重要依据,促进基层干部队伍的优胜劣汰和整体素质的提升。

综上所述,编写出版基层治理能力提升实训手册具有重要的背景和意义。这不仅是提升基层干部治理能力、规范基层治理工作的需要,也是推动基层治理创新实践、加强基层干部队伍建设的重要举措。

第三节　实训手册的内容和特点

一、本手册的主要内容

基层治理涉及面广，任务繁重，需要基层工作者具备扎实的理论素养、丰富的实践经验和高超的工作技巧。本手册紧密围绕提升基层干部的治理能力的核心目标，确保内容的全面性、实用性和针对性，主要包括基层治理的基本理论、政策法规、实践案例以及技能提升等内容。在基本理论方面，本手册介绍了基层治理的基本概念、原则和任务，帮助基层工作者树立正确的治理观念。在政策法规方面，本手册梳理了国家关于基层治理的相关政策法规，使基层工作者能够熟悉并掌握相关政策要求。在实践案例方面，本手册选取了一些典型的基层治理案例进行分析和解读，为基层工作者提供可借鉴的经验和启示。在技能提升方面，本手册注重培养基层工作者的实际操作能力和解决问题的能力，提供一系列实用的方法和技巧。

本手册共分为九章，每章一个主题，形成了比较系统的基层治理能力提升体系。

第一章概述。全面展现了基层治理能力现代化的政策背景、内涵含义、现状问题、问题研究和实践探索，为学员提供系统、深入的了解和思考，为后续章节的学习奠定基础。首先，该章深入探讨了基层治理能力现代化的政策背景，随着我国经济社会的快速发展和城乡居民生活水平的不断提高，基层治理的重要性日益凸显。政府出台了一系列相关政策，以推动基层治理能力的现代化。这些政策包括《中共中央　国务院关于加强基层治理体系和治理能力现代化建设的意见》《中共中央办公厅　国务院办公厅关于加强社区工作者队伍建设的意见》等，明确了加强基层治理能力建设的重要性和紧迫性。其次，该章深入解析基层治理能力现代化的内涵及现状，基层治理能力现代化不仅是简单地提高管理水平，更涉及政府职能转变、服务理念更新、治理体系创新等方面。最后从政府职能、服务内容、管理方式等多个角度进行解析，探讨基层治理能力现代化的内涵和含义，为后续章节的分析提供理论支撑。

第二章"策划大师"：活动策划的"金钥匙"。该章旨在帮助学员掌握基层治理活动策划的理论与实践，使学员能够全面理解和应用活动策划的核心要点。该章在基本理论部分，深入探讨活动策划的理论基础和关键概念，从活动目标设定到资源整合，剖析活动策划中不可或缺的理论框架，帮助学员建立起扎实的理论基础；在基本方法中，介绍活动策划的基本方法和流程，分享各种有效的策划方法，帮助学员掌握从头到尾的策划流程，确保活动顺利进行；在实践案例部分，通过案例展示成功的活动策划实践，通过案例分析，学员将深入了解不同类型活动的策划过程，从而借鉴经验、吸取教训，提升自身的策划能力；在实操训练部分，设计具体的策划任务和练习，以实践提升学员的策划能力，通过模拟场景和实际操作，学员将有机会在没有实际压力的情况下，锻炼自己的策划技能；最后，在考核通关中，对学员进行综合考核，检验其对活动策划理论和实践的掌握程度。通过系统学习和实践，希望学员成为一名真正的策划大师，在基层治理活动策划领域做到游刃有余，为社区发展和治理提供更加有力的支持。

第三章"金牌调解"：纠纷化解的"彩虹桥"。该章系统介绍了基层矛盾纠纷的有效化解方法和技巧。通过深入探讨矛盾的本质、产生原因以及解决的基本原则，为学员提供理论指导。该章介绍了基层矛盾纠纷解决的常用方法，包括沟通技巧、调解手段、协商原则等，帮助学员了解如何在实际工作中运用这些方法化解矛盾。通过实践案例的分享，学员将了解到真实情境下的矛盾纠纷解决过程。这些案例将涵盖不同类型的矛盾，并展示出不同的解决方法和效果，为学员提供借鉴和启发。该章设计了具体的训练任务和场景，让学员在模拟环境中进行角色扮演和实践练习。该章最后对学员进行综合考核，评估其对矛盾纠纷解决理论和实践的掌握程度，帮助学员确认自己的学习成果。通过这一章的学习，学员将掌握基层矛盾纠纷解决的核心理论和方法，提升自己的调解能力，为社区和组织的和谐稳定作出贡献。

第四章"应急高手"：应急管理的"灭火队"。该章旨在帮助学员在基层治理中有效处置各类突发事件和应急情况。这一章将探讨灾害风险评估、常态化应急准备、群体性事件应对策略等方面的理论基础，为学员提供理论支持。该章通过介绍应急处突的基本方法，例如应急响应流程、危机管理技巧、应急资源调配等方法，帮助学员了解如何在实际工作中应对各种突发情况。通过实践案例的分享，学员将了解到各种类型的应急处突情况的解决过程。这些案例将涵盖自然灾害、突发事件、公共卫生事件等，为学员提供实践经验和启示。在答疑解惑部分，该章通过针对常见问题提供解答和建议，帮助学员更好地理解和应对各种应急情况。在实操训练中，学员将有机会通过实际操作来加强自己的应急处突技能。该章最后对学员进行综合考核，评估其对应急处突理论和实践的掌握程度。通过这一章的学习，学员将能够提升应急处突的能力和水平，有效应对各类突发情况，确保社区和组织的安全。

第五章"暖心群工"：基层群众的"小棉袄"。该章旨在深入探讨基层治理中的群众工作，通过基本理论、基本方法、实践案例、答疑解惑以及考核通关五个部分的介绍，全面剖析如何有效地开展基层群众工作。在基本理论部分，该章系统梳理了群众工作的核心概念、原理和理论基础，为学员建立起深厚的理论基础。基于基本方法，深入探讨了在实际工作中如何运用各种方法和手段有效地组织、引导和服务群众，提高群众工作的实效性和针对性。实践案例部分结合真实案例，通过具体事例展示成功的群众工作实践，启发学员的思考和借鉴经验。在答疑解惑环节，针对学员在实际操作中遇到的问题进行解答和指导，帮助学员更好地理解和应用群众工作理论和方法。该章最后通过考核通关环节，对学员的学习成果进行检验和总结，促进知识的巩固和提升。这一章旨在帮助学员全面理解和掌握基层治理中的群众工作，为提升基层治理水平和服务群众能力提供有力支撑。

第六章"开会达人"：基层会议的"实战宝典"。该章旨在为学员提供全面的指导，使学员能够在基层层面有效地策划和主持会议。在基本理论部分，该章深入探讨了会议策划的理论基础。通过解析会议的目的、参与者、议程设计等核心概念，学员将建立起对会议策划的基本理解，为后续的实践提供理论支持。在基本方法部分，该章介绍了会议策划的常用方法和流程，探讨如何确定会议主题、制定议程、选择会场等基本步骤，分享实用的技巧和工具，帮助学员高效地组织会议。通过具体案例展示成功的会议策划实践，深入分析实际会议的策划过程和实施情况，学员将学习到各种情境下的应对策略和经验教训，为自己的会议策划工作提供借鉴。学员通过实操训练将设计具体的会议策划任务和练习，以帮助其提升实际操作能力。通过模拟情景和实践操作，学员将有机会在真实的环境中应用所学知识，增强自己的会议策划技能。该章最后的考核通关则是对学员进行综合考核，检验其对会议策划理论和实践的掌握程度。通过考核，学员将评估自己的学习成果，并为今后的会议策划工作做好准备。

第七章"数字大咖"：基层治理的数智先锋。该章凸显了数字化技术在基层治理中的战略意义。从数字化和数字治理基本方法到实践案例再到答疑解惑，该章全面阐述了数字化赋能对基层治理的重要性和影响。通过数字化技术，政府可以更高效地管理资源，提供更优质的公共服务，以及实现更加智慧的治理方式。实践案例展示了数字化赋能在不同领域的应用，从智慧城市到电子政务平台和数字化社区管理，每一个案例都是数字化赋能在基层治理中的成功实践，为学员提供了宝贵的借鉴和启示。在答疑解惑环节，该章则进一步解答了学员在数字化赋能过程中可能遇到的疑问和困惑，帮助学员更好地理解和应用数字化技术。该章最后的考核通关则是关于学员对数字化赋能基层治理理论和实践的综合评估，通过考核，学员能够检验自己的学习成果，并为未来的实践提供更加坚实的基础。

第八章"网格菁英"：网格服务的"多面手"。该章探讨了基层网格化服务管理的核心内容，全面解析如何构建和优化基层网格化服务管理体系。在基本理论部分，该章深入阐述了网格化服务管理的理论基础、关键概念和发展趋势，为学员提供清晰的理论框架。基于基本方法，该章将介绍各种有效的管理工具和技巧，帮助学员掌握网格化服务管理的实用方法。实践案例部分将通过真实案例展示网格化服务管理的成功实施，为学员提供实践参考和借鉴。实操训练部分设计具有实践性的任务和练习，帮助学员提升操作技能和应对实际挑战的能力。该章最后对学员进行系统考核，检验其对网格化服务管理知识和技能的掌握程度，促进知识的巩固和提高。这一章旨在培养学员在基层网格化服务管理方面的专业能力，推动基层治理模式的创新和提升。

第九章"安心社工"：筑起心灵的"小港湾"。该章探讨了专业社工如何参与基层治理，为社区居民提供更好的服务和支持。首先，该章介绍了专业社工参与基层治理的基本理论。这包括社区参与理论、社会工作伦理等方面的理论基础。深入探讨了社工在基层治理中的角色定位和责任担当，以及如何运用社区参与理论来促进居民参与和民主决策，从而提高基层治理的效能和民生服务的质量。其次，该章介绍了专业社工参与基层治理的基本方法，包括社区调查与评估、社区建设与组织、社会工作干预与服务等方面的方法论，并探讨了如何通过系统的调查评估来了解社区需求，如何组织社区资源和力量，以及如何开展有效的社会工作干预和服务，从而实现基层治理的目标和效果。案例涵盖了不同地区、不同社区和不同问题领域的实践经验，包括社工参与社区治安维稳、社区服务中心建设、居民自治组织等方面的案例。通过这些案例的介绍和分析，展示了专业社工在基层治理中的作用和价值，并从中吸取经验教训，为更好地推动基层治理现代化提供借鉴和启示。

二、本手册的突出特点

本手册注重培养基层干部的创新思维和实践能力，鼓励基层干部在掌握基本知识和方法的基础上，不断探索新的治理方式和手段，推动基层治理工作的不断创新和发展。为了确保手册的实用性和针对性，编写团队进行了深入的调研和实地考察，以了解基层干部的实际需求和基层治理工作的现状。同时，编写团队还邀请了具有丰富实践经验的基层干部和专家参与编写工作，确保教材内容贴近实际、易于理解。

一是实操性。本手册紧密结合基层治理工作的实际需求，注重实用性和针对性。内容贴近基层干部的工作实际，注重解决他们在工作中遇到的实际问题。同时，根据不同地区、不同领域的特点和需求，编写不同的培训内容和方案，确保教材的针对性和有效性。

二是创新性。本手册展现了先进的治理理念和创新的治理方法，关注国内外基层治理的最新动态和趋势，吸收借鉴先进的治理经验和做法。同时，注重创新，鼓励基层干部在实践中探索新的治理方法和途径，推动基层治理工作的不断创新和发展。

三是系统性。本手册系统梳理了基层治理的理论知识和实践经验，形成了完整的知识体系。同时，注重规范性，明确基层治理的职责、任务和要求，规范基层治理工作的流程和操作，确保教材的内容严谨、准确、规范，为基层干部提供可靠的学习资料。

四是融合性。本手册选取了大量具有代表性的实际案例，这些案例大多源于基层治理工作的真实场景，具有普遍性和典型性。通过深入剖析这些案例，基层干部可以更加直观地了解基层治理的实际情况，增强对治理工作的感性认识。本手册采用案例分析的教学方法，引导基层干部对案例进行深入分析和讨论。在案例分析过程中，基层干部需要运用所学的治理理论和方法，对案例中的问题进行诊断和解决。这种教学方式有助于培养基层干部的独立思考能力和解决问题的能力。

五是互动性。在学习过程中，基层干部可以结合案例进行角色扮演、模拟演练等实践活动。通过模拟实际工作中的场景和情境，基层干部可以在实践中体验治理工作的流程和操作，加深对治理工作的理解和掌握。这种实践教学方式有助于提高基层干部的实际操作能力和应对复杂情况的能力。

第四节 结语与寄语

基层治理在国家治理能力现代化和中国式现代化进程中具有不可替代的重要性，是构建现代化国家治理体系的重要环节和基础。社区作为基层治理的"神经末梢"，直接面向基层群众，承担多样复杂的任务，既具有显著的政治性又要求高超的业务能力，因此对工作人员的素质要求极为严格。《中共中央办公厅 国务院办公厅关于加强社区工作者队伍建设的意见》提出，积极完善社区工作者职业体系，拓宽选人渠道，把政治标准摆在首位，积极吸纳高等学校毕业生、退役军人、社会工作专业人才等，进一步优化社区工作者队伍结构。基层治理能力的提升是一项长期而艰巨的任务，需要广大基层工作者的共同努力和不懈探索。

随着信息化、智能化的快速发展，基层治理的理念、方法和手段也在不断更新换代。为了适应形势变化与任务推进需要，广大基层干部需要不断吸取新知识、掌握新技能。然而，目前基层治理培训资源相对匮乏，培训教材缺乏系统性和实用性，难以满足基层干部的学习需求。因此，编写一本全面系统、实用性强的基层治理能力提升实训手册显得尤为必要。本手册不仅是基层治理能力提升的重要工具，也是基层工作者自我提升、自我完善的学习宝典，旨在为基层工作者提供一本全面、系统、实用的学习资料，帮助他们不断提升治理能力，更好地服务于人民群众和社会发展。

本手册的编写得到许多专家学者的指导支持，借鉴了国内外相关领域的最新研究成果和实践经验，力求内容科学、全面、实用，符合基层治理工作者的学习需求和实际工作要求。希望广大基层工作者能够积极学习、深入实践，不断探索和创新基层治理的新思路、新举措、新模式，并不断提升基层治理的理论水平和政策水平，为推动我国基层治理体系和治理能力现代化作出积极贡献。

第二章 "策划大师"：活动策划的"金钥匙"

在中国式现代化进程中，基层治理扮演着至关重要的角色。它是社会和谐稳定的基石，也是推动社会进步的重要力量，承载着维护民生福祉的重要使命。在基层治理的实践中，面对众多挑战和需求，需要有条不紊的策划和执行能力。本章覆盖了基层治理活动策划的各个方面，汇集了一系列成功的案例分析，结合理论与实践，旨在为学员提供一套系统、实用的基层治理活动策划方法论，帮助其在复杂多变的社会环境中有效地进行社区管理和服务。通过本章的学习，不仅能够提升自己的策划能力，更能在实践中加强与社区成员的联系，共同促进社会的和谐与发展。

第一节 社区活动策划基本理论

本节通过借鉴吸收西方社区治理的理论成果，对我国基层社区治理的发展脉络和治理模式进行了总结，把握我国城市社区治理的新发展趋势。同时，又以党的十八大以来对基层社区治理的政策为指引，揭示了社区活动策划对促进新时代社区治理与建设的重要意义。

一、社区与社区治理

社区是基层自治的基本单元，是国家治理体系的基层基础。社区治理是社会治理的根基，是国家长治久安的前提，既关乎党和政府各项方针政策的落实，也影响人民群众最直接的利益。党的十九届六中全会通过的《中共中央关于党的百年奋斗重大成就和历史经验的决议》对实现第二个百年奋斗目标提出了系统要求。在此背景下，加快推进和实现社区治理现代化日益重要。

（一）关于社区

1.社区概念

社区，是由一群共同居住、工作或活动在同一地域范围内，共享共同利益和目标的人所形成的组织形式。社区不仅是人们日常生活的核心场所，也是推动社会发展的重要力量。

我国民政部门把社区定义为：聚居在一定地域范围内的人们所组成的社会生活共同体[①]。

2. 社区的构成要素

即构成社区的主要因素。理解这个问题，对于我们理解社区的含义，把握社区及社区建设的内容具有重要意义[②]。构成社区的主要因素包括：

（1）人口要素：社区人口的数量、构成和分布。

（2）地域要素：社区的地理条件和资源条件、社区空间、时间的利用形式。

（3）结构要素：社区内的各种社会群体和组织之间的相互关系。

（4）文化要素：社区中的各种文化现象和成果。

3. 社区的功能

社区具有聚合性功能，一般会把社区的功能细分为经济功能、社会化功能、社会控制功能、社会福利和保障功能、社会参与功能、情感交流功能等[③]。

（二）关于社区治理

1. 社区治理的概念和内涵

社区治理是社区范围内在党建引领下，政府、非政府组织机构，依据正式的法律、法规以及非正式社区规范、公约、约定等，通过协商谈判、协调互动、协同行动等对涉及社区共同利益的公共事务进行有效管理，从而增强社区凝聚力，增进社区成员社会福利，推进社区发展进步的过程[④]。

2. 社区治理的特点

行为主体的多样化与多元化、人物目标和过程目标并重、注重挖掘和整合社区内外资源、其权力运作方向多向度与多元化。

3. 社区管理与社区治理

社区管理和社区治理具有密不可分的关系。社区管理目的在于提供优质的服务和管理，而社区治理则是管理社区内复杂社会问题的有效方式之一。社区治理需要基于有效的社区管理机制和制度体系，促进各方力量更好地参与和协作，共同解决社区内的问题和发展需求。

社区管理和社区治理存在不同的分工，其中社区管理注重对社区内的物业和

---

① 民政部. 关于在全国推进城市社区建设的意见［J］. 中国社区医学，2001，7（1）：3-4+8.

② 蒋传宓，周良才. 社区法律法规实务［M］. 天津：天津大学出版社，2009.

③ 徐林. 城市管理：问题、体制及政策［M］. 杭州：浙江大学出版社，2012.

④ 周膺，肖剑忠等. 杭州蓝皮书：2019 年杭州发展报告［M］. 杭州：杭州出版社，2019.

服务设施进行规划和管理，帮助其为社区内居民提供高品质的日常服务；而社区治理主要解决社会、公共安全等方面的问题，通过信息交流、协作改进社区治理水平，如表2-1-1所示。

表 2-1-1　社区管理与社区治理

社区管理	社区治理
社区管理以管为主，体现的是权力导向，表现为命令、服从	社区治理是事务导向，强调问题的解决
管理的主体比较单一，主要是指政府及其相关职能部门	治理则是多主体参与，既包括政府，也包括社会市场和公民个人等
管理的过程体现为控制，是自上而下的管控	治理的过程则是协商民主，以互信为基础，平等协商，共同推进
管理的组织架构是纵向科层的，权力运行是上下单向度的	治理的组织架构是灵动的，权力运行是上下左右交互的
管理的目的在于规范社会秩序，维护社会稳定，终极目的是稳定	社区治理的目的是凝聚社会共识，优化社会秩序，推动社会变革，促进社区和谐，终极目的是社会和谐

二、社区家园意识

家园意识是指人们对自己的家庭、家乡、国家或文化的认同感和归属感。它是一种深层的心理现象，与人们的自我认同、价值观、文化传统有着密切的关系。

社区家园意识是指社区居民在长期的社区生活中形成的对自己居住地的归属感，家园意识反映了居民对自己所生活社区的依赖程度，是居民参与社区管理[①]，推进和谐社区建设的重要前提。

（一）社区家园意识内涵

一是物质性的家园，主要指自然和居住环境。
二是社会性的家园，主要指家庭、家庭成员之间以及家庭与家庭之间的复杂关系。
三是精神性的家园，主要指个体能够自由适应诗意栖居的心灵归宿。[②]

（二）社区家园意识的意义

1.社区成员相互支持，广泛参与
城市社区的和谐发展，基于血缘、地缘和业缘的融合，形成了一个互利共赢的利益共同体，并且显著地提高了居民参与社区发展的热情。

① 邵敏.让社区家园铺满"阳光与鲜花"[J].社会工作，2009（9）：2.
② 赵亚亮.家园意识概说[J].文艺生活·文艺理论，2015（8）：241-242.

2. 社区关系更加和谐

在和谐社会的构建中，自然环境与人文环境的协调发展，人与自然的和谐共存，以及人与人之间的和睦相处，是其核心要素。

3. 居民生活稳定有序

以人为中心，以道德为指导，致力于社区文明的提升和人的全面发展。通过多样化的方法加强社区文化建设，让更多的居民享受到高质量的生活。

三、社区工作模式

社区工作模式在西方社区工作理论体系中属于微观层次的实务理论，是经由社区工作实践而总结出来的。

（一）地区发展模式

1. 地区发展模式概述

（1）概念：地区发展模式强调在一个地域内鼓励居民通过自助及互助形式去解决社区内的问题，重点是提高居民的民主参与意识，挖掘当地人才[①]。

（2）适合的社区情况是社区矛盾不尖锐、冲突不明显，没有形成民主参与的机制。

2. 地区发展模式的目标和关心的问题

（1）目标：着重过程目标——在自助、团结和合作的基础上去解决社区问题，并运用民主程序来做决策[②]。

（2）关心的问题：人的归属感、民主参与——科技的发展导致人际疏离，人们在现代社会中失去了归属感，不能以民主的方式解决问题。

3. 地区发展模式的策略与工作技术——参与、沟通

（1）策略：社区工作者引导社区参与，让人们有机会来讨论社区问题，决定社区需求并提出行动方案。

（2）工作技术：社区工作者沟通讨论协商，达成共识。

（3）做法：社区工作者应当接触社区人士，建立社区团体，并组织、运作社区组织，激发群众的参与动机。

4. 地区发展模式的范围和角色

（1）范围：地理社区及功能社区，对象是邻里、村庄、城镇，也可以是自助团体等。

---

① 王思斌. 社会工作概论［M］. 北京：高等教育出版社，2014.

② 周沛，葛忠明，马良. 新编大学社会学教材：社会工作概论［M］. 武汉：华中科技大学出版社，2008.

（2）角色：参与者应积极参与社区活动，表达自己的需求与意见，共同决定社区的发展目标，采取共同行动。

（二）社会计划模式

1.社会计划模式概述

社会计划模式又称社会策划模式（social planning），是解决具体社会问题的技术过程。其主要是指针对社区存在的社会问题，评估需求和目标，然后设计提供具体的社会服务项目，来满足居民的需求。

2.社会计划模式的目标和关心的问题

（1）目标：着重任务目标——解决实质性的社会问题，也有助于实现过程目标。

（2）关心的问题：社区内存在的具体问题，如居民没有宽敞的康乐中心、精神疾病医疗设施不足等。

3.社会计划模式的策略与工作技术——参与、沟通

（1）策略：社区工作者收集与问题有关的各种资料，并以理性的态度决定解决问题的行动方案。社工居于主要地位。

（2）工作技术：事实发现与分析的技术。

（3）做法：社区工作者扮演专家角色，包括社区诊断、研究，资讯提供、组织运作、评估等。它是"为社区民众而做"，而不是"与社区居民同做"。

4.社会计划模式的范围和角色

（1）范围：地理社区及功能社区，对象是邻里、村庄、城镇，也可以是自助团体等。

（2）角色：居民群众被视为服务的消费者，享用社会计划成果，是服务的接受者而不是方案的决策者。

（三）社区照顾模式

1.社区照顾模式概述

社区照顾是动员社区资源、运用非正规支援网络、联合正规服务，所提供的支援服务及设施，让有需要的人在社区内的家居环境下得到照顾，使他们能过上正常的生活，加强他们在社区内生活的能力，达到与社区的融合，并建立一个具有关怀性的社区[1]。社区照顾主要是指针对社区照顾的对象：需要长期照顾的人及其家人，临时需要照顾的人。

---

① 闫广芬，袁继红. 妇女社会工作［M］. 天津：天津大学出版社，2010.

2. 社区照顾模式理解

社区照顾所需的正式资源是指由政府、营利机构及志愿服务机构所提供的照顾服务；其非正式资源是指亲戚、朋友、邻居、义工乃至服务对象群体的互助组织所提供的无条件照顾。照顾的地点在社区，该社区是被照顾人熟悉的社区，如家庭或小型养老院[1]。

3. 社区照顾两方面

（1）在社区内照顾：被照顾者不脱离他所生活、熟悉的社区，在本社区内的小型服务单位或住所中获得受过训练的专业工作人员照顾[2]。

（2）由社区提供照顾：对特殊群体，其中一部分服务是由其家人、亲友、邻居及志愿者提供。

4. 社区照顾模式的策略

（1）确定社区照顾的服务对象及居住所在地，建立起相互信任的关系；探索他们自身的潜能与资源，帮助他们建立自信心。

（2）建立社区照顾网络和自助组织。直接服务的自助组织服务系统，与被照顾人最近距离的人；同类型服务对象的互助组织的服务系统；社区危机处理的自助组织服务系统[3]。

第二节 社区活动策划基本方法

本节从过程视域出发，以社区活动策划、社区活动组织、社区活动文书撰写为基本着力点，呈现社区活动策划的完备理论体系。深度阐释社区规划、项目策划、活动策划三者之间的内在关系和运行模式，揭示社区活动策划的理论内涵。

一、社区活动策划

（一）社区活动流程

社区活动流程一般分为社区活动方案策划、社区活动方案执行以及社区活动评估总结三个步骤。具体流程如图 2-2-1 所示。

---

① 李学斌. 西方社区养老服务及其对我国的启示［J］. 城市观察，2013（4）：62-71.

② 李芬. 人口老龄化背景下城市社区居家养老研究：以长沙市天心区为例［D］. 长沙：湖南师范大学，2024.

③ 刘梦，焦开山. 社区工作［M］. 北京：中国劳动社会保障出版社，2007.

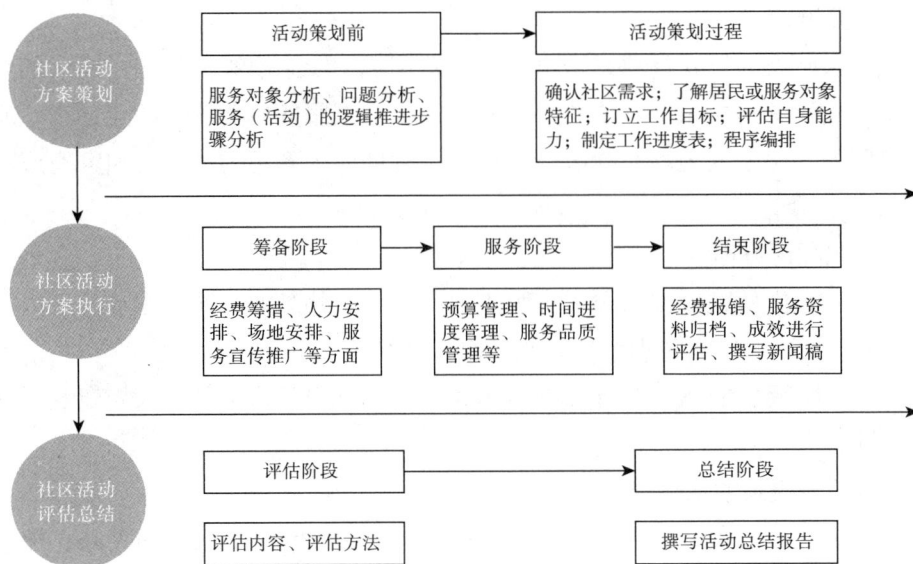

图 2-2-1 社区活动流程示意

（二）社区活动策划过程

社区活动策划过程主要有九个步骤，分别是确认需求、了解人群、订立目标、契合宗旨、评估资源、罗列方案、预测结果、确定方案以及做好预案。具体流程如图 2-2-2 所示。

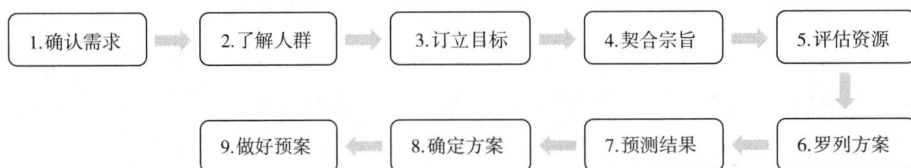

图 2-2-2 社区活动策划过程示意

1. 确认需求

社区活动策划要从社区居民的需求入手，如果不能较好地理解居民的需求，也就不能客观地分析居民的需求，从而开发合适的社区服务。

确认社区居民的需求，有以下几个步骤。

（1）确认活动的需要、关注点与问题。

（2）建立活动的目标。

（3）确定活动采取必要的行动。

（4）判断服务对象的需求是否发生了变化。

（5）收集活动的期望。

2. 了解人群

在策划社区活动时，需要了解服务对象的背景，包括社区居民或服务对象的兴趣、特点、能力、生活习惯和方式、休闲时间的安排，以及与社区其他群体的关系等，为后期确定目标、选择活动形式、内容、时间安排等提供依据。例如，要求老年人做剧烈的运动，儿童做复杂的数学运算都会令他们有挫败感。此外，故事、绘画等形式，虽然对儿童有较强的吸引力，但对青少年来说，吸引力就很小。

3. 订立目标

清楚界定整个服务（活动）方案是以哪些人为服务对象——清楚列出服务（活动）的内容——表达出期望服务（活动）的成效，即社区居民或服务对象参与该服务后可能产生的改变。SMART 原则如图 2-2-3 所示。

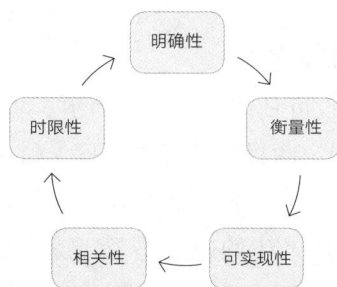

图 2-2-3 SMART 原则

4. 契合宗旨

在进行社区活动策划工作时，社区干部以及社区工作者应当深入诠释家园意识在社区治理中的意义及其在社区活动策划中的实践与应用。

5. 评估资源

（1）人力：包括志愿者、专业技术人员等。

（2）财力：社区的财政能力。

（3）物力：申请资源的可能性。

6. 罗列方案

拟订备选方案：备选方案应整体详尽，尽量把各种可能性都考虑在内；备选方案的内容尽可能具体翔实；对备选方案进行综合处理，并作出初步筛选。

（1）将方案分为开始、推行和评估三个阶段，为达到服务目标制订具体的行动方案。

（2）在方案中，详细列出各阶段要完成的工作及其完成的期限，然后按照完成日期排列出先后次序，规定任务完成的具体时间必须分配好，保证服务可以按照计划的时间来完成。

（3）方案设计了一系列与目标相关的活动，而且每个活动都有其具体的目标，因此要将这些活动按照推行时间先后排出次序，还要根据服务活动的目标、场地（环境）、资源等要素进行编排。

7. 预测结果

计划过程是一个前瞻性的过程，虽然人们无法确定将来有什么样的事情发生，但可以从不同角度去观察各种可能的情况，当知道了各种可行方案的可能结果时，就能对比各种方案，然后提出一个最优的方案[①]。

运用符合性、可接受性、可行性三个指标去评估上一阶段提出的每一个策略，删除那些明显不可能的策略，即不符合目标、不被人们接受、没有任何可行性的策略。

通过分析各个方案的优势、弱点、机会和威胁，最后比较得出策略。

8. 确定方案

（1）选择最佳方案的"最优原则"。

在对备选方案进行选择时，可具体分析以下问题。

① 该方案是否符合机构制定的目标及优先顺序？②是否有足够的资源来完成该方案？③该方案所提供的服务是否被服务对象和社会成员接纳？④该方案所提供的服务项目是否必须推行？⑤该方案所产生的效益是否比成本更重要？⑥是否能测量出该方案的服务效能？⑦该方案是否具备可操作性？⑧在推行该方案时，是否会有严重的危机产生？[②]

（2）选择理想方案的方法。

① 穆迪次序图法——适用于决策者在各个备选方案中作出选择。

穆迪次序图法的主要思想是通过各因素两两对比，确定因素的优先次序。主要包括以下六个步骤。

第一步，提出问题，明确研究对象。

第二步，列举所有需要考虑的因素，可邀请有关专家开会研究。然后将相似的因素合并，无关紧要的因素弃掉，编号列表。

第三步，构造用于研究 n 个因素的 $n \times n$ 阶矩阵，将各因素的编号标在行和列上。

第四步，将 n 个因素两两对比，如果第 i 个因素比第 j 个因素重要，则在第 i 行第 j 列的空格中填 1，相应在第 j 行第 i 列的空格中填 0，直到填满矩阵中所有空格为止。

第五步，加总各行分数，和数最大的即为最重要因素，依次类推。如果两因素和数相等，则按其单独比较的结果排定顺序。如果 q 个（$q \geq 3$）因素和数相同，则需要

---

① 陈为雷. 社会工作行政［M］.3 版. 北京：中国社会出版社，2022.

② 徐柳凡，阳光宁，赵怀娟. 社会工作行政［M］. 合肥：合肥工业大学出版社，2005.

构造 $q \times q$ 阶子矩阵重新比较排序。

第六步，数学检验，以防止写错数字或合计错误。方法是利用下面的公式检验对比总次数与讨论的因素个数是否吻合。

$$T= n（n-1）/2$$

T——总对比次数，n——考虑因素个数[①]。

②横向冲击模型——用于评估各可行方案对社会问题所产生的影响程度。

首先，决策者对机构现在要解决的社会问题给予分数，最急需解决的社会问题给 5 分，其次给 4 分，最低给 1 分，然后评估各可行方案能对社会问题产生的影响程度，即最能对某项社会问题产生影响的方案可获 5 分，产生最小影响的方案只能获 1 分[②]。

9. 做好预案

计划在制订和贯彻时，变化是经常发生的。往往会提倡在必要的时候调整计划，使其能带来更有利的资源和改进。

预计困难及应变计划是指在活动开展过程中可能存在的风险及应对措施。

一般困难类型：安全问题，场地问题，天气问题，临时变动问题（时间、地点），时间问题（过多、过少），物资问题。

（三）社区活动策划方案要素

社区活动策划方案要素可以用 6W+2H+I+E 来进行表述。

6W= Why（背景理念/目标）+ Whom（对象）+ When（何时）+ Where（地点）+ What（内容）+ Who（工作者人手安排）。

2H=How（具体进行方法）+ How much（财政）。

I= If...then（突发事件的应变方法）。

E=Evaluation（评估）。

二、社区活动组织过程

社区活动组织过程：活动筹备阶段—社区活动宣传阶段—活动开展阶段—活动结束阶段。

（一）活动筹备阶段主要的工作内容

人力配备：确定社区活动开展所必需的社区工作者数量。

---

① 宋要武. 穆迪次序图及其改进研究［J］. 决策借鉴，1992（2）：16-17+36.

② 萧洪恩，龚继红，罗锋. 社会工作行政：第2版［M］. 武汉：华中科技大学出版社，2013.

经费筹措：确定社区活动的资金来源。

场地安排：提前踩点，确认活动的场地大小，提前做好场地布置。

活动宣传：确定宣传的路径，做好活动的宣传和推广。

（二）社区活动宣传阶段

制定媒介策略，发展媒介关系。①收集传媒工作者的资料。②整理一份清单。③发展与传媒的关系。

策划新闻事件，吸引传媒报道。①人手安排。②活动物资采购。③活动有关材料的制作与印刷。

利用媒体进行宣传。①安排媒体采访并撰写新闻稿件。②组织新闻发布会。③接受媒体采访。

（三）活动开展阶段

预算管理：对活动的总投入（含活动的预算、社会的捐赠、服务收费等）以及活动过程中的所有开支进行记录。

时间管理：通过甘特图等方式合理安排活动推进过程中的各项工作，对整个活动安排进行期限管理，活动程序安排也需要进行时间进度管理。

服务治理管理：通过监督活动的可靠性、响应速度、承诺履行、情感共鸣以及设施设备的维护，来确保服务的高标准。

士气激励提升：通过公开表扬和认可，如口头赞扬和荣誉榜，来展示每个成员的工作进展和成就，同时表彰表现突出的员工和志愿者。

（四）活动结束阶段

活动总结：对活动进行评估，通过开展活动满意度调查、收集居民意见反馈等，对活动过程和成效进行梳理和反思，总结活动经验和教训。

志愿者表彰：对志愿者的表现进行总结与反馈，组织志愿者对参与志愿服务的体验进行分享，了解志愿者在服务过程中的困惑和心得，加强志愿者团队建设。

文书归档：将活动中所有的文书分别归类放置，以便于日后他人查询和使用。

经费报销：及时处理财务报销流程，确保资金能够及时用于支持未来的活动。同时，定期公开合作双方的赞助资金和提供的服务费用的收支明细，通过财务透明度来提升活动的信任度。

三、社区活动策划实战——"十二条军规"

社区是连接群众和政府的桥梁与纽带，也是落实基层治理的关键点和着力点。以不同社区、不同主题、不同类型为基本原则，选取若干全国优秀社区活动策划案例，从案例研究分析中建构理论框架，总结出社区活动策划的基本原则，形成一个系统的社区活动策划原则体系——"十二条军规"，以作为实践应用的经验参考。

（一）"军规一"：以人为本，问需于民

1.案例介绍：福建省福州市军门社区——"居民恳谈日"了解居民新诉求

2014年11月，习近平总书记第三次来到军门社区调研。军门社区，作为福州市广为人知的模范和谐社区，以其0.18平方千米的地域面积和大约1.3万的常住人口，成功探索并实践了适应新时代需求的社区管理策略。

在军门社区，一个超过200平方米的养老服务中心为社区内的老年人提供全面的关怀，包括日常生活照料、健康恢复、餐饮协助、行动辅助、医疗协助和紧急救援服务。每天下午，社区的"四点钟学校"准时启动，提供机器人组装、电路玩具等富有教育意义的科普活动，既让孩子们感到快乐，也让家长们感到安心。

社区工作服务站提供"一站式"服务，涵盖水电气费缴纳、医疗保险和社会保障事务等33大类140多项服务，使居民在家门口就能轻松办理各类事务，实现了"高效办事、办好事"的目标。每月10日，军门社区都会举行居民恳谈会，居民代表们作为会议的"常客"，按照既定流程积极提出问题。社区工作人员不仅对之前的提问进行逐一回应，还认真记录居民的新需求和建议。

2.案例经验

社区干部在开展社区活动前，应当深入做好调研工作，提前了解居民的确切需求。可以通过访谈、问卷调查或在线文档等形式充分收集居民意见，从而实现有的放矢，以活动促发展，将社区活动与社区建设充分融合。

（二）"军规二"：便民利民，服务至上

1.案例介绍：江西省南昌市光明社区——"暖心实事工程"

2016年2月3日，正值春季，习近平总书记视察了江西省南昌市东湖区彭家桥街道光明社区。几年来，社区面貌悄然发生变化，居民精神文化生活日益丰富，社区设施也日益完善。

2021年12月初，光明社区启动了"暖心实事工程"，通过上门走访的方式，积极收集居民的意见和建议。在这一过程中，居民提出的关于增设电动车车棚的建议得到了社区的积极响应，并在随后举行的"暖心工程投票会"上，获得了大多数居民代表的支持。12月17日进行投票，仅隔4天，即12月21日，工程便迅速启动。从收集民意到项目实施，整个过程仅用了两周时间。光明社区党委书记刘云娟解释说："电动车车棚项目之所以能够迅速进入施工阶段，是因为我们在项目初期就广泛征集了居民的意见。仅在选址问题上，我们就进行了多次讨论，广泛听取了各方的意见和建议，以确保这项暖心工程能够真正惠及更多的居民。"

除了电动车车棚项目，还有两项由居民投票决定的暖心工程，分别是更换新的路灯和增设社区公共桌椅。这些举措充分体现了光明社区以居民需求为导向，快速响应居民关切，努力提升居民生活质量的决心和行动。居民有呼声，社区有回应。光明社区的楼道间和广场都增设了不少桌椅，其中椅子还带了靠背和坐垫，方便社区老人坐下来听广播、晒太阳、打牌、下棋等。对于路灯更换，社区也做了充分的调研准备，安装了太阳能路灯，减少了线路铺设，节能高效 [1]。

2. 案例经验

社区工作者应以问题为中心，紧密关注居民的实际需求，提供无微不至的关怀与服务，持续努力以满足居民日益增长的新需求。在从事社区工作时，秉承"居民有呼声，社区有回应"的宗旨，还应着眼于群众反映的烦心事、操心事、揪心事，制定更实更细的为民举措，把社区服务做扎实，实现真正的便民利民，才能使社区成为群众温馨的港湾。

（三）"军规三"：目标清晰，定位明确

1. 案例介绍：陕西省平利县锦屏社区——"十小工程"提供稳稳的幸福

2020年4月21日，习近平总书记在陕西考察时来到锦屏社区调研。

锦屏社区，位于安康市平利县老县镇，是一个规模较大的生态移民安置区。近年来，已有11个村庄的高风险住户、地质灾害受影响家庭以及贫困家庭，共计1346户4173人，从险峻的山区搬迁到这里，开始了他们作为社区居民的新生活。为了确保搬迁居民能够顺利过渡并实现稳定发展，平利县采取了细致的后续支持措施，探索并推动实施了包括小菜园、小配套、小平台、小库房、小餐厅等在内的"十小工程"，以提升居民的生活质量。锦屏社区是这一创新举措的首批试点。

"小菜园"项目确保了搬迁居民能够方便地获取新鲜蔬菜；文化广场、图书阅览室、老年活动室和儿童托管中心等"小平台"提升了居民的文化生活和居住体验；"小餐厅"为特殊群体提供了充足的食物，确保他们吃得饱、吃得好；"小课堂"通过教育和培训提高了搬迁居民的知识水平和技能；"小配套"如饮水、用电、通信等基础设施的完善，解决了居民的基本生活需求；"小库房"解决了物资存放的问题；"小市场"的科学布局，使生活超市、金融服务点、交通站点和电商物流等便民服务设施一应俱全，极大地方便了居民的日常生活 [2]。

① 刘冕. 党建+服务让社区更温馨 居民更舒心［N］. 南昌日报，2022-09-05（4）.
② 陈力，张婷. 锦屏社区的"安居密码"［N］. 安康日报，2021-07-20（5）.

2.案例经验

社区干部在进行社区工作时，应当以目标为导向，切实关注群众的操心事、烦心事、揪心事，明确社区活动需要完成的任务、要达到的效果，并由此对社区活动任务进行拆分，从小处着手，逐步落实相关措施，从而实现最终目标，让群众生活得更加安心、更加舒心。

（四）"军规四"：对象精准，分众策划

1.案例介绍

（1）老年人案例：天津市三潭西里社区——老人"手机课堂"。

三潭西里社区推出的"手机课堂"，专门为本社区60岁及以上的老年人提供一对一的智能手机操作指导。通过这项服务，社区帮助老年居民掌握现代科技知识，学习如何使用社交媒体发布多图状态、为朋友点赞和评论、进行电子支付、利用小程序预约医疗服务、申请健康码等技能。

通过开设"手机课堂"，社区为老年居民打开了通往"新世界"的大门，使他们能够逐渐融入现代科技生活，享受到学习的乐趣和生活的乐趣。这不仅丰富了他们的晚年生活，也让他们能够与时俱进，享受科技带来的便利。

（2）青少年案例：上海市名都城社区打造"双减"旗舰店——"青春社区"。

"双减"政策落地后，名都城社区精心打造出一个"双减"旗舰店——"青春社区"，社区内设有围棋社、舞蹈社、国画社、书法社和读书会等丰富多彩的课程和活动。在周末，孩子们可以在"青春社区"参与围棋对弈、书法练习和国画创作，而家长们则可以选择在附近的舞蹈教室或相邻的社区中心进行瑜伽锻炼、话剧排练或学习古琴等活动。这样的安排不仅丰富了孩子们的周末生活，提供了学习传统文化和艺术的机会，同时也为家长们提供了放松身心、培养兴趣爱好的空间。通过这样的社区活动，增进了家庭成员之间的互动，促进了社区文化的繁荣发展。

（3）残疾群体案例：天津市朝阳里社区——关注特殊群体需求，增设"心目影院""残疾人阳光出行"等社区服务项目。

自2003年起，社区志愿者发起并设立了"扶危济困基金"项目。在过去的12年里，该项目共筹集到8万余元的善款，为112名困难群体和个人提供了帮助。近年来，社区党委还根据居民的现实需求增设了"心目影院""残疾人阳光出行"等新项目。"心目影院"是为盲人朋友提供免费观影服务，由社区志愿者声情并茂地为他们讲解电影，让他们身临其境地感受电影、触摸电影，该活动受到了中央领导同志的高度评价。

2.案例经验

社区干部应当针对社区不同居民群体，精准了解他们的需求与困难，并以此为出发点策划相应的社区活动，为不同群众提供更优更佳的个性化服务，让社区的每个群体都感受到温暖与被重视。

（五）"军规五"：思路创新，程序适切

1. 案例介绍：河北省承德市滨河社区——志愿服务新模式

2021年8月24日，习近平总书记到滨河社区居家养老服务中心调研养老工作。

滨河社区积极动员那些相对年轻的"活力老人"组成一支志愿服务团队，将老年人的自我价值实现与社会关怀相结合。通过这种方式，鼓励老年人继续发挥自己的余热，参与志愿服务，实现对社会的"反哺"，即回馈社会，传递正能量。

"今天我为需要服务的老人服务，将服务时长储存起来，明天等我有需要时，再用这些时间进行兑换，安心享受其他人的志愿服务。"滨河社区通过这种"服务今天、享受明天"的理念打造了志愿服务的新模式。

2. 案例经验

社区干部在策划社区活动时，思路要进行发散与创新，要勇于打破常规，灵活运用现有各种资源。创新的同时也要做到程序适切，项目能形成闭环，并且具有可行性与可持续性。

（六）"军规六"：开源节流，活化空间

1. 案例介绍：湖北省武汉市智苑社区——共享花园开启"温暖大院幸福生活"

2022年6月28日，习近平总书记到武汉市东湖高新区左岭街道智苑社区考察。智苑社区是一个国有企业棚改还建小区，近年来其基层现代化治理不断迈上新台阶。

智苑社区启动"共享花园"志愿服务项目，吸引社区种植能手组建"红蕴花匠"志愿服务队。充分利用楼栋现有公共空间，志愿者和居民朋友们共同参与"共享花园"设计、建设，发挥自身优势与想象力装扮红色客厅，感受社区治理共建乐趣，营造绿色宜居的生态环境。

"共享花园"项目在爱心志愿服务中丰富了社区居民精神文化生活，营造了和谐友爱的社区氛围，引领社区居民积极投身社区共建共治共享特色项目活动中，共同美化居住环境，将智苑社区打造成一个绿色生态、文明安心的温暖大院。

2. 案例经验

社区干部应当合理规划活动经费预算，开源的同时也需节流，充分挖掘社区自身优势与资源、充分利用社区已有公共空间开展社区活动，实现空间与资源的活化，并且增添文化底蕴与精神内涵，丰富居民精神生活。

（七）"军规七"：链接资源，社区共建

1. 案例介绍：广东省广州市达道南社区——暑假少年军训活动

达道南社区链接南部战区资源，实现军民共驻共建，从 2015 年起每年暑假期间都与警卫营联合举办社区少年暑期军训活动，邀请警卫营战士担任军训的教官和班长，让辖区内儿童体验军人生活。本活动也得到了东山街社工服务站的支持，组织开展了亲子趣味运动会，让学员们在与父母的通力合作中增强彼此之间的沟通、促进双方的交流。为了增强学员的团队协作能力，活动中还加入了互动环节，学员们以组为单位，根据设定的主题讨论和设计，在衣服上绘画属于队伍的标识图案。

2. 案例经验

社区干部在组织社区活动时，应通过链接外部资源、引入外部力量参与社区活动，依托社会各组织机构形成社区建设的"治理共同体"，打造"活动共办、资源共享"的优势互补活动模式，实现社区共建共治共享。

（八）"军规八"：统筹联合，分工协作

1. 案例介绍：湖南省湘潭市吉利社区——"情暖吉利 健康同行"惠民活动

为了传承和弘扬尊老、敬老、爱老的传统美德，同时提升社区居民的健康意识，打造一个健康的社区环境，吉利社区与和平街道社工站于 2022 年 6 月 7 日联合举办了一场名为"情暖吉利 健康同行"的公益活动。通过这次活动，社区的老年居民能够在家门口享受到专业医生的咨询和健康评估服务，从而增强对疾病预防的认识和理解。

本次活动由"社区 + 医生 + 社工 + 志愿者 + 慈善组织"共同开展，活动为社区老年人提供疫苗接种、免费理发、测血糖、测血脂、量血压、检测心电图、B 超、测视力等服务。

本次活动共服务 240 余位老人，深受老人们的一致好评，不但增进了社区老年人之间的互动与交往，同时增强了居民对社区的归属感，营造了团结、和睦的社区氛围。此次健康筛查也是吉利社区打造"健康社区"特色品牌过程中的重要一步，社区与社工将持续关注老人身体健康状况，根据老人健康状况实际开展一系列贴近需求的惠民活动，为老年人提供常态化、专业化、个别化的健康管理服务，营造健康社区氛围。

2. 案例经验

社区干部应当注意社区活动中的统筹规划，让参与活动的工作人员充分发挥各自职能，高效地分工协作，形成强大合力，从而保证活动的顺利开展，落实好为群众服务工作。

（九）"军规九"：未雨绸缪，风险管控

1. 案例介绍：北京市东城区西花市南里西区社区——绘制"社区风险资源图"

2019 年 8 月 8 日，北京市东城区崇外街道西花市南里西区社区组织社区青少年与消防队员，通过观察与记录一起绘制"社区风险资源图"。此次活动于 8 月 8 日下午在西花市消防中队展开，消防队员首先向来到现场的 15 组青少年家庭介绍了 2018 年火灾及出警情况；其次以火灾为例，消防员们引导青少年家庭分组讨论了解社区风险和资源涵盖哪些内容；最后，以西花市南里西区社区为例，讨论社区现存风险和资源情况。比如，社区医院在哪里，最近的派出所在哪里，社区内的避难场所在哪里，发生突发事件或灾害时应该做什么，该向谁求救，如何最快到达避难场所，社区的安全区域在哪里，社区的安全隐患是什么，会带来怎样的风险等。通过一系列问题的讨论，使青少年对自己居住的周边社区资源和社区安全有了更深入的了解。

随后，青少年们自由组合，与消防员一起以小组为单位，走进自己生活居住的小区，在自己日常经过的楼门、道路，通过观察和记录，完成社区风险资源图绘制的准备工作。"社区风险资源图"实质上是一种"紧急逃生指南"。在这张图上，需要清晰标注出小区内的风险资源、消火栓的具体位置紧急救援点、应急疏散集合点，以及从小区各楼层到疏散点的逃生路线。这样的设计旨在让居民能够迅速、直观地了解紧急情况下的行动方案，确保在有需要时能够快速、有序地进行疏散。

一系列的准备工作完成后，活动进入最后的绘制"社区风险资源图"环节，在消防员的指导下，各小组分别完成了自己的社区风险资源图绘制。其中，"红色圆点"代表高度危险源；"黄色方框"代表低度危险源；"绿色箭头"和"绿色方块"代表逃生路线和疏散集合点。有些青少年小组在图中不仅标注出安全点和逃生路线，还注明了关于降低社区风险的一些对策建议。

2. 案例经验

社区干部在策划社区活动时应未雨绸缪，强化社区居民的防灾减灾意识，倡导更多人加入社区安全维护中，如果把日常安全常识教化成良好的安全习惯，许多事故就可以避免。并做好社区风险管控，预判活动中可能出现的问题，做好活动预案，将风险控制在最低，保证社区活动的顺利进行。

（十）"军规十"：临场应变，调动民众

1. 案例介绍：广东省惠州市龙湖社区——反家暴宣传活动

2019 年国际消除家庭暴力日，为了提高社区女性的自我保护意识，维护其合法权益，并加强反对家庭暴力的教育和宣传工作，在惠州市惠城区水口街道妇联的指导下，龙湖社区居委会联合仲恺大同党支部、龙湖社区综合服务中心、广东九韬律师事务所和惠州市婚姻家庭咨询师协会在辖区宏新富苑小区举办"打不是亲、骂不是爱"反家暴宣传活动。

活动现场设立了"维权在现场"咨询台，由专业的婚姻家庭律师提供即时的法律咨询和答疑服务。同时，社区社工组织了"大手牵小手"亲子志愿者团队，向居民分发"反家暴"宣传手册，以此提高居民对家庭暴力问题的认识，增强他们预防家庭暴力的意识。此外，活动还包含了"反家暴知识知多少""巧手套圈圈""你比我猜"等互动游戏。设置这些游戏的目的是以这种寓教于乐的方式，让参与者了解在遭遇家庭暴力时可以寻求帮助的途径，并学习如何利用法律手段来解决家庭暴力问题。社区居委会希望通过这些活动帮助居民更好地理解家庭暴力的危害，以及掌握正确的应对策略。

本次活动引起了社区群众对家庭暴力问题的关注，既增强了辖区居民对家庭暴力的认识和抗争能力，又提升了社区居民的法律意识和自我保护能力。统计数据显示，本次活动吸引了超过 90 名参与者，派发反家暴宣传资料 200 余份，中心宣传折页 300 余份。

2. 案例经验

在开展社区活动过程中可能突发许多未知状况，如嘉宾临时到不了、群众参与度不高、活动冷场等。针对此类状况，社区干部除了做好预案，也需要充分发挥临场应变能力，维持现场秩序，想办法吸引群众参与活动，让活动顺利开展下去，达到服务与宣传的目的。

（十一）"军规十一"：复盘总结，提质增效

1. 案例介绍：安徽省铜陵市金口岭社区——垃圾分类经验分享

2022 年 9 月 7 日上午，安徽省铜陵市铜官区杨家山街道金口岭社区开展垃圾分类"学习周"活动——垃圾分类经验分享会。通过交流分享，与会人员深刻认识到，在未来的工作与生活中，不仅要主动向居民普及垃圾分类的重要性，提高居民的分类意识，还要积极参与并监督垃圾的投放和收集过程，确保从源头上提高垃圾分类的效率和质量。

2. 案例经验

社区活动的开展完成并不意味着社区活动的结束，更为重要的是社区干部应当及时对社区活动进行评估与复盘总结，反思其中的优缺点，形成有效经验，从而能够在后续的活动过程中扬长避短，最大限度发挥活动影响与功效。

（十二）"军规十二"：持之以恒，久久为功

1. 案例介绍：深圳市北站社区——7 年学生义工营打造成品牌

学生义工营作为北站社区民生服务项目的重要组成部分，始终致力于推广时代新风尚和正能量，积极弘扬"奉献、友爱、互助、进步"的志愿服务理念。通过这一活动，青少年能够在社区中得到学习和成长的机会，同时为社区服务作出贡献。据悉，北站社区已连续 7 年组织活动，辖区广大学生志愿者也踊跃参与社区治理和服务，生

动实践着人人参与、人人尽力、人人共享的治理模式。学生义工营逐渐成为北站社区共建共治共享的重要力量。

2. 案例经验

社区是基层治理的重要单元，策划好社区活动，落实好居民服务需要水滴石穿般持之以恒的精神，社区干部在工作中，应当将优秀活动常态化、品牌化，从而深入改善社区环境，打响社区名号，提升居民的幸福感与归属感。

第三节　社区活动策划典型案例

社区品牌活动是社区服务的高级形态，随着经济与社会的发展，社区品牌活动项目已经成为各大社区建设的重点，也是群众文化建设的亮点[①]。以习近平新时代中国特色社会主义思想为指导，以"精心服务居民群众，打造党建服务品牌"为宗旨，全面推进社区活动的品牌化建设，通过社区特色品牌活动的创建，可以进一步强化社区服务功能，增强社区凝聚力，全面推动社区品牌创建工作顺利开展，本节介绍几个具有品牌化特征的社区活动策划案例。

案例一　安居的样板——打造社区品牌活动的"百步亭样本"

（一）武汉市江岸区百步亭社区简介

江岸区百步亭社区有4万多户家庭、18万人，注册志愿者近4万人，社区党委下设9个党总支、84个党支部、712个党小组。社区秉承"以人为本、以德为魂、以文为美、以和为贵"的核心价值观，成功营造了一个党风纯正、民风淳朴、文明风尚盛行、人际关系融洽、管理服务周到、居民生活安宁的环境。社区因此荣获了包括全国先进基层党组织、全国文明社区、全国和谐社区、首届"中国人居环境范例奖"在内的100多项国家级荣誉。

2013年中共中央组织部推广"百步亭社区党建工作法"。百步亭社区党委深化党建引领基层治理，建立五级组织架构和"五级负责制"，形成严密的纵向到底、横向到边的组织体系；推动"三方联动""六步议事"活自治，"联合调解"促法治，特色文化育德治，构建了以党组织为领导核心，自治、法治、德治相融合的基层治理体系；实现了党员干部深入社区、常态化参与社区治理和服务的模式，深化"五社联动"，完善区域共建、条块协同、社会参与的基层治理机制；健全六类服务，推进下基层察民情解民忧暖民心实践活动，丰富多类型、经常性、广覆盖的为民服务体系。2021年，"百

---

① 刘利伟. 浅谈打造社区品牌　提升社区文化品质［J］. 人间，2016，226（31）：5-7.

步亭经验"在全市推广。

（二）百步亭社区品牌活动案例解码——全国社区网络春晚和万家宴

1. 最火爆的活动——全国社区网络春晚

由江岸区百步亭社区发起的全国性社区网络春节联欢晚会，已连续举办了近10年。在这个平台上，社区居民成为主角，分享他们的生活点滴，演绎老百姓的故事。参与的社区数量从最初的2000多个增长到现在的2万多个，参演的居民也从开始的1万多人增加到了23万人。这个活动已经成为全国各地社区居民的盛大聚会，被誉为全国"十大网络春晚"之首，并且得到了全国各大媒体的广泛关注和广大社区居民的一致认可。下文从四个方面剖析最火爆的活动——全国社区网络春晚的创意来自哪里、创意如何落地、存在的问题及破题途径、最火爆活动的效应延续。

（1）创意来自哪里。

① 创新思维在全国范围内的社区干部线上交流平台孕育而生。2010年，社区志愿服务的全国联络总站在百步亭社区成立，利用QQ群将全国各地的社区联系起来，旨在为普通民众打造一个展示自己的舞台，举办一场全国性的社区联欢活动。这正是全国社区网络春晚诞生的初衷。

② 社区间的共同需求激发了创意的产生。在群聊中，大家发现许多社区在春节期间都会举办文艺演出，并且不断有群成员提出希望分享节目视频以供交流学习。有人提议："为何不利用网络平台，举办一场社区网络春晚？"这个建议迅速得到了广泛的支持。社区网络春晚因此诞生，其目的是通过这个平台展示社区居民的本土文化、民俗风情以及春节的传统庆祝方式，同时展现社区居民的精神风貌和社区文化建设的成果。

③ 春晚的影响力与"民星"效应相结合，进一步激发了创意。社区网络春晚的发起人之一、武汉百步亭社区管委会主任王波表示，举办"社区网络晚会"的初衷是在春节这个特殊的时刻，每个人都可以成为大明星，希望每个人都能感受到一种喜庆热烈的节日氛围。

（2）创意如何落地。

社区网络春晚得到了全国2000家社区的积极响应和广大居民的积极参与，各地纷纷设立分会场，积极选送节目。社区居民自编、自导、自演，围绕社区和家庭，讲述身边的故事，报送节目视频达到2600多个。全国社区居民通过中国社区网及社区交流QQ群报送节目。

2600多个节目，万余分钟的节目总时长，还有30个分会场，导演们首先要看完所有节目，然后对符合要求的节目进行初审，在此基础上，根据节目内容、画面质量、反映精神进行二审、三审……最终才形成全国社区文艺节目大展演，最后通过社区网络平台和社区交流平台播出。

（3）存在的问题和破题途径。

提交的节目视频数量超过2600个，全部由社区居民自发录制并上传。这些视频再由组织委员会进行筛选和编辑，形成一个连贯的晚会节目。然而，这也随之带来一些挑战，例如晚会中可能会出现数十种不同的方言，以及数十位主持人的参与，舞台背景及主持风格不一。

破题途径主要为四大升级，即舞台布置升级、播出平台升级、制作水平升级、主题内容升级。

① 舞台布置升级：以武汉为主会场，并在其他城市设立分会场。节目内容在保持社区特色的同时，由导演团队进行专业筛选和包装，确保质量。

② 播出平台升级：自2015年起，百步亭社区与湖北卫视建立合作关系，将网络春晚的制作和播出形式转变为电视台统一录制和播放。

③ 制作水平升级：引入专业的导演、主持人和摄像师等制作人员，共同打造更加专业化和艺术化的全国社区网络春晚。

④ 主题内容升级：节目内容紧紧跟随时代发展的步伐，展现不同的时代主题。例如，第六届全国社区网络春晚以"爱在社区 梦圆中华"为主题，聚焦家庭、邻里、社区、志愿和爱国情感；第七届则以"走进新时代 共筑中国梦"为主题，围绕"红色引擎工程""生态文明建设""两岸交流"等议题，展现精彩纷呈的节目。近年来，网络春晚的外景拍摄团队还远赴了丽江、西安、大兴安岭、港澳台以及国际大都市如美国纽约、英国伦敦等地。随着节目创作形式的不断创新，网络春晚的社区特色越发鲜明，更加贴近民众生活。

（4）最火爆活动的效应延续——元宵灯会。

百步亭社区的传统民俗活动——元宵灯会，每届都有一个特别的推介点位。第十七届元宵灯会主题是百步亭居民变废为宝，自制万盏低碳花灯闹元宵。百步亭社区的居民们凭借他们的巧手和创意，将这些小物件转化为既美观又环保的花灯，充分体现了亲民和环保的理念。在主题为"年年花相似，岁岁灯不同"的第十九届花灯节上，社区居民积极参与，发挥各自的特长，共制作了11950盏符合主题的花灯，将社区的志愿广场和文化长廊装扮得焕然一新。这些花灯不仅集中展示了社区居民自新时代以来的成就，更体现出其幸福美满的生活状态。百步亭社区通过中国社区志愿服务网（中国社区网）开展百万居民网上赏花灯、猜灯谜活动，邀请全国2000个社区居民共同参加。

2. 最响亮的品牌——万家宴

（1）"顶流"策划如何诞生——制造品牌。

2000年社区党委刚成立，居民之间彼此还不熟悉，急需策划组织活动拉近邻里关系。春节来临之际，新搬入百步亭社区的居民们为了表达对社区党委所做工作的感激之情，纷纷邀请社区领导到自己家中共享团圆饭。社区党委书记茅永红提议：邀请邻里们一起聚餐，共同庆祝新年的到来，由此，第一届百步亭"百家宴"应运而生。随着社区入住居民的增多，各苑区在春节期间也开始陆续举办"百家宴"。

到了2003年，社区管理委员会在广泛征集居民意见后，决定利用新建的社区会所作为聚餐场所，每家贡献一道菜，让全社区的居民共同庆祝新年。那一年，会所内展出了1200多道菜肴，标志着"百家宴"升级为"千家宴"。到2009年，历时6年的"千家宴"活动再次升级，1万多道菜肴在四个会场同时展出，吸引了2万多名居民前来参观和品尝，从而形成了规模更为盛大的"万家宴"。

（2）如何做到从百到万——触发共鸣。

① 什么时机开展：以"节"为契，春节团圆，唤起社区居民共同的民俗情感。

② 如何发动群众参加：针对散户——选准对象、设置奖品（公司）、发挥熟人社区作用（楼栋长动员）；针对团队——社区PK、颁发荣誉及奖金、社区党组织书记绩效考核机制。

③ 影响力怎么做大：积累量变到突破质变——100盘菜变成1000盘、10000盘；会场分为主会场和分会场；开放"作文"到命题作文——不是等待居民上菜，而是命题作文"做菜"；被动营销到主动传播——设置传播点，如利用佳肴宣传党的十九大，一道菜就是一堂党课，百姓晒"幸福账单"为5年成就"打call"。通过省内外报纸、电视台、网络、杂志等40多家媒体100多名记者的"集中轰炸式"传播，积极做好二次传播。

主会场的菜肴在展示后直接送往低保家庭、独居老人和残疾人士等社区中的特殊群体家中，确保他们也能享受到节日的温暖。在分会场的聚餐结束后，剩余的菜肴将按照楼栋分配，由居民们打包带回家，以此减少食物浪费。同时，社区发起了"光盘行动"的倡议，鼓励居民们"不留剩饭，不留剩菜"，以实际行动践行中央关于"勤俭节约，反对浪费"的号召，推广文明用餐的新风尚。

（三）百步亭社区品牌活动总体复盘

1. 什么叫社区品牌活动

这些社区服务活动紧密贴合广大居民的实际需求，具有深刻的内涵，吸引了居民的广泛参与。在一定的区域内产生了显著的影响力，并获得了居民群众的广泛认可。通过具体的项目实施，展现了社区服务的亲情化和精细化特点，不仅改善了社区的外在环境，也增强了社区的内在吸引力。

2. 百步亭社区品牌活动时代背景及现实意义

（1）时代背景：经济社会全面转型、居民呼唤幸福安居、公共服务普惠丰富、硬件建设基础奠定。

（2）现实意义：推动社区服务的纵深发展，由重硬件向重服务转变，由社区做向全民做转变，由单一性向深层次转变，由粗放型向精细型转变。

（3）强化社区居民的归属认同：从面貌变化中感受社区魅力；从共同参与中感受社区和谐；从细致服务中感受社区温馨[①]。

（4）发挥典型社区引领作用：标杆作用，为其他社区提供经验；激励作用，形成良好的竞争机制，你追我赶；辐射作用，以点带面，共同进步。

3. 百步亭社区品牌活动的特点

（1）差异化：展示与过去和其他社区的不同。

（2）系列化：多个活动组成，散而多无法形成品牌效益。

（3）精细化：从粗放型活动向深度拓展。

（4）参与度：激发居民参与意识，大部分居民知晓并参与。

（5）满意度：让多数居民感到满意。

（6）影响广：加大推广力度，在本地区有一定知名度并具有推广价值。

4. 百步亭社区品牌活动的涵盖范围

社区品牌项目活动范围广泛，包括便民服务、救助优抚、文化体育、卫生计生、教育、就业保障、治安矫正等特定群体保障服务项目，以及围绕社区自治建设和民主管理策划实施的项目，改善社区建设、服务或管理中某方面不足的项目。

5. 百步亭社区品牌活动建设的关键环节

社区品牌项目活动的选定视角内容如下。

（1）最大居民需求：社区安全、日常生活方便、环境优美、设施全。

（2）最大社区优势：文化团体多、体育氛围浓。

（3）最需服务群体：儿童、老人及特殊群体。

（4）最需改善服务：硬件、软件及居民急难愁盼的事。

6. 百步亭社区品牌活动选定方法建议

将服务大类细化，选定项目点，推进服务活动系列化、深度化、创新式开展。社区品牌项目活动需紧贴居民需求，适应社区实际，体现核心服务，考虑服务实施成本。

7. 百步亭社区品牌活动的策划构思

项目名称和口号应简洁明了、通俗易懂，同时要紧扣项目主题，不偏题、不凑合、不照搬。主题应细化延伸，形成系列，具有创新性、实效性、配套性。

（四）百步亭社区品牌活动的打造过程

构建和谐社区需要居民积极参与，动员全体居民通过集体行动改善社区。百步亭社区找到了广泛动员居民参与的新路子，自助互助，共建温馨和谐社区。百步亭的共

[①] 上海市民政局基政处，上海市街镇工作协会. 居民自治（下）：案例精选与剖析［M］. 上海：华东理工大学出版社，2017.

建共治共享文化深入群众，对构建和谐社区具有重要启发和借鉴意义[①]。

1. 孕育品牌活动：搭建平台，因需而动，推动各项服务进社区

百步亭社区秉承"以人为本、以德为魂、以文为美、以和为贵"的理念，积极举办各类文化活动和志愿服务，将社会主义核心价值观自然地融入居民的日常生活，赢得了居民的广泛认同。社区遵循"社区靠群众、群众靠发动、发动靠活动、活动靠文化"的思路，持续不断地组织各种规模的文娱和体育活动，形成了"三天一小活动、五天一大活动"的活跃氛围，常年开展各类文娱体育活动，如通过漫画走廊普及文明知识、道德讲堂讲述善恶理念、"万家宴"和"元宵灯会"增加邻里感情。

2. 打造品牌活动：整合资源，聚合力量，形成功能齐全的社区服务网络

百步亭社区善于调动资源，举办活动。社区利用节日庆典等文化活动作为契机，积极整合来自学校、合作伙伴等各方资源，使活动内容更加创新多元，吸引更多的居民参与。在社区群众文化活动中，涌现出许多具有专业艺术和体育水平的积极分子，他们参与活动、提供培训、承担组织任务，有效提升了活动的专业水平，推动了社区文化项目的专业化和品牌化发展。为了更好地利用名人效应促进社区建设，社区党组织采取了一系列积极措施：通过调研了解、为名人建立档案、主动联系沟通、搭建展示平台，鼓励和支持名人带动社区居民活跃社区文化生活。社区里有一群热心的文化志愿者，他们引导居民组建了众多文化团队，包括读书会、棋艺社、晨练小组、摄影俱乐部、书法家协会等，总数超过100个。这些团队各具特色，充满生机，共同营造出由核心成员引领、全体居民广泛参与的社区文化环境。

3. 支撑品牌活动：创新形式，流程再造，支撑社区活动服务品牌

百步亭社区在社区品牌活动项目上体现了企业的巨大作用。常有不同企业积极参与和支持社区组织的各项文化活动，并为之提供必要的人力和物质帮助。一方面是看重百步亭社区的良好声誉和品牌效应，另一方面也希望通过与社区的合作提升自身的知名度和社会影响力。例如有教育机构在百步亭花园温馨苑开设了"育心经典"国学诵读班，专门教授儿童诵读中国传统文化经典。不仅丰富了社区文化生活，培养了孩子们对国学的兴趣和认识，同时也为自身提供了宣传机会，实现了互利共赢。

4. 壮大品牌活动：更新观念，追求卓越，提高志愿服务的效能和公信力

百步亭集团推动社区功能完善和企业多元化发展，设立了物业、酒店、家政、学校和志愿者机构，整合资源解决居民日常问题。与此同时，百步亭集团转变观念，通过集团的内部效应为社区居民提供各种信息。这些举措增强了社区凝聚力，提高了居民对社区文化的需求和认同，使得活动能够顺利开展。

① 方爱清. 志愿文化：构建和谐社区的新支点：武汉市百步亭社区志愿文化创建调查［J］. 江汉大学学报（社会科学版），2010，27（4）：79-83.

（五）百步亭社区知名品牌活动分类及案例

1. 党建引领品牌活动，打通党的领导落实到基层的"最后一公里"

百步亭社区坚持加强党的领导，推动党的组织进楼入户、进活动队伍、进社会组织、进网络圈群，搭建起严密无缝的组织体系，用党建引领品牌活动，如"红色小喇叭"传遍每个角落。开展楼道党建、亭台党建、广场党建等活动，把党员和居民骨干变成党的政策宣传员，把群众活动团队发展成党的政策宣传队。通过各种形式，及时宣传习近平新时代中国特色社会主义思想以及中央和省委、市委、区委最新决策部署，让居民听党话、感党恩、跟党走。"楼栋红管家"将党的温暖送到每一个家庭，将服务送到家中、关怀送到心坎儿、便民落到实处，让居民感受到党组织就在身边。

2. 队伍建设品牌活动，加强社区治理骨干队伍建设

百步亭社区始终把"选人用人"放在突出位置，大抓狠抓社区工作者队伍建设。如"名书记 传帮带"活动，建立王波名书记工作室、龚汉华名书记工作室，实施名书记"1+10"培养计划；定期举办"头雁论坛"，分享工作经验，开展实训演练，通过"导师制""滴灌式"互动培育，提升头雁队伍治理服务能力；"打擂台"竞技能。社区定期开展"5+1"工作技能"大比拼"，5 项技能分别是说、写、演、做和 IT 信息化能力，"1"是解决治理难题能力。

3. 创新治理载体活动，探索基层社会治理的有效路径

百步亭社区积极创新基层社会治理理念和模式，推进自治、法治、德治建设，组织相应的社会活动，不断探索基层社会治理的有效路径。如聘请法院人民陪审员担任首席调解员，成立"老陈调解工作室"；定期开展红色文化活动，社区每月举行一次升国旗仪式；结合"七一"、抗疫表彰等，举办优秀党员事迹报告会和先进人物事迹展览；常态开展邻里文化活动，每年中秋节举办"团圆宴"，重阳节举办"敬老会"。创新开展亭台文化活动，组织居民为社区 300 多个造型各异的亭台赋亭名、题楹联①，发动 5000 多户党员家庭动手写下自己的家风故事在亭台中展示，让美好家风在小区口口相传。

4. 拓展为民服务活动，寓服务于治理之中

百步亭社区始终坚持以居民为中心，寓服务于治理之中，将居民所思所急所盼作为组织社区活动的指针和方向。如依托物业服务场所，在每个苑区建立健康驿站，为居民提供测量血压、健康咨询等服务，搭建起"5 分钟医疗急救圈"；拓展法律服务，搭建"法律援助便民服务圈"，推进公安、司法、检察院、法院等政府部门法律服务进社区，发动小区在职或退休律师、法官、检察官、公证员等法律从业者组建"橄榄枝"

---

① 刘娜，沈祖，张继涛."二三六"聚成一个家［N/OL］．湖北日报，2012-08-04［2024-06-28］．http://focus.cnhubei.com/xw/zw/201208/t2175174.shtml.

法律咨询服务队。

5. 多元共治合力活动，构建多元共治社区治理体系

百步亭社区健全区域化党建工作机制，推动辖区单位、职能部门、社会力量有序参与社区治理，构建多元共治社区治理体系。开展"我为社区出份力""我为小区做点事""我为楼栋添和谐""我为居民解难题"等系列活动，实现只要居民有需要，社区调动一切力量随时到，只要居民有困难，随时可以找党员。

6. 科技赋能社区治理活动，运用信息化手段服务社区治理

百步亭社区利用信息化手段实施活动，助力社区治理工作。如推进"雪亮工程""智慧平安小区"建设，整合物联网信息采集、小区门禁系统等，借助视频监控，实时抓拍举报违法人员和场景，提供给公安、交通、城管、消防等部门快速处置，共同营造安定和谐有序的小区环境[①]。

（六）打造社区品牌活动——我们可以学习百步亭什么

1. 以志愿者队伍＋社区物业服务为依托，把握契机，根植文化

开展"送文化""种文化""全国社区网络春晚""民俗文化展示"等活动。

2. 以制度建设为保障，积极推动品牌活动形成

品牌活动建设需在战略层面构建服务体系和规章制度，以确保品牌活动能够按照既定方向发展，克服服务碎片化、孤立化等弊端。制度设计主线围绕"为何做、如何做"这一主线展开，这对于统一思想认识、整合社会资源、规范服务供给发挥了积极作用。

3. 以宣传报道为手段，努力提高品牌活动知晓度

从服务活动走向品牌活动的过程，就是把活动抽象为符号，再对符号进行社会传播的过程。在活动品牌形成过程中，各种传播媒介共同建构受众的认知图式，从而在较短时间内完成"服务符号化"和"符号社会化"两个过程。

4. 以适应性学习为策略，着力打造品牌活动个性

适应性学习是主动性、创造性的过程，强调结合外部成功经验与自身实际情况，对知识进行创新性重构。"适应"是品牌活动建设的策略，是社会选择的结果，说明品牌在竞争环境中形成了适合环境条件的特性。在百步亭社区品牌活动建设过程中，各社区采取了适应性学习策略，根据自身实际设计服务项目，关注邻里关系、基层民主或特殊社群的需求[②]。

---

① 耿愿，孙薇，刘培，等. 百步亭社区深化党建引领　构建共建共治共享格局　打造基层社会治理标杆［N/OL］. 长江日报，2020-12-22［2024-06-28］. https://www.sohu.com/a/439826818_120067131.

② 赵怀娟，夏伟. 社区志愿服务品牌建设：经验，问题与对策：以W市"一米阳光"为例［J］. 理论导刊，2013（7）：4.

案例二 社区活动策划与公共空间营造的融合之道

随着社会转型向纵深方向发展进程加快，社会治理理念不断得到深化和创新。党的十九届四中全会提出要加强和创新社会治理，"完善党委领导、政府负责、民主协商、社会协同、公众参与、法治保障、科技支撑的社会治理体系，建设人人有责、人人尽责、人人享有的社会治理共同体"。城乡社区是社会治理的"基本单元"，社区公共空间营造与品牌活动策划对于推进多元主体参与社区治理、培育村（居）民的公共精神具有重要的意义，是现阶段社会治理共同体建设的重要内容。

（一）社区公共空间营造

1. 概念释析

社区公共空间是城乡社区治理的场域，包括户外场地、公园景观、康体设施、文化广场、服务中心等公共场所，是居民日常交往、锻炼健身、沟通交流、休闲娱乐等行为活动的基本空间载体，具有提供公共产品和服务、社会交往和思想情感交流等多重功能，对提高社区居住品质、提升社区公共服务水平、打响社区品牌、激发社区活力具有重要意义[①]。

2. 社区公共空间的人民属性

推进城市治理，根本目的是提升人民群众的获得感、幸福感、安全感，着重解决人民群众最关心最直接最现实的利益问题，不断提高公共服务的均衡化、优质化水平[②]。党的十九大以来，习近平总书记针对城市治理发表了一系列论述，"城市是人民的城市，人民城市为人民""城市建设要贯彻以人民为中心的发展思想，让人民群众生活更幸福""城市建设必须把让人民宜居安居放在首位，把最好的资源留给人民"。这一系列论述反复强调人民性与公共性是我国城市的基本特征，城市建设和发展必须坚持人民的主体地位，社区治理也要将以人为本作为发展的出发点和落脚点，社区公共空间等资源配置也必须反映人民属性[③]。

3. 人的行为活动属性

社区公共空间是多层次、多功能的空间，以参与的人为主体，强调空间的物理特性、人在空间中的活动及体验。人的行为活动属性对社区公共空间营造提出新的要求，这一活动属性包含三要素——活动主体、活动事件和活动场所。

（1）活动主体：人是活动的主体，是空间的使用者，正因有人的参与，社区公共

---

① 王志新. 社会治理共同体公共空间的结构及其建设路径［J］. 理论导刊，2021（11）：5.
② 习近平. 论把握新发展阶段、贯彻新发展理念、构建新发展格局［M］. 北京：中央文献出版社，2021.
③ 房亚明，刘远晶. 人本主义视角下城市社区公共空间的优化配置［J］. 中共福建省委党校（福建行政学院）学报，2021（4）：12.

空间才具备公共性和开放性。

（2）活动事件：主要指社会活动，由空间使用者的行为构成。人在社区公共空间进行的社会活动主要分为三种[1]：一是必要性的社会活动，二是选择性的社会活动，三是社交性的社会活动。

（3）活动场所：活动主体的活动事件的发生地，即社区公共活动空间。人的行为活动需要一定的空间，人既是空间的参观者也是构成者。而积极引导社区（村）居民在活动场所参与活动事件，调动主客体的互动，空间尽其用，人尽其兴，社区公共空间才会充满活力。反之，离开了人的参与，社区公共空间便成为失落的空间，失去其存在的意义。

（二）社区活动策划与公共空间营造的融合之道

1. 挖掘特色历史文化

荷兰建筑大师雷姆·库哈斯在《普通城市》中形容城市虚无化为"不要特色，不要历史，不要规划，不要中心"。克服虚无化，需紧贴实际，深入挖掘、盘活和利用特色历史文化资源，扎根本土优秀文化，融合外来先进文化，使之在社区公共空间交流、对话、调适、融合，创造新的关系结构和意义生活，赋予公共空间新的生命力。通过艺术手法增强感染力和影响力，实现构思精巧、结构精致、呈现新颖，打磨出融合思想性、艺术性和观赏性的社区公共空间。

2. 营造特色公共空间

社会治理共同体公共精神的形成以公共空间为依托，公共空间的性质和结构影响着共建共治共享的质量。丰富的社区公共空间是吸引众多社会治理参与者共同协商、行动和交往的载体，是凝聚社区共同体意识的外部条件。鼓励街道、社区服务机构、公共空间运营机构、社会企业等力量参与社区公共空间营造，因地制宜提供丰富创意和新奇的体验。同时整改竹林和小道，满足当地村民的休闲需求，助力乡村文化振兴。

3. 打造特色社区品牌

打造高质量的社区品牌，深入推进"一社区一品牌"的工作机制，推动社区工作再上新台阶。以品牌为抓手，创新社区治理的新模式，也将增强社区的影响力和凝聚力，提升居民幸福感，促进社区和谐安定。以内容引领、空间运营、活动驱动的模式打造特色社区品牌，实现"人、空间、内容"三位一体的公共空间及创意活动营造，树立精品意识、特色意识、开放意识。

4. 策划特色实践活动

人人有责共建、人人尽责共治精神的培育，离不开居民参与公共空间的实践活动。

---

① 汪辉，汪松陵. 园林规划设计［M］. 北京：化学工业出版社，2012.

以社区公共空间为场域，因地制宜导入活动，引导居民走出狭隘的私人利益空间，为社会公共福祉而积极行动，对于革新社区治理结构、重塑社区治理结构，在社区领域培育共同理念、共同意识和公共精神，从而打造共建共治共享的和谐社区，增强居民对治理成效的获得感和幸福感大有裨益。

社区居民因家庭结构、经济条件、职业类别、文化层次、兴趣爱好等差异，需求也会有所不同。活动策划者须着眼于城市更新、社会创新及人民对美好生活的新需求，以多主体、多维度方式满足群众多元文化需求。

（三）社区活动策划与公共空间营造案例

1. 城中村社区公共空间营造与活动策划

城中村是城市化快速发展的产物，本地居民通过"填满宅基地"和"向上要面积"的方式追求租赁利益最大化，使城中村遍布高密度建筑，握手楼"无缝"衔接。本就稀缺的公共空间因功能过度叠加，普遍存在混乱无序的特点。

嘉禾街位于广州市白云区中南部，人口稠密，城中村遍布。近年来，该地顺应城市开发建设转变的趋势，在城中村改造方面不断转变思路，实施微改造策略，在有限的空间挖掘可利用资源，导入丰富多样的活动，提升城中村居民公共生活品质。

（1）新村社区：红旗坊红色历史展览馆。

嘉禾街新村社区的红旗坊红色历史展览馆，已被认定为广州市爱国主义教育基地和广州市党史教育基地。2020年，以解放战争时期革命根据地纪念碑为起点，挖掘新村革命根据地斗争史实，打造一座红色历史教育展馆，面向全社会开放。并提升原有展陈空间，打造纪念碑小广场、初心公园、新村历史文化长廊等公共空间，引入革命先辈事迹展等丰富形式和优质媒体资源，将社区红色IP做深做实。

活动策划方向：揭幕式、研讨会、主题教育活动、党建活动等。

① 引入优质平台：《红讲台》走进红旗坊。《红讲台》是由广州市委组织部指导，广东广播电视台等主办的南粤红色文化品牌项目。以"声音+"为桥梁，打造线上线下传播平台。红旗坊引入省级媒体资源，推出100个广东红色故事汇，由专业讲述人演绎嘉禾红色故事，并在多个新媒体平台全程直播。通过与嘉禾本土红色历史的强强联合、资源共享，实现线上线下"双联动"。

② 活化红色资源：《嘉禾记忆》红色故事连环画首发仪式。嘉禾街依托上下新村在解放战争时期的革命根据地历史，精心策划并出版了一本以红色嘉禾为主题的连环画册。这本画册采用通俗易懂、富有教育意义的叙述方式，结合大众喜爱的图文形式，生动地讲述了嘉禾新村的革命故事，塑造了鲜明的人物形象，并展现了那段波澜壮阔的历史画卷。

《嘉禾记忆》连环画被免费派发给辖区内中小学及社区，帮助辖区居民了解嘉禾街的革命斗争史和革命先辈们浴血奋战的英勇事迹。

③ 凝聚智慧结晶：举办多种主题研讨会。每逢建党节或国庆节等纪念日，嘉禾街道就邀请专家学者、革命后人、资深媒体人、社区工作者、辖区内师生，到红旗坊开展研讨，共话赓续红色血脉、弘扬光荣传统等话题。红旗坊曾先后举办过"铭记历史 砥砺前行"专家研讨会、"本土红色文化的创新性表达与多元化传播"等研讨会活动。

（2）科甲社区：听老物件讲历史。

科甲社区前身为科甲水村，始建于明神宗万历十四年（1586 年），距今已有 430 多年历史。2020 年以来，嘉禾街对科甲社区进行升级改造[①]，修葺辖内私塾、风水塘，新修建了石门楼、石拱桥、石栏杆等基础设施，打造具有岭南特色的市级容貌示范社区。

活动策划方向：老物件征集、地标打卡。

① 老物件征集活动。科甲社区征集老旧物件，并挖掘其背后的故事和民俗风情，打造科甲水村历史文化展馆。馆内陈列了 10 余件旧式家用或农用工具，时间跨度从清代到 20 世纪 80 年代，真实记录了全村人民励精图治、奋发图强的人和事，呈现科甲水村的政治环境、社会发展、村情风貌等，使古村风情得以传承，村史变化更加生动直观，深入人心。

② 科甲社区地标打卡。经过容貌示范社区创建，科甲社区形成"一街、一塘、一园、一桥、一家塾群"的地标群落。科甲社区通过媒体渠道向游客和在外打拼的村民发出回村邀请，并精心策划出一条地标打卡路线，让人们停下脚步细细品味，记住乡愁。

地标 1. 百年家塾：科甲社区明清时建有家塾，如玉富家塾、兆宏家塾、进郁家塾、应和书舍，这些家塾群建筑形成古建筑群落，是科甲社区的文化瑰宝，见证了科甲水村的沧桑巨变。

地标 2. 清风桥：家塾群周边有一座观光石桥，名为"清风桥"，桥名源于东汉名臣杨震"清白传家"的美誉。

地标 3. 飞榕树：这棵古老的榕树拥有超过 400 年的历史，因其雄伟壮观，拥有五层楼的高度，被当地村民亲切地称为"飞榕树"。它不仅是科甲水村杨氏家族先祖迁移和繁衍生息的历史见证者，也成为当地居民心中乡愁记忆的重要组成部分。

地标 4. 风水塘和碧道：风水塘、碧道与家塾群相伴相映。

地标 5. 文化连廊：由原来的荔枝林荒地打造而成，展现科甲水村民俗民风、传统美德等内容。

2. 未成年人主题公共空间与活动策划

位于广州市白云区三元里街道的三元里"护苗乐园"未成年人保护基地，是一个综合性的服务平台。它涵盖了未成年人保护工作站、法制宣传教育、教育体验、安全

---

① 符畅，谭铮，祁航，等. 白云这个百年古村留下诸多"地标"［N］. 羊城晚报，2022-06-29（A14）.

教育和关爱服务等多个方面。基地以沉浸式和体验式教育为特色，汇集了社会各界资源，致力于为有需求的儿童和家庭提供包括法律咨询、紧急救助、心理支持等在内的多项服务。通过这些努力，基地汇聚了社会各界的力量，共同为未成年人的全面健康成长提供坚实的保护和支持。

活动策划方向：禁毒安全环保心理健康宣教、亲子互动、普法活动等。

（1）未成年人普法："模拟法庭"活动开进未成年人保护基地。

为提高未成年人的法律意识和保护自身合法权益的能力，三元里司法所联合社区法律顾问多次走进民航中学，指导庭前准备工作。在未成年人保护基地的模拟法庭中，学生身着仿真制服，沉浸在角色中，双方当事人唇枪舌剑，证人如实表述，审判长秉公办案，生动有趣地展现了原告要求被告返还物品一案。

（2）未成年人关怀：六一儿童节，送给"军娃"一份特别的礼物。

六一儿童节到来之际，白云区三元里街道退役军人服务站联合社工服务站在三元里街未成年人保护基地开展"春暖花开·结伴同行"来穗退役军人亲子出游活动。活动共吸引 10 组来穗退役军人及本地居民家庭参加，退役军人与子女共同作画，用不同颜料在画框上绘画出各式各样的图案，融入每个家庭成员的创造力，嵌入了充满爱的记忆。活动接近尾声时，社工邀请来穗退役军人家庭各自介绍作品，并为喜欢的亲子作品送上小红花。

3. 科普体验主题公共空间与活动策划

"四叶草小屋"垃圾分类宣教馆位于广州市白云区鹤龙街金碧雅苑社区，2020 年 1 月启动，6 月正式投入使用。馆内设置展示、活动、培训和直播区，通过视频、实物展示、智能体感游戏和实践课堂等形式，让居民从多方面体验垃圾分类新时尚的特性。该馆由志愿部落负责运营，是一座集知识性、趣味性和互动性于一体的综合性场馆。

活动策划方向：垃圾分类科普教育、文化体验课堂、志愿服务等。

（1）亲子科普教育："垃圾分类变废为宝·环保花样种植"的 DIY 活动。

由资深导师"兔妈妈"通过趣味的方式科普垃圾分类小知识，观看垃圾分类趣味短片了解垃圾分类的过程，可回收物如何变废为宝。最后指导亲子家庭动手体验花样种植，为生活增添乐趣和绿意。

（2）乐享创意手作：垃圾分类扎根社区，植物趣味课堂新体验。

主讲老师通过垃圾分类趣味 PPT、垃圾焚烧热力电厂、垃圾分类图片等工具介绍了垃圾分类知识及其重要性。同时，在手作活动中，主讲老师讲解了香囊的由来和植物香料的作用，指导居民用摘好的植物制作香囊。

（3）文化体验课堂："四叶草公益系列活动——原心茶叶茶香花器乐分享会"。

本次分享会由白云区女企业家协会承办，旨在推广一种新颖的茶文化体验，即"品茶、饮茶、食茶、用茶、玩茶、事茶"的六茶并行理念，深入挖掘茶及其文化在物质与精神层面的丰富内涵。活动不仅安排了古筝表演、茶艺表演、民乐合奏、太极表演以及花艺表演，还特设有花艺 DIY 环节。

案例三　"共建共治共享"的北站实践：共享社区发展成果

（一）社区概况

北站社区位于广东省深圳市龙华区民治街道，辖区范围北至民宝，东至梅龙路，南至南坪大道，西至福龙路以东，占地面积约 4.4 平方千米。社区内居住人口约 7.2 万，并设有北站社区居委会。

北站社区通过有效整合辖区内 13 个直接管理的社区党组织和 25 个驻社区企事业单位党组织，建立了以党建为引领的"社区＋车站＋学校＋商圈"共治体系。

2018 年 10 月 24 日，习近平总书记视察北站社区党群服务中心时指出，应将更多资源、服务和管理下沉到社区，为居民提供精细化、精准化服务，切实解决群众的各类问题。同时，强调要依靠居民，依法有序组织群众参与社区治理，实现人人参与、人人尽力、人人共享[①]。

（二）主要实践举措

1. 突出党组织核心引领作用，探索党组织联席会共治机制

通过有效整合辖区内 13 个直接管理的社区党组织和 25 个驻社区企事业单位党组织，北站社区建立了以党建为引领的"社区＋车站＋学校＋商圈"共治体系。开展月度共建活动、季度联席会议及日常走访交流，统筹建立了"资源库"和"需求库"。28 家社会组织，不断盘活社区自治力量，引导社会组织参与多元共治楼长协会"罗伯特议事规则"培训及城中村巡查居民议事空间。

2. 坚持以人民为中心，进一步提供精准化、精细化服务

北站社区以"坚持以人民为中心，进一步提供精准化、精细化服务"为核心理念，致力于打造以居民需求为导向的社区环境。通过不断深化服务理念，社区在提供基础服务的同时，更注重精准化和精细化的服务内容，以满足居民个性化的需求。社区通过建设便捷的社区服务网络，推动数字化和信息化手段的应用，提高服务的效能和质量。同时，通过与居民建立紧密的互动机制，倾听他们的声音，及时调整和优化服务模式。在"以人民为中心"的指导下，北站社区不断努力创新，为居民提供更加贴心、温馨的社区生活体验，打造了一个充满温暖和关爱的大家庭。

3. 不断盘活社区自治力量，引导社会组织参与多元共治

北站社区积极践行"坚持以人民为中心，进一步提供精准化、精细化服务"的理

---

① 程远州 . 聚合各方力量 共建美好家园（新时代新征程新伟业）[N]. 人民日报，2022-12-12（2）.

念，开展了多项有益于社区发展和居民生活的活动。

首先，通过楼长协会开展了"罗伯特议事规则"培训，旨在提升楼长们的管理和组织能力，以更好地服务社区居民。这种培训强调了基于民主和协商原则的议事规则，为社区事务的决策提供了更加透明和民主的平台。

其次，志愿者协会组织了一系列便民服务活动，涵盖了社区内的各个方面，如健康咨询、环境整治、安全宣传等。这些活动不仅为居民提供了贴心的服务，还增强了社区凝聚力和邻里关系。同时，社会组织积极参与了《北站社区我的家》MV录制，通过艺术形式展现社区的文化、风貌和居民生活。这不仅为社区赋予了更多生活色彩，还促进了社区的文化交流和共融。

最后，为了加强对城中村的管理，北站社区开展了巡查活动，关注基层社区的安全、卫生和环境问题，及时解决居民反馈的困扰，确保社区的和谐稳定发展。这一系列活动全面展示了北站社区"以人民为中心"的服务理念，不仅提高了社区居民的获得感和满意度，也为社区建设创造了良好的发展氛围。

4.建设社区特色阵地、打造社区共享家园

建立24小时图书馆；微创空间－创业讲座；聚善空间；圣莫丽斯党群V站；抗疫服务中心；抗疫服务中心－志愿者签到中心等。

5.科技助力社区治理，构建"党建＋科技＋治理"模式

搭建党建引领基层"智"理平台。组织一键轮巡制度：视频轮巡系统和AI网格员，准确识别社区高风险行为、实时关注交通微循环，以便增减出入口或设置潮汐出入口；借助"深i您"、"疫查通"以及公安系统的新来深返深人员数据库，使核查更高效、更精准、更及时；给居家隔离人员安装智能门磁系统，实时掌握居家隔离人员外出情况；在人流较大卡点安装红外热成像测温设备，即时测量通过人员的体温，避免排队聚集；一键求助：为高龄、独居老人安装智能穿戴设备、社区居民随时通过"i社区"App中的"找书记""你来@我来办"功能模块反映诉求；一键锁定：通过视频门禁系统精准关闭重点疫区未返深人员开门权限、精准跟踪异常轨迹，违规行为自动上报。

6.持续推进创新项目，打造北站社区特色品牌

（1）连续9年创办社区报；连续8年举办关爱"空巢儿童"暑期快乐营活动；连续7年举办"走群众路线，送服务上门"大型便民服务活动；连续6年举办学生义工营活动；连续5年举办书香社区活动；连续4年举办社团文化节活动；连续3年开办老年大学；连续2年运营共享会项目；连续2年运营党建引领的社区智能管理信息化平台；2021年首次开展人文社区创建；2019年3月16日，北站社区共享会项目正式启动。截至2023年，共享会注册会员达12000人，累计积分逾84000分。

2020—2022年，共享会助力抗击疫情，成立社区"党员＋共享会"跑腿志愿服务队，

300 多名共享会会员为居家隔离人员、残障人士和独居老人代买物资、送外卖、送快递共跑腿 1000 多单。特别推出"周末党员卡点"，每到周末就有 100 多人次的党员参与。

（2）具体案例。张莹莹因小儿麻痹症导致双腿肌肉萎缩，行动不便。自 2011 年起，她投身助残就业创业帮扶事业，带领团队创办 4 家社会组织和 2 家企业，帮助 2700 多名残障者找到工作。她的行动诠释了自强不息和助人助己的精神，被誉为"勇敢的雨燕"。

2016 年，张莹莹和残障朋友为残障人士提供就业培训和心理辅导等服务。

2018 年，张莹莹带领团队运营深圳龙华的残疾人创业就业基地"IC 爱创空间"项目，致力于多元化就业创业模式。该项目共开展了 150 余场残疾人就业创业技能培训，帮助 2700 多名残疾人找到工作，并成功孵化出国家高新技术企业，探索出适合残障人士就业的创新模式。

7. 打造社区共享会，形成"人人参与、人人尽力、人人共享"的良好氛围

深圳市龙华区残联筹划创办了"龙华区 IC 爱创空间"残障者就业创业孵化基地项目，为残障人士提供全方位帮扶。从健康检查和筛查，到为创业初期及有创业意愿的残障人士提供孵化服务、资源对接和商务服务，"IC 爱创空间"实现了"一站式"、全链条式的支持，帮助他们快速成长。

第四节 答疑解惑

问题 1：社区工作者如何进行社区活动策划和执行

第一，深入了解社区和居民需求。社区调研，采用调查问卷、访谈、座谈会、微信 / 社群等方式，了解社区居民实际需求，对需求进行分类，比如按照不同的人群分类，分为儿童、青少年、老年人等，或者按照问题的类别分类，比如环境类、邻里关系类、矛盾调解类、文化体育类、社区治理类等。第二，明确活动目的和主题。明确活动目的：搞清楚为什么要办这个活动，比如是想让大家学会消防知识，还是促进邻里交流，优化社区环境，促进社区协商议事，等等。选定主题：根据定好的目的，选一个能吸引人、感染力强的主题，提高活动的吸引力。第三，制订详细的活动计划。时间规划：把活动时间安排得合理，如居民都有空的时候。还要留出足够的时间准备活动，活动完了也得有时间跟进。场地与物资准备：根据活动需要找个合适的地方，提前把要用的东西都准备好。场地要安全干净，东西要够、要好。第四，创新活动形式和内容。创新活动的形式：根据社区和居民的情况，设计各种各样的活动形式让活动更有意思；活动的内容得跟居民生活密切关联、实用、有趣。第五，加强宣传和推

广，用社区公告栏、微信群、公众号这些办法来宣传活动，让更多人知道社区活动，使其影响力更大。第六，安全与保障：确保活动场地的安全性和设施完善，准备急救设备和应急预案，确保活动的顺利进行。第七，寻找合作伙伴，如本地企业、志愿者组织等，共同承担活动的责任和任务。第八，注重活动执行和效果评估。第九，加强后续跟进和持续服务，根据活动的效果和居民需要，持续提供服务和支持。

问题 2：社区工作者策划社区活动需要注意哪些关键问题

社区工作者通过社区调查，在了解社区需求的基础上进行活动策划，在策划的时候要避免如下几个方面的问题。

一是活动设计目标和实施方案缺乏关联性。比如，既定的活动目标是培养居民的环保意识和参与意识，实施计划却是单纯的手工活动，行动之间缺乏关联性，活动相关环节与目标达成之间的关联性较小。

二是对活动需求的评估缺乏有效性。社区活动的核心在于满足社区需求，优化社区治理，所以一定要剖析居民真实的需求，不能只通过二手资料等方式，而不对居民做前期调研便直接确定需求，这样很容易导致活动只是社区工作者的自我设计。

三是在居民动员和参与、资源链接方面缺少设计。在推动社区活动中，需要重视"五社联动"机制的落实与运用，围绕活动目标整合和链接相关资源。

四是缺少社会工作专业理论在活动中的运用。很多社区工作者在社区活动设计、执行、总结及相关材料中缺少对社会工作专业理论方法的使用和展示。加强理论对活动的指导，可以让社区工作者对解决问题的方法论更加信任，策划方案时会更加得心应手。

问题 3：社区活动策划者应该具备哪些能力

社区活动策划者需要具备调研与分析能力、创新能力、团队协作与沟通能力、策划与执行能力、资源整合能力、风险评估与应对能力以及总结与专业反思能力等多种能力。

一是调研与分析能力。社区活动策划者需要了解社区真实需求，洞察社区治理和社区服务的真实问题、原因，以便制订出更符合社区实际情况的活动方案。

二是创新能力。创新是活动策划的灵魂。一个好的活动策划必须具备独特的创新思维，能够从众多的活动中脱颖而出，引起关注。

三是团队协作与沟通能力。社区活动策划者需要具备良好的团队协作能力和沟通能力，还需要在团队中发挥领导作用，引导团队成员朝着共同的目标努力。

四是策划与执行能力。社区活动策划不仅是制订一个计划，更重要的是如何将计划付诸实践，需要详细规划活动的每一个环节，确保活动的顺利进行。

五是资源整合能力。社区活动策划者需要具备强大的资源整合能力，对社区的资源体系和社区治理共同体有全面了解，与他们进行有效的沟通和协作，整合各种资源，为活动的成功提供保障。

六是风险评估与应对能力。社区活动策划者需要具备风险评估和应对能力，对可能出现的风险进行评估和预测，并制定相应的应对措施，以确保活动进行。

七是总结与专业反思能力。社区活动结束后，社区活动策划者需要分析活动的成功之处和不足之处，总结经验教训，并进行相应的理论反思。

第五节　考核通关

一、考核形式

（一）他山之石思策划

1. 实操训练概览

通过6个不同的社区活动案例，展示活动策划和执行过程中可能遇到的问题和挑战。这些案例覆盖了志愿服务、社区探访、物资捐赠以及文化活动组织等多个方面，旨在通过具体实例教授策划的关键原则和技巧。

（1）活动案例一。

某市两名大学生在地铁车厢内涂鸦导致地铁停运，地铁公司以志愿服务代替经济赔偿的方式，将两名大学生应该承担的7000余元经济赔偿折算成80小时志愿服务。

（2）活动案例二。

某社区组织志愿者上门探访长者。长者投诉志愿者故意惹她生气，长者生气郁闷诱发身体不适。上门探访服务应街道办要求搁置。

（3）活动案例三。

某企业捐赠给社区一批过冬棉衣。社区工作者想到辖区有一户安置在公共厕所居住的困难居民，于是就送了几件棉衣过去。居民看到衣服后觉得自己没有得到尊重。

（4）活动案例四。

中秋节到了，某社区组织居民自己制作月饼，并把制作的月饼送给了辖区的长者。长者吃了月饼后诱发疾病，被送往医院。

（5）活动案例五。

某公益机构组织一批大学生志愿者从事环保类调研工作，一位志愿者在开展调研工作过程中不慎落水。

（6）活动案例六。

某社区拟开展社区春节联欢晚会，聘请了一位知名人士担任主持人。当天，所有准备就绪，主持人却打电话告知自己无法按时到场。

2. 案例分析实操指南

案例一分析：探讨替代性惩罚的创新实施方式及其社区影响，着重讨论在如何利用志愿服务提升社区凝聚力的同时，避免公共财产损失。

案例二分析：分析社区服务项目执行过程中，如何保证人文关怀和沟通的有效性，确保服务质量建立反馈机制。

案例三分析：从物资捐赠活动中学习尊重受助者的重要性，探讨如何平衡物资分配的公平性和尊严。

案例四分析：通过文化活动的案例，讨论风险评估和预防措施的重要性，确保活动安全。

案例五与案例六分析：强调策划中的风险管理和应急准备的必要性，讨论面对不可预测情况时的快速调整策略。

（二）躬行践履做策划

以党的二十大召开为背景，要求参与者在社区内策划一场党建活动。此练习通过限时策划和专家评议，不仅让参与者实践理论知识，还通过实际操作加深了对策划流程的理解。

1. 策划阶段

要求每个小组在20分钟内完成活动策划，包括活动主题、目标群体、预期成果和实施步骤。

2. 呈现与评议

选出代表进行策划呈现，接着进行专家评议，获取即时反馈和建议。

3. 专家评议

专家团队提供的评价侧重于创新性、可行性及潜在风险点，以及如何改善策划方案的建议。指导环节详述在练习呈现后，教师将提供专业的点评和指导，帮助学员发现和解决策划中的问题，学习优化策划方案的方法。

（三）活动策划思考

策划：不只是"始"，以终为始，是策划的落脚点。

二、考核要求

（一）考核目的

"策划大师"课程旨在通过理论与实践教学，整体提高社区骨干开展社区服务、社区营造、社区活动、社区品牌建设等工作的策划和运营能力。以检验学员对本课程的学习掌握程度，帮助党校不断总结经验，改进教学方法，同时为了对学员社区活动策划的学习成果作出客观评价，鼓励引导学员明确学习方向，不断提升社区活动策划能力，从而对该课程进行考核评价。

（二）考核对象

参与该课程的全体学员。

（三）考核原则

本课程主要为终结性考核，着重考查学员对基层治理中社区活动策划的认识与理解，以及将理论知识转化为实践操作与问题解决的能力。坚持学习过程中理论与实践相结合，既考核学员经过该课程学习所掌握的专业知识、专业技能的水平，又考核学员在实际社区活动策划中的创造性以及对现实问题的分析与解决能力。通过命题社区活动策划对学员课程学习情况进行综合评价。

（四）考核方式

"策划大师"课程结束前为考核 PK 环节，限时两小时，教师给定考核主题（"一社三会"机制），各学员根据该考核主题完成一份完整详细的社区活动策划方案。方案需包含社区需求分析、活动创意阐释、策划内容设计、活动具体实施、活动评估与预案等几个方面。学员策划完成后提交方案，评委组将对策划方案进行综合评估，并给出学员个人考核成绩。

（五）考核成绩构成

采用终结性考核法，针对学员最终提交的社区活动策划方案进行评估考核。评分标准分为主题鲜明性、活动创意性、形式多样性、现实可行性、评估与预案五个维度，每个维度各 20 分，满分为 100 分。最终根据课程考核总成绩评选出 10 名"策划大师"。

1. 主题鲜明性

主题是社区活动的灵魂与方向，本次策划的活动主题需鲜明突出"一社三会"机制，整个活动策划围绕该主题而展开，做到真正服务民众，切不可偏题、跑题。

2. 活动创意性

围绕主题策划本次社区活动，并开拓创新思路，不拘泥于传统社区活动方式，尽可能创意新颖，并在社区活动中融合社区品牌打造，让人耳目一新。

3. 形式多样性

充分运用新旧媒介开展社区活动，线上与线下相结合，丰富活动形式，采用契合主题与活动需求的多样形式，让活动更具吸引力与感染力。

4. 现实可行性

虽为社区活动策划，但切忌天马行空。以实践为导向开展策划，活动的流程与具体内容要与现实相符，具有可操作性，做到技术、组织与资金上皆可行。

5. 评估与预案

风险意识在社区活动策划中极为关键。需做到未雨绸缪，对整个社区活动中可能存在的风险与隐患进行评估分析，并做好预案，设想好应急措施与应急预案所需要的资源。

（六）"策划大师"评选

本课程考核结束后需评选出 10 名社区活动"策划大师"，并对他们进行嘉奖。根据课程终结性考核总成绩，排名前十的则为本次考核评选出的 10 名社区活动"策划大师"。

第三章 "金牌调解"：纠纷化解的"彩虹桥"

基层矛盾纠纷化解是基层治理中的关键和核心。本章从三个层面介绍基层矛盾纠纷化解的具体内容，一是调解工作是基层社会治理的重要组成部分，它融合了政策引导、法律规范、经济调节、行政管理等多元手段，以及教育引导、协商对话、调解纠纷、心理疏导、公开听证等多种方法，兼顾情感、道德与法律，精准施策，确保矛盾纠纷的圆满解决，同时恢复和谐的人际关系，真正实现"案结事了人心顺"的理想状态。二是作为司法程序的人民调解，或作为群众工作的人民调解，都是矛盾已经形成并已冲突公开化，一定程度上当事人之间已经结下积怨，在这种情况下做工作，必须防止矛盾进一步激化。三是作为司法程序的调解工作，或是社会调解，都是群众自己教育自己的过程，其中让第三方参与的听证是做好群众工作的重要形式。

通过本章学习，熟练掌握基层矛盾化解的理论、内涵、工作方法和技巧，提高新时代基层矛盾纠纷化解能力。

第一节 基层调解工作基本理论

一、基层调解工作基本内涵

调解工作是在继承和发扬我国民间调解优良传统基础上发展起来的一种群众工作方法，在矛盾纠纷多元化解机制中发挥着基础性作用。调解工作的对象主要是发生矛盾纠纷的当事人和相关人员，并使其他群众从中受到教育。因此，从党的群众工作来看这是针对特殊对象的群众工作。

调解在工作实践中，通常根据调解人的身份和性质，把调解分为法院调解、行政调解、人民调解、仲裁庭调解、行业性专业性组织调解等。在社区治理中的人民调解，是在社区党组织主导下，根据法院或信访部门要求，以社区居委会下的人民调解委员会专委会为主体，通过说服、疏导等方法，促使当事人在平等协商基础上志愿达成调解协议，解决民间纠纷的一项重要工作。

在基层社区工作实践中，调解有两种理解，第一种作为法律制度性安排的调解制度，主要有以下四种形式：一是人民调解。亦称民间调解，由社区组织的人民调解委员会在非司法环境下对民间纠纷进行调解，属于非诉讼调解的一种。二是法院调解。指人民法院在其管辖范围内对民事、经济纠纷乃至轻微刑事案件进行的调解活动，属于诉讼过程中的调解方式。特别是在婚姻案件中，诉讼内调解是审理流程中的必要环节。三是行政调解，它分为两类：一类是基层人民政府，即乡镇级政府对普通民间纠纷进行的调解，属于非诉讼调解范畴。另一类是国家行政机关根据法律法规对特定的民事、经济或劳动纠纷实施的调解，同样属于非诉讼调解。四是仲裁调解。指仲裁机构在其受理的案件中尝试调解，如果调解未果，则直接作出裁决，这一过程同样被视为非诉讼调解的一部分。这一制度性安排的调解工作，主要是通过"正式"的制度化程序安排推动矛盾纠纷的化解，这种调解工作更多的是公共法律服务的一种补充性制度安排。

在基层社区工作实践中的调解，第二种更为宽泛的理解是基层社区的一种群众工作方法。这种调解方法，更多的是依托当地的公序良俗以及作为第三方的当地社区工作人员在当事人心目中的威望和感情基础，居间对矛盾纠纷涉及的当事人进行疏导，达到案结事了人必须的一种工作方法，所以在基层社区工作实践中更多称为"民间调解"。这种民间调解法更多是依靠主导调解人的个人魅力和工作经验，可把这种调解法称为"魅力型调解"。这种调解方法，在全国涌现了许多典型人物和案例，有些是以发源地命名的，如枫桥经验、台州基层民主恳谈、桐乡的三治融合、安徽省安庆市推行的"六尺巷工作法"等；有的是以发起单位命名的，如上海妇联的"白玉兰"和"老娘舅"、北京市石景山区的"老街坊"、杭州市的"武林大妈"等；有的是以主要人物命名的，如全国知名的以重庆市科学城金凤镇杨永根命名的"老杨群工"、重庆市江北区观音桥街道人民调解委员会调解员马善祥命名的"老马工作室"、浙江省诸暨市以枫桥派出所杨光照命名的"老杨工作法"、浙江省杭州市上城区人民调解委员会主任沈寅弟命名的"老沈工作法"、浙江省宁波市百丈街道划船社区党委书记俞复玲命名的"俞复玲工作法"等。近年来，在推动基层社区（村）治理中，又涌现出一些新的典型，如北京市石景山八角街道八角中里社区的党委书记李美红、山东省烟台市芝罘区毓璜顶街道大海阳社区的冷晓燕、福建省福州市军门社区的党委书记林丹等。最近几年最高人民法院、司法部在全国法院系统推行建设"枫桥式法庭"，政法委、公安部等在全国公安系统推行建设"枫桥式派出所"等活动，都是这一方法的创造者和践行者，他们通过自己的工作实践，不断丰富这一方法。

随着居民个人及家庭社会生活范围越来越广，利益关系越来越复杂，涉及的政策性、法律性问题越来越多，加之居民个人权益意识、法治意识日益增强，随着城镇化推进，居民流动范围更广、流动性加大，居民经济社会活动更多是在陌生人中，当前基层矛盾呈现出多发性、复杂性等特点，不仅有家庭矛盾、邻里纠纷等个人矛盾，以及社区治理中的物业与业主之间的矛盾纠纷，还涉及征地补偿、医疗纠纷等政策性、群体性矛盾纠纷。因此，当前基层社区在调处矛盾纠纷中面临一些新情况新问题，基层社区工作人员在调解中仅依靠个人威望和传统道德规范对矛盾纠纷的当事人进行劝说协调，难以达到预期效果。在这种情况下社区发生的矛盾纠纷，需要法律工作者、社会心理疏导工作者、专业社会工作者、基层工作人员以及相关政府部门如法院、信访部门等多方参与，一些地方将过去长期实践的民间调解方式程序化、规范化、制式化，并引进法律、心理、社工等专业工作者参与其中，上升为一种制度性安排，成立了由社区（村）党组织领导，居委会主导，相关部门、专业社会工作者参与的一些机构，并规范程序，使人民调解这种机制和制度性安排逐渐成为基层调解的主要形式。

在基层实际工作中，通过调解化解矛盾纠纷更多的是运用"非正式"民间调解方式，这种调解往往依靠基层乡镇（街道）和社区工作人员＋专业社工、有关部门有经验的人员、社区贤达，如律师、派出所人员、基层法庭老法官、四邻街坊有威望人员等专业人员的参与。这种调解工作方式，作为群众工作方法具有其特殊性。其一，调解工作是针对特定的当事人有针对性地做工作。其二，调解工作是在矛盾已形成并在公开冲突情况下做工作。其三，调解的目的是案结事了、事心双解、人心顺畅，增进社区邻里之间的和睦相处，同时也以此达到教育群众的目的。因此，作为群众工作的社区调解工作，由基层社区工作人员或者群众认可的具有一定威望的人员参与，更多是做"说和"工作，其目的是在沟通感情的基础上协调利益关系推动矛盾化解。其四，法律制度性安排的调解工作，更多是依托行政或者司法赋权赋能做好当事人的工作，而这种"非正式"的、因人而论的调解方法，虽然有行政体制赋权和加持助力，有助于基层工作人员在解决问题中处于主导地位，但从工作实践来看，推动问题的解决，做到案结事了、心平气顺，既依靠基层工作人员的个人实践经验、方法技巧、能力素质等，也依靠参与调解的专业工作者的能力素质，更多的是依靠基层工作人员与群众之间感情基础上形成的个人魅力和公信力，通过个人魅力和对当事人心理纠结的准确把握，以感情渗透潜移默化做好当事人的工作。

二、基层矛盾纠纷的主要表现形态

随着改革开放和城镇化、市场化、国际化的加速推进，社会结构、利益格局、思想观念都在发生着深刻变化，城乡基层治理面临着一系列新情况新问题，作为我国基层改革发展稳定第一线的社区，是各种矛盾和问题的集聚地，如何适应群众需要，协调好矛盾纠纷背后存在的复杂利益冲突，千方百计为群众排忧解难，力求将矛盾消解于未然，将风险化解于无形，做到小事不出小区，大事不出街道、社区，矛盾不上交，做好维护社会和谐稳定工作与预防化解社会矛盾工作，这些都考验着基层干部的治理能力和综合素质。

（一）新时代基层社会矛盾变化的特点

一是矛盾基本内容表现为三个绝大多数。即绝大多数发生在民生领域，绝大多数是利益诉求，绝大多数涉及社会特殊困难群体或在改革中受损人员的基本需求，因此直接涉及群众的根本利益和基本生产生活。

二是矛盾基本动向表现有新情况。即矛盾运行方式表现为上行压力比较大，一些人赴省进京反映诉求，有些具有不同诉求的人抱团反映诉求，有些人甚至采取极端方式表达诉求，以扩大影响施加压力，同时阶段性多发频发涉及面广的矛盾，与经济社会发展阶段的政策调整热点的关联度比较强；一些人力图老问题攀比新政策，合理诉求与不合法方式交织，多数人合理诉求与少数人无理取闹交织，群众自发行为与一些别有用心人员插手利用交织在一起，值得注意的是，一些人的个人诉求与反映基层工作人员腐败问题关联，因此表现为新旧矛盾问题叠加多重交织的复杂性和尖锐性。

三是矛盾基本态势表现为风险跨界性、关联性、穿透性强。与上述特点相关，大量矛盾和问题在向信访渠道集中的同时，通过网络向社会面扩散并形成网上炒作发泄和网下相互助推聚合效应，使矛盾风险呈现出跨界性、关联性、穿透性增强的新特点[1]，并在一些地方有在市域产生汇聚外溢扩散的风险[2]。

（二）新时代基层社会矛盾变化的类型[3]

当前我国城市社区发生的矛盾和问题与城市本身发展水平有关，有些是城市发展和城市治理中的问题，有些是社区建设和治理中的问题，现阶段主要有以下几种类型。

一是城市房地产领域的问题。其中突出的一个是前期拆迁安置问题，另一个是入住后的问题。随着城镇化的推进，我国城镇扩展既有新城发展的扩容，也有旧城改造的提质，因城镇房屋拆迁安置引发的问题一直是城市发展中的突出矛盾，其中既有补偿标准的问题，也有拆迁操作中的问题，还有安置和配套设施建设跟进的问题，以及个别居民的生活困难救助问题，这既需要从政策规定标准实施等方面通盘考虑协调各方面的利益矛盾，也要针对群众的具体问题深入细致做好工作，这是一个非常艰苦的博弈过程。绝大多数矛盾和问题最终都会得到妥善解决，并实现各方利益兼顾各得其所的结果，但是从近年来城市建设过程中发生的矛盾激化情况看，也不排除因为政策规定、补偿安置以及操作过程中的问题使矛盾激化而酿成恶性事件，把民心工程搞成

---

① 中共中央党史和文献研究院.习近平关于基层治理论述摘编［M］.北京：中央文献出版社，2023.

② 参见2020年10月20日中央政法委召开的全国市域社会治理现代化试点工作第一次交流会上陈一新的报告，澎湃新闻，https://m.thepaper.cn/baijiahao_9663801.

③ 李皋，丹彤.基层之治［M］.北京：人民出版社，2018.

了民怨工程的情况，这些矛盾会延续到新开发的社区建设和治理中，成为社区工作中需要加以注意解决的问题。目前反映在社区中有商品房逾期交房、各种证件办理、保障性住房建筑质量、开发商资金链断裂形成的烂尾、开发商违规致使购房业主长期无法办理证件、小区内外配套设施建设滞后或不足、小区物业服务管理配套问题等，这些问题目前带有普遍性且反映比较集中、持续时间长、涉及人员多、交织因素复杂、解决难度大等特点。表面上看这些问题好像是开发商与业主之间的矛盾，应通过市场机制和法律途径解决，但实质上不少与政府不作为、慢作为、乱作为，也与主管部门一些工作人员腐败违规有关。尤其是目前随着整个宏观政策调整而出现房地产市场调整阶段，好多人投资房产不仅不能通过交易变现获得预期收益，而且面临着巨额房贷还款压力，这一类问题引发的矛盾可能会更加突出，而且相关矛盾反映在社区治理中，一些地方政府往往把稳控责任压给了社区。

二是涉众型经济案件利益群体问题。这类矛盾目前处于多发频发阶段，涉及人数众多、金额巨大，有的许以高额回报，有的赠予物品，有的许诺后续服务，因此有些项目的确有一定的合理性内容存在，起始阶段会被认为新生事物，官方权威媒体或官员站台造势，有正规企业和金融机构人员参与，有的是后续发展出了问题，所以此类问题隐蔽性强，一旦发现已成大势，在互联网开放的情况下，止损追损十分困难，而且这类问题伤及的主要对象大多是特殊困难群体人员，特别是老年人和中低收入人群，他们投资鉴别能力、经济承受能力、风险承担能力和维护权益的能力都比较弱，因此这类问题在处理时非常棘手，而且任其发展蔓延，后果十分严重，不仅伤及群众的切身利益，也可能会使局部问题演化为一个城市甚至涉及多个地区的社会风险。现在在具体处置中，一些地方也往往把稳控责任压给了社区。

三是企业领域的问题。这类问题有一个变化发展过程，主要是国有企业单位职工下岗分流、失业待业就业问题和离退休人员的基本养老金按时足额发放问题，随着早期企业改革中下岗分流人员的老龄化，主要反映在由单位所有的社区转化为商品化的老旧社区的中老年人口中。随着疫情防控期和目前经济调整期整体市场下行压力加大，一些企业经营困难或停业或破产，造成一些人员下岗失业，由此引发工资福利发放短缺、劳动合同、社会保险待遇等纠纷发生，也会反映到社区工作中。

四是环境领域问题。随着社会经济的发展和群众对环境意识的提高，特别是房地产市场化后群众对影响所购所住房产价值的内外环境的重视，由此引发的矛盾和问题呈上升趋势，其中涉及水、气、光、噪声等，有些是相关项目引发的"邻避"问题，有的是城市规划引发的问题，有的是环境治理问题，有的是一些项目环境污染累积效应引发的问题，这些问题也往往会成为基层社区治理中的矛盾问题。

五是社区治理中的问题。从调研获得的情况看，目前这类问题呈高发频发趋势，其中已成为政务投诉热点的，占到80%左右，其中有些问题与城市改造房屋拆迁安置、房地产开发、城市布局规划项目安排、周边社区治安管理、公共设施配套、政府政务服务公共服务有关。有些则主要是社区内部治理的问题，其中反映最突出的是业主与物业的矛盾，业主邻里之间的矛盾，业主与周边经营商户之间的矛盾，其中小区配套停车场地、电动自行车和电动汽车充电桩配套、小区安防消防设施配套、小区公共空间使用以及不同群体协调、噪声扰民、养宠扰民伤人纠纷、垃圾站点设置以及分类及时转运问题、外卖快递进小区进单元的问题，政务公共服务便捷性问题、特殊群体和人员关照管理问题，物业与业主、居委会的权责利协调问题等，这些是社区工作的重点，但是仅靠社区基层工作人员是难以解决的，一方面需要动员和组织业主参与社区治理，另一方面要依靠街道和区各部门赋权赋能下沉力量和资源于社区，提高社区统筹资源的能力，更为重要的是建立健全社区治理体系和运行机制。

针对上述矛盾和问题，基层社区要主动适应社会主要矛盾变化的新局面、新要求，不仅要充分认识人民群众对美好生活需要的规律性，及时根据各地群众实际需求不断改善民生，还要着力抓住基层社会矛盾的主要方面，切实转变社会治理方式，优化矛盾纠纷化解机制。

三、基层调解工作的基本职责

目前，基于大量矛盾纠纷在司法渠道通过相关程序处理后没有达到预期效果，使当事人对司法途径失望而形成矛盾激化，有些转而再次进入信访渠道，有些以信访方式在司法渠道纠缠，特别是从近年来以极端方式制造社会影响的矛盾纠纷来看，有些当事人对司法途径失望后走向极端，以极端方式泄愤，对社会稳定形成隐患。为此，党中央强调，调解是预防和化解矛盾纠纷的"第一道防线"，要着力于以下四个方面的工作。

一是加强矛盾纠纷排查预防，把矛盾纠纷处置于未然。将矛盾纠纷的排查作为基础性与日常性工作持续进行，采用全面排查与重点排查相结合、日常排查与定期集中排查相辅相成的方式，不断提升排查工作的精确度与实效性。密切与网格员、平安志愿者等社区治安力量，以及派出所、综治中心等基层维稳单位的合作，确保信息共享与联合排查，实现排查工作的全面覆盖，不留死角。特别关注矛盾纠纷高发的特定区域、领域、人群和时期，实行有针对性的重点排查。配合国家重大战略如乡村振兴战略，以及重大活动筹备、重大事件应对等，灵活开展各类矛盾纠纷专项排查行动。对排查中发现的矛盾纠纷风险点，建立详细的管理档案，按类别梳理，制定并实施相应的预警与处理措施，力争实现矛盾早识别、早汇报、早干预、早解决的目标。

二是加强基层矛盾纠纷化解，把矛盾纠纷化解于"第一时间第一地点"。推动乡镇及街道、村及社区人民调解组织的标准化建设，确保其依法普遍设立、人员充足、制度完备、运作规范、保障到位。构建涵盖县、乡、村、组四级的人民调解组织体系，促进多样化个人与特色调解工作室的建设，创新符合实际需求的新型调解机构。加大对婚姻家庭、邻里关系、房产土地、山林权属等常见基层矛盾的调解力度，秉持早期介入、全面调解、法律与情感并重的原则，避免因调解滞后或不当导致的严重事件升级。对潜在激化的矛盾，须在控制局势的同时立即上报，协同地方政府及相关机构有效化解。

三是加强重点领域矛盾纠纷化解，严把容易引发矛盾的部位环节关口，防止矛盾上行。聚焦矛盾高发的关键区域，精准施策，避免矛盾升级至更高层面。依据社会需求，鼓励行业协会与社会组织依法成立行业性、专业性人民调解组织，尤其是在医疗、交通、劳资、物业管理等行业。已有行业性、专业性调解组织的，应在司法部门的指导下，强化规范化管理，确保其独立公正，防范商业化倾向和行政干预。扩大调解范围至消费、旅游、金融、保险、知识产权等新兴领域，增强对灵活就业者及新型职业群体权益的保护。针对各领域矛盾特征，建立人民调解咨询专家库，充分利用专业技能与知识，提升调解工作的权威性和可信度，确保调解过程的专业与高效。

四是加强重大疑难复杂矛盾纠纷化解，重点解决好长期积累的存量矛盾。着重处理长期累积的复杂矛盾纠纷，通过整合现有公共法律服务体系资源，构建市、县两级"一站式"非诉讼纠纷解决平台（或称矛盾纠纷综合调解中心）。平台将汇聚人民调解、律师调解、商事调解、行业调解及行政调解等多元调解力量，实现律师、基层法律服务工作者、公证员、法律援助人员、司法鉴定专家等专业人才的集中利用。同时，平台将协调仲裁、行政复议等非诉讼解决途径，形成联动机制，共同应对和化解市、县域内涉及的重大、疑难、复杂矛盾纠纷，提升整体调解效率与效果。

第二节 基层调解工作基本方法

人民调解作为我党新时代群众工作的基本方法，在工作实践中应遵循以下工作原则。

一是坚持党的领导。要坚定不移地加强党对人民调解工作的全面领导，确保人民调解工作始终沿着正确的政治方向前进，将党中央的各项决策部署不折不扣地落实到调解工作的每一个环节。这一过程中，始终秉持人民至上的原则，将人民调解的根本宗旨定位于服务人民、依靠人民，致力于维护人民群众的合法权益。

二是坚持预防为主。强调及时发现、快速响应和预防性调解，鼓励基层民众首选人民调解及其他非诉讼解决方案，以此稳固源头治理的基础，确保矛盾与纠纷能在基层得以妥善解决，避免升级至诉讼阶段。

三是坚持协调联动。有效整合各类资源，积极引导并动员社会各界力量共同参与矛盾纠纷的化解工作，确保纠纷得到合理分流、迅速处理，形成多方面协作的强大合力，提升解决效率与效果。

四是坚持实质化解。不断增强调解的专业能力和效率，着重提高调解协议的自动履行比例，确保协议的法律效力得到有效保障，依法巩固人民调解的权威地位，推动矛盾纠纷在基层得到实质性解决，避免问题拖延或反复。

五是坚持创新发展。总结经验，从实际出发，不断创新工作理念，完善制度机制，利用数字化技术，丰富和优化人民调解制度，提高诉源治理水平。

一、人民调解的宗旨

第一，尊重为先。矛盾纠纷调解是沟通协商的过程，尊重当事方是第一条方法。尊重是与人相处的首要原则，是构建信任关系和合作的基本要件。尊重不是礼貌，礼貌是一种技巧，而尊重则是一种发自心底的信念，只有出于尊重才能建立平等关系。有尊重才有理解，有理解才能有进一步的沟通和交流。尊重对人的行为与态度起到引导作用，懂得尊重并学会尊重是我们在现代社会环境下需掌握的重要素养之一。尊重的意义，在于帮助我们主动破除自己主观世界的硬壳，让我们有更多的机会去接触和探索更多客观世界中的未知因素。尊重可以自然而然拉近人与人之间的距离，为进一步沟通奠定基础。

第二，共情理解。共情可以大致分为两种，分别是情感共情和认知共情。前者的意思是，你的内心会产生跟对方同样的感受，体会到对方的痛苦、悲伤、失落……而后者的意思是，你知道对方处于什么样的状态中，会产生什么样的情绪，但能够跟这种情绪区分开，理性地进行思考和行动。

第三，沟通协商。随着城镇化的推进，人们进入陌生人社会，现在一些居民之间、市场主体之间的矛盾纠纷，越来越多地需要以"正式制度安排"的沟通协商方式来处置化解，这就需要通过法院主导的司法渠道、信访部门主导的行政方式。但是，无论是"非正式制度安排"的调解，还是"正式制度安排"的调解，在沟通协商过程中，作为第三方在调解过程中必须秉持公正、公平原则，也就是老百姓经常说的"一碗水端平"。

第四，权衡利弊。在调解过程中，既要动之以情、晓之以理，也要明之以利、明之以法。所以权衡利弊是调解的中心环节，也是调解的出发点和落脚点。调解者作为第三方超脱于直接的利益纠葛，可以帮助直接利益相关者进行利弊分析和权衡。俗话说："做任何事情都要掂量掂量。"掂量掂量的意思就是权衡利弊，就是告诉人们要明辨是非，分清里表，知道轻重。权衡利弊是指在处理问题时，看利大于弊，还是弊大于利，一般都是取利大于弊，或是两害相比取其轻。要学会权衡长期利益和短期利益，权衡物质利益与非物质利益（比如渠道、名声、信息），权衡利益与风险，对涉及谈判各方的利益因素进行通盘考虑，以达到利益平衡。作为调解者，权衡利弊时要给利益相关者设置多重目标，至少要为相关方分别设置三重目标，即理想目标、力争目标和底线目标，同时要让各方明白，既要考虑自己的主观愿望，也要考虑其他各方的意愿，并不是一厢情愿，在此基础上进行利弊权衡和沟通协商。

第五，听证决断。听证是目前在解决基层矛盾纠纷特别是疑难问题时常用的方法。从信访工作实践看，一种是"非正式制度安排"的听证，另一种是"正式制度安排"的听证。所谓"非正式制度安排"的听证，是指在熟人社会中，对家庭内部纠纷、邻里矛盾等，邀请与当事人有各种社会关系和具有威望的一些人士参加的恳谈会议，通过熟悉的街坊邻居、亲戚朋友、社会贤达人士、法律明白人等众人劝说明理明法，以使当事人知事理、明利弊，情理法的综合运用，说情明理达成和解。正式制度安排的听证，一般涉及基层有关部门与群众之间的矛盾纠纷所形成的疑难事项。作为正式制度安排的听证，特别是正式法律程序应慎用，必须确立作为正式制度安排的听证决断的权威性和严肃性。

二、人民调解的原则和方法

人民调解是一种旨在和平解决争议的机制，它通过劝导与引导的方式，帮助双方当事人在彼此认同的基础上，自主达成和解协议，从而有效化解民间纠纷。此过程需恪守如下准则：一是平等自愿原则，调解必须基于双方当事人的自愿同意，并确保双方地位平等。二是合法合规原则，调解结果及过程不得违反现行法律法规及国家政策，确保解决方案的正当性与合法性。三是权利保障原则，充分尊重并保护当事人的合法权益，调解不应妨碍当事人通过仲裁、行政或司法程序维护自身权益的权利。四是免费服务原则，人民调解委员会提供调解服务时，不向当事人收取任何费用，坚持无偿服务的公益性质。五是保密原则，调解员有义务保守调解过程中涉及的个人隐私与商业秘密，确保信息的安全与私密。六是指导与监管原则，调解工作接受司法行政机关的行政指导以及人民法院的业务指导，以提升调解的专业性和规范性。调解的主要方法如下。

（一）法德结合法

结合法治与德治的调解策略涵盖双重要义，其一是强调调解员在处理民间争议时，应秉持法律至上的原则，严格依据现行法律条文进行调解。当遇到法律未明确规定的特殊情况，调解员则应参照社会主义道德标准，以公正合理的方式寻求解决方案。其二是在调解过程中，调解员应秉持法治教育与道德教化并重的理念。这不仅意味着要向当事人普及国家法律法规，强化法律意识，还应倡导社会主义核心价值观和优良传统，提升伦理道德认知。调解员需在法律框架内融入道德引导，促进当事人对法律与道德双重规范的理解与尊重。这种将法治与德治相融合的调解方式，由人民调解工作的本质属性决定，也是其内在需求的体现。它旨在构建一个既遵守法律又弘扬美德的社会环境，促进社会和谐与公正。

（二）多种力量参与法

人民调解主要针对民众在日常生活中遭遇的各种矛盾与冲突，这些纠纷性质各异，复杂程度不一，背后往往交织着错综复杂的因素，因此，其解决并非易事。调解工作通常依赖调解员对当事人进行理性引导和教育，这在大多数情况下是一种有效的手段。然而，当单纯说理难以奏效时，调解员需调动多元力量，包括当事人信任的亲朋好友及社会力量，共同参与调解过程。当事人的亲友，因其与当事人情感深厚且相互了解，能洞察问题核心，针对性地提供意见，其参与往往能取得显著成果。社会力量，如工作单位、社区组织、社会团体以及邻里的支持，不仅能帮助当事人解开心理枷锁，还能在其生活周围营造正面和谐的舆论环境，激发当事人主动遵守调解协议的积极性。

（三）抓主要矛盾法

民间纠纷普遍存在，其根源多样且演变过程复杂多变，呈现出纷繁复杂的局面。鉴于此，在调解过程中，调解员需具备全面掌握纠纷详情的能力，洞悉纠纷演变的内在逻辑，聚焦核心议题。因此，在制定调解工作重心时，首要任务是开展深入调研，力求收集详尽的纠纷相关资料，构建全面的信息框架。此外，调解员必须具备科学的思维模式和敏锐的洞察力，善于透过现象看本质，识别那些具有牵一发而动全身效应的关键问题。

（四）心事双解法

民间纠纷往往多种因素交织，调解纠纷既要注意抓住矛盾节点，也要综合考虑其他因素对解决核心纠纷的影响，在调解中既注意解决矛盾纠纷，也要注意解决生活中的实际困难，运用好司法救助、社会救助、邻里互助等多方资源，帮助其回归正常生产生活轨道，解决好眼下困难、兼顾长远稳定生活及长期发展，对心理认知有偏差偏执的，要加强对其的心理疏导、人文关怀，让身边亲朋好友给予更多关心和关注，组织身边亲朋好友把当事人纳入亲友社会活动群，使其获得周围人的感情认同，获得社会价值，恢复其心理自尊自信。

（五）换位思考法

调解员的角色要求其扮演一名理解者和协调者，他们需深入洞察双方当事人的心声，以寻求纠纷的全面化解之道。调解员的任务不仅是充当倾听者，悉心聆听双方的陈述和需求，更要成为一个感同身受的共情者，鼓励当事人敞开心扉，表达内心的真实困扰和核心诉求。在调解过程中，调解员既要从当事人的视角审视问题，探索可行的解决方案，又要保持客观中立，剖析争议中的复杂环节。此外，采用角色互换的技巧，即设身处地为对方着想，有助于调解员与当事人建立起共鸣，从而更深刻地理解对方的立场和情感。通过这种方法，当事人能感受到调解员对其利益的真诚关切，这有助于缓解对调解过程的抵触情绪，使他们更愿意接纳调解员的建设性意见。最终，这种共情和理解的建立，将促进调解的顺畅进行，增强当事人之间以及与调解员之间的信任，为达成共识铺平道路。

（六）苗头预测法

苗头预测法强调调解员应具备前瞻性，针对当事人思想与行为的动态变化，敏锐捕捉那些预示着潜在问题的早期迹象。这一方法要求调解员对可能引发纠纷的倾向性现象进行及时的识别与分析，探究其背后的成因，并据此制定预防措施，力求在纠纷尚处于萌芽阶段时予以化解，避免其升级或恶化。主动采取苗头预测策略，体现了人民调解工作中"预防与调解并重，以预防为先"的指导思想。在这里，"预防"与"调解"并非孤立存在，而是相互依存、相辅相成的。能够预先察觉并妥善处理纠纷的早期信号，防止其演变成更严重的冲突，是调解工作中的上乘之策。因此，调解员在日常工作中需细心观察，对当事人思想行为的微妙变化保持警觉，一旦发现可能引发争议的苗头，便立即介入，开展积极的疏导与调处。通过迅速响应和妥善处置，调解员可以有效地遏制矛盾的升级，预防新纠纷的发生，从而实现社会和谐稳定的目标。这一系列行动不仅展现了调解员的专业素养，也彰显了调解工作在维护社会稳定方面的重要作用。

（七）模糊处理法

模糊处理法，就是对矛盾双方进行劝解，特别是对人们之间的一些非原则性问题，常可采取这种方法。人民调解员应擅长运用灵活而富有智慧的模糊调解策略。面对纷繁复杂的纠纷情况，调解员需审时度势，巧妙地采用模糊调解手法，此举往往能有效淡化乃至消除那些非原则性的争执，从而减轻矛盾冲突，促进社会的和谐稳定，并助力当事人重建和谐的人际关系网。调解工作，本质上是一项既精细又复杂的艺术，它要求调解员在纠纷萌芽之际就要细致入微地做好预防工作，而在纠纷发生后，更要耐心细致地开展思想工作，以情感人，以理服人。然而，正如古语所云"水至清则无鱼"，调解过程中也需把握分寸，懂得何时应深入细致，何时则可适当放宽界限。在制订纠纷解决方案时，核心在于确保双方的基本权益与义务得到公正合理的体现与承担。在此基础上，对于那些不影响大局、非关键性的细节问题，采取模糊化处理，不仅能够提升调解效率，还能为双方日后的和平共处奠定更加坚实的基础。这种做法，在民间智慧中常被形象地比喻为"打马虎眼儿""避重就轻""装糊涂""和稀泥"，它们虽为俗语，却深刻揭示了调解艺术中的精髓——在原则与灵活之间找到最佳平衡点。以绣花鞋案例为鉴，调解员在处理类似纠纷时，应当具备高超的洞察力和判断力，既要坚持原则，又要灵活应变，通过模糊调解的艺术手法，促进纠纷的和平解决，让当事人在理解、尊重与包容中重建和谐。

（八）褒扬激励法

在调解实践中，适时认可并赞美当事人的优点与成就，是一种高效且人性化的方法。通过肯定与鼓励，调解员能够拉近与当事人的情感距离，激发他们的正面情绪，进而调动其参与调解的积极性。这种正向激励不仅有助于稳固调解成果，防止争议反复，还能为调解的成功奠定坚实的心理基础。这种调解策略即褒扬激励法。人天生具有追求自尊、自信、荣誉与进步的心理倾向。鉴于人的思想动机往往会产生目标导向，恰到好处的激励能够唤醒个体内心的荣誉感、成就感、自豪感与社会责任感。通常来说，人们都渴望获得赞赏，尤其是在经历纠纷的背景下，当事人尤为需要外界的认可与支持。因此，调解员应敏锐捕捉当事人的心理需求，努力挖掘其值得称赞之处，并给予适当的赞誉。在处理纠纷的过程中，帮助当事人恢复心理平衡至关重要。唯有内心平和，他们才能以更加理性的态度审视争端的起因、演变及其自身的立场。褒扬激励法通过营造积极的沟通氛围缓和紧张情绪，为当事人提供一个更为冷静的视角，从而促进双方达成共识，实现争议的和平解决。

三、人民调解的技巧

一是另辟蹊径，迂回包抄。当矛盾双方各执己见、僵局难破时，传统的说教或反复陈词可能会加剧当事人的反感和抗拒。在这种情况下，调解员应灵活变换策略，暂时绕开争议核心，引入新颖话题或视角，以激起当事人的好奇心。通过巧妙地转移注意力，找到对话的切入点，再循序渐进地引导当事人自发回归争议主题，这种迂回战术往往能带来意想不到的调解效果，有助于打破僵局，促进双方达成共识。

二是以案说法，触类旁通。在纠纷中，当事人通常会基于自我保护本能，倾向于从个人立场出发，竭力辩解自己的行为。为促进理解和公正，调解过程中引入典型案例分析显得尤为重要。通过对比和分析相似案例，不仅能够为当事人提供参照，还能帮助他们进行横向联想，深入理解自身权利与义务的界限。这种做法促使当事人从更广泛的视角审视自己的处境，进而认识到自身行为的合理性和局限性，使得原本棘手的纠纷得以顺利化解。

三是趁热打铁，求同存异。针对那些情节相对简单、双方在基本的权利义务归属上意见一致，仅在细节处理上有细微分歧的赔偿纠纷，调解时应采取务实的态度。专注于核心议题，评估双方在主要争议点上是否存在妥协空间，抓住时机，积极撮合，引导双方朝可接受的解决方案靠拢，以达成共识。

四是"背靠背"与"面对面"调解结合法。在调解民间纠纷时，要灵活运用一些技巧和手段，有的时候需要背靠背地了解情况，先把纠纷的前因后果摸清楚，再分头了解他们的目的和意图，通过单独做工作后，找到合适的时机再把双方聚到一起，面对面进行调解，这样就会收到事半功倍的效果。如果调解工作一开始就把矛盾纠纷非常激烈的两个当事人找到一起，大家见面就吵吵闹闹，还没有等到调解员帮他们把纠纷调解好，调解员就已经被他们吵晕了。所以，这需要找准时机，运用好"背靠背"与"面对面"相结合的调解技巧。

五是讲究听说技巧，取得当事人的尊重和信任。民间纠纷种类繁多，每种纠纷都有其独特性，即便是同类型纠纷，具体情况也各有差异。有效调解的核心在于掌握沟通技巧，尤其是语言的艺术。在初次面对寻求离婚的女性当事人时，用一句温暖而理解的话语，如"让我们倾听你内心的苦楚"，能迅速建立起信任的桥梁，促使对方敞开心扉。此时，倾听比言语更为重要，在充分了解对方意图后，采用换位思考和类比推理的方法，耐心引导，寻找解决之道。与长辈交谈时，先从他们熟悉的旧时光谈起，再延伸到当下的美好生活，这种共鸣能够拉近彼此的距离，让老人更愿意分享内心所想。通过这种方式，帮助他们从不同角度审视问题，从而缓和家庭成员间的紧张关系，达成和解。在调解实践中，语言技巧是决定调解成效的基石。调解者需善用恰当的语言进行引导、教育、温和批评及劝慰，以达到化解纷争的目的。

六是"四宜四不宜"调解技巧。在民间纠纷调解中，掌握"四宜四不宜"的原则是关键。首先是宜静不宜躁，面对可能瞬间升级的冲突，调解员应保持冷静，先聆听双方的陈述，尽量少发言，避免过早定论。其次是宜稳不宜急，这意味着不加剧矛盾，避免匆忙调解，适时采用缓冲策略，给双方冷静思考的空间，许多情况下，这样的冷静期能有效控制事态，防止事态恶化。再次是宜私不宜公，面对情绪波动大的当事人，先私下交流，进行个别安抚，之后再公开调解，促成和解，防止矛盾再度激化。最后是宜简不宜繁，调解过程中不应过分纠结于纠纷的每一处细节，避免当事人在琐事上产生过多争执，否则可能因小失大，影响调解的整体进展。总体而言，调解民间纠纷时，灵活运用这些技巧至关重要。正如古语所云"熟练源于实践"，通过不断的经验积累和技巧磨炼，我们能够显著提升调解工作的效能。实践证明，掌握并应用这些方法，我们的调解工作将更加得心应手，效果更佳。

四、人民调解的注意事项

公民之间的纠纷大多源自家庭成员、邻居或同事间因合法权益受损或存在分歧引发的争议。公民与法人或社会组织之间的民事权利义务纠纷范围广泛，诸如施工干扰居民生活等案例。根据法律、法规的规定，特定类型纠纷不属于人民调解委员会的调解范畴，包括：①已构成犯罪的刑事案件。②违反《中华人民共和国治安管理处罚法》的行为。③由具体行政行为引发的争议，如涉及工商管理或税务的纠纷。④已被法院、公安机关或其他行政机关受理或解决的案件。⑤任何一方当事人明确拒绝调解的纠纷。唯一例外的是，当有关部门或组织特别委托或邀请调解委员会对民事争议部分进行调解时，可不受上述限制。

调解程序的启动既可由当事人主动向人民调解委员会提出申请，也可由调解委员会基于实际情况主动介入，或应相关部门、组织的委托协助进行调解工作。若任一方当事人明确表示不愿接受调解，则不得强制进行调解。人民调解员应具备以下特质：①公正无私，拥有良好的个人形象和公众信任度。②对人民调解事业充满热情，将其视为一项兴趣与责任。③具备一定的文化素养、政策理解和法律知识，以便准确解读和解释相关规定。④熟悉当地风俗习惯、公序良俗和民众意愿，以便更好地融入社区。⑤成年公民，拥有丰富的生活经验以及超强的判断力，能运用生活智慧处理问题。在执行职责时，人民调解员须恪守职业道德，严禁以下行为：①偏向任何一方当事人。②侮辱或贬低当事人。③索取或接受任何形式的财物。④泄露当事人隐私或商业机密。

在调解过程中，坚守原则、明晰法律、秉持公正、及时并就地开展调解工作至关重要。当调解程序启动之际，务必向当事人清晰阐明他们所享有的权利与应承担的义务。当事人享有的权利包括：有权选择或接受调解员；可以接受调解，也可拒绝调解，或在任何时候请求终止调解过程；有权决定调解是否公开进行；享有自主表达意愿的自由，以及在双方达成一致时自愿签署调解协议的权利。与此同时，当事人也应履行相应的义务：必须诚实地陈述纠纷的全部事实，不得隐瞒或歪曲真相；遵守调解现场的秩序，维持调解环境的和谐；尊重调解员的专业身份和调解过程；尊重对方当事人，承认并尊重其在调解中行使各项权利的正当性。确保当事人了解并认同这些权利与义务，有助于营造一个公平、透明且高效的调解环境，促进纠纷的顺利解决。

五、人民调解的基本步骤

人民调解既是我们党在新时代做好群众工作的重要方法，也是新时代加强法治建设，依法推动基层治理的重要措施。因此，人民调解不因其调解的灵活性、简便性就可以随意而为，在实际工作中要严格依法办事。

第一步：案头工作。充分了解案情；充分了解当事双方或多方的诉求目标；充分了解适用案情的法律法规、政策规定。

第二步：初步接触。背对背或面对面分别约谈当事人，向知情人了解情况。

第三步：三方协商。①由专业调解人员主持。②宣布协商规则。③让当事人充分陈述事实、表达诉求。④专业人员旁听。⑤有关部门旁听。⑥旁听的专业人员及部门有关人员沟通制订调解方案、预测结果、确定最优、做好预案、订立目标。

第四步：多方参与。①由调解人员主持。②宣布现场协商规则。③由当事人陈述事实、表达诉求。④律师、社会工作者、心理咨询师等专业人员分别进行点评。⑤向当事人告知人民调解程序及其法律效力，以及当事人的权利义务。

六、人民调解员能力素质要求

人民调解既是我们党在新时代做好群众工作的重要方法，也是依法推动基层治理的重要措施，为此党中央要求，要加强人民调解员队伍建设，要注重吸纳律师、公证员、仲裁员、基层法律服务工作者、心理咨询师、医生、教师、专家学者等社会专业人士和退休政法干警以及信访、工会、妇联等部门群众工作经验丰富的退休人员担任人民调解员，不断壮大人民调解员队伍，优化人员结构。大力加强专职人民调解员队伍建设，行业性专业性人民调解委员会应当配备3名以上专职人民调解员，乡镇（街道）人民调解委员会和派驻有关单位和部门的人民调解工作室应当配备2名以上专职人民调解员，有条件的社区（村）和企（事）业单位人民调解委员会可以配备1名以上专职人民调解员。建立青年律师参与人民调解机制，组织青年律师特别是新入职律师到司法所、公共法律服务中心等机构锻炼，充分发挥律师精通法律的专业优势，广泛参与矛盾纠纷排查预防、基层矛盾纠纷化解、行业专业领域矛盾纠纷化解等工作，提升矛盾纠纷化解专业化水平。落实以县级司法行政机关为主的培训制度，采取集中授课、交流研讨、案例评析、现场观摩、旁听庭审、实训演练等灵活多样、生动有效的形式，加强对人民调解员的培训，不断提高人民调解员化解新形势下矛盾纠纷的能力和水平。

附：基本方法案例

案例1介绍：新时代"枫桥经验"与基层矛盾有效化解。

20世纪60年代浙江创造的"枫桥经验"在新时代绽放异彩。跨越半个多世纪，作为在中国大地上"土生土长"的社会治理经验，新时代"枫桥经验"的内涵更加丰富。从过去单纯地化解矛盾纠纷，维护治安稳定，到今天的"矛盾不上交，平安不出事，服务不缺位"，并拓展到了防范化解经济、政治、文化、社会、生态等各领域的安全风险，成为创新基层社会治理，促进社会平安和谐的重要法宝。习近平总书记多次指示要坚持和发展新时代"枫桥经验"，正确处理新时代人民内部矛盾。新时代"枫桥经验"成为党领导人民推进国家治理体系和治理能力现代化的一条重要经验，成为实现基层治理良性循环的一把"金钥匙"[①]。

案例 2 介绍：老杨调解工作六法。

全国人民调解专家、浙江省诸暨市枫桥派出所"老杨调解中心"负责人杨光照总结出六字调解工作法。①勤：腿勤、手勤、嘴勤。②帮：帮助困难群众、帮助基层干部、帮教违法违规人员。③靠：依靠群众、依靠基层、依靠党委政府、依靠社会组织。④快：受案快、调查快、处理快。⑤公：公开、公正、公平，合情合理合法。⑥活：工作要灵活，因人制宜、因事制宜、因地制宜。另外，杨光照还有"三四"调解工作机制，即"四延伸"：延伸到农户、社区、企业、校园；"四服务"：特殊群体上门服务，家庭纠纷上门服务，隐私纠纷上门服务，青少年和未成年人纠纷上门服务；"四到场"：勘察现场到场，谈心谈话征求意见诉求到场，经济协议兑现到场，回访当事人到场。

第三节　基层调解典型案例

本系列案例围绕浙江省"枫桥经验"五个坚持的做法，介绍浙江省如何坚持和发展新时代"枫桥经验"，有效预防和化解基层社会矛盾。

一、党建统领：构建基层社会矛盾综合治理新格局

充分发挥各级党委在基层社会矛盾综合治理中的统筹领导作用，有力组织凝聚各方力量，把政府、市场、社会力量都组织和动员起来，有效构建基层社会矛盾综合治理新格局。主要体现为：①加强政治引领。②加强组织引领。③加强能力引领。④加强制度引领。

案例 1：诸暨市非公企业党建，富润控股集团打造"枫桥经验"企业版。企业把应急管理、舆情管控、涉外事宜管控、综治工作、信访处置等写入企业规范，就是用"枫

---

① 中央宣传部，中国社会科学院.改革开放简史［M］.北京：人民出版社，中国社会科学出版社，2021.

桥经验"抵御各种风险，将"枫桥经验"当作企业长治久安、稳步前行的"法宝"。

案例2：诸暨市社会组织党建，被中组部确定为社会组织党建工作综合监测区。坚持深化发展新时代"枫桥经验"，注重发挥党组织和党员的作用，以"党建强"促"服务强"，引导社会组织有序参与社会治理、服务群众。

案例3：杭州市晶都社区党建引领和谐社区共治新模式。晶都社区地处杭州市滨江区，高新区（滨江）电子商务核心区块，面积1.99平方千米，是一个集商住、行政、商贸、金融、电子商务于一体的新型城市社区。社区有3394户、居民11342人（其中流动人员7742人，党员101人，居民代表51人），有园区17家和企业1000余家。社区辖区面积较大，人口复杂，治理情况非常复杂。近年来，P2P爆雷、长租公寓爆雷、物业管理、电信诈骗等城市治理问题比较突出，信访量、报警量不断上升。晶都社区坚持发展新时代"枫桥经验"，提升社区化解矛盾的能力，努力做到"小事不出居、大事不出街，矛盾不上交"。晶都社区先后被评为全国和谐社区建设示范社区、全国优秀学习型村居（社区）、浙江省民主法治社区、浙江省文明社区、浙江省卫生先进单位、浙江省级先进社区、浙江省绿色社区、浙江省示范村级便民中心。党建引领社区共治新模式的做法有以下几方面：一是用组织"链条"延伸社区治理"触角"。以党总支为核心，以构建党组织领导下的联动运行机制为重点，社区纵向打通三级党组织体系，通过"社区—网格—小区"载体把党建最前沿消息传播到居民身边，进一步密切党与群众联系。社区工作人员和党员眼睛向下、脚步向下，扑下身子沉到群众身边，以一季度为单位、点对点为接口，汇集居民急难愁盼的事情，收集宝贵意见，畅通了党群之间的信息交流渠道，满足社区群众多元化需求。二是用组织"温度"提升小区工作"力度"。早在2018年，社区党总支牵头，把有不同声音的、反映较强烈的热心党员召集起来，成立专项的临时党支部，专门协调解决小区内物业、业委会管理服务相关问题，积极推进小区第五届业委会换届工作。临时党支部召开会议10余次，成员积极参与筹备工作，就存在的问题及时沟通协商，听取多方意见，引导小区居民能够客观公正地面对现状，传递正能量。在后期的选举过程中，社区也充分发动党员积极参与选举工作，鉴于新物业暂未选聘完成，由原物业公司延长服务期限，在党总支的牵头下，于当年6月成立物业、业委会联合临时党支部，由业委会主任担任临时党支部书记。随着物业、业委会临时党支部的成立，通过例会、重大事项沟通汇报等制度，统筹服务力量，提高小区自我服务、自我管理的能力，对维护社区稳定起到了积极作用。目前，各小区的物业、业委会党支部坚持每周开展巡查，排查小区楼道、公共部位消防隐患，及时解决楼道堆积、消防通道堵塞等问题，将问题解决在小区。三是以单位"联动"实现问题处理"同频共振"。社区党总支以党建为引领，充分发挥居委会的自治和监督作用、业主委员会的自我管理作用，以及物业公司的专业管理作用，同时加强日常与区住建局物管科等职能部门的联系与沟通。党总支牵头召集业委会和递交联名签字的业主代表进行座谈，明确南岸晶都花园下阶段处理事项及操作主体；引导业委会在节后立即就业主联名签字提议的内容逐项召开业主大会；要求业委会与物业公司、停车管理第三方运营公司磋商，暂停停车管理相关工作的推进；物业延长服务期限，避免频繁变动物业公司带来的不便；多次召开不同层面的联动会议，联合各相关单位，就关键问题研究协商，逐一攻坚破难，推进小区各类问题得到有效解决，阻止矛盾持续激化。四是强化"红色"引领，促进"联席"合作。社区党总支建立党建联席会，由党总支牵头，将各党支部、物业、业委会组织起来，快速协调当前紧急问题。小区内亟待解决的问题，如新老业委会交接、停车收费等，都通过网格党支部、物业业委会临时党支部、社区联席会议，以同商共建和谐社区为纽带，充分开展团队协作。对各自职能范围内能解决的问题，不推诿搪塞，主动解决；对需要联动解决的问题，群策群力齐抓共管。联席会使大部分问题得到了有效解决，各项工作都得到稳妥推进。

二、人民主体：彰显基层社会矛盾综合治理新价值

（一）一切为了人民群众

要迎合人民群众对美好生活的向往；解决群众"最怨、最恨、最急、最盼"的事情；切切实实解决涉及群众切身利益的矛盾和问题；深化"最多跑一次"改革，让群众少跑腿，通过提升公共服务质量，从源头上预防化解矛盾，增加人民群众的满意度。

案例1：政务服务"最多跑一次"，提升人民群众幸福感。浙江省将加速推进"最多跑一次"改革视为继承与创新"枫桥经验"的关键组成部分，特别聚焦于提高行政效能和服务质量，力求展现显著成效。

案例2：矛盾纠纷化解"最多跑一地"，改变人民群众求诉无门、多门的状况。浙江省巧妙地将"最多跑一次"改革的精神与成功实践，移植到社会矛盾纠纷的调解领域，力求实现企业和民众在寻求纠纷解决时"最多跑一地"的目标。

（二）一切依靠人民群众

党政干部依托村（居）委会成员，社区干部则倚重党员群体、楼道长、居民代表等核心力量；同时，他们积极借助社会组织的力量，并吸纳乡贤（或乡警）的智慧与力量；此外，流动人口也成为他们依靠的重要资源；与辖区内的机关、企事业单位建立共建关系，形成合力；还充分利用专业力量，如专业调解委员会、律师等专业人士的支持；最终，他们广泛动员并依靠所有可团结的人民群众力量。

案例1：诸暨市枫桥镇社会组织参与矛盾化解。枫桥镇是"枫桥经验"的发源地，近年来，将推动社会组织参与基层矛盾纠纷化解作为发展"枫桥经验"新的增长点，

培育和发展了枫桥大妈、调解志愿者协会、红枫义警、红枫救援等300余家社会组织。这些社会组织在化解社会矛盾纠纷、从事公益活动、关爱特殊困难群体和推进平安建设等方面开展了大量工作，有效推动了乡镇基层社会矛盾的协同治理。

案例2：武义县茭道镇商会参与调解企业矛盾纠纷。茭道镇位于浙江省金华市武义县，毗邻中国五金城、中国小商品城。因为当地中小企业比较多，因此工伤、劳动合同、人身损害等矛盾纠纷也比较多。武义县茭道镇率先探索成立了商会人民调解委员会，依托当地对行业熟悉的商会骨干、同乡企业家等，用亲情化解矛盾，不仅大大降低了调解成本，而且处理案件方便快捷，使许多社会矛盾在商会层面得以解决，减少了信访和诉讼，降低了行政成本和执法成本[①]。

案例3：杭州市滨江区"长河e警"维护社会治安。"长河e警"是长河派出所探索推出的社会治理新模式，由街道、社区、交警、物业、志愿者等组成的一支特殊团队，通过充分调动社会力量，进一步壮大民警"朋友圈"，在辖区内实施"四联"机制。一是隐患联排。民警联合"长河e警"开展治安、消防、危险品、重点人员等各类隐患排查。二是问题联治。部分重点区域涉及多个小区物业，在物业之间建立联防小组，开展集中整治行动。三是应急联动。组织物业成立应急巡逻小分队，当有警情或突发事件发生时，就近的巡逻小分队前往进行先期处置。四是纠纷联调。通过创建"长河e警服务站"将矛盾纠纷化解在小区、大厦内。

（三）一切让人民群众来评判

习近平总书记在2018年1月5日学习贯彻党的十九大精神研讨班开班式上指出："时代是出卷人，我们是答卷人，人民是阅卷人。"习近平总书记在纪念毛泽东同志诞辰120周年座谈会上强调指出："坚持群众路线，就要真正让人民来评判我们的工作。"社会治理工作做得好不好，矛盾化解是否有效，一切要让人民群众来评判我们的工作。

三、"三治融合"：创新基层社会矛盾综合治理新方法[②]

广泛把自治、法治、德治元素全面植入矛盾化解工作之中，创造出"三治融合"的社会矛盾综合治理新方法。①自治消化矛盾。②法治定分止争。③德治春风化雨。

案例1：绍兴市柯桥区高尔夫社区以居民公约解决治理难题。社区以修订社区公约为契机找到破解治理难题、改善居民人际关系、提高社区凝聚力的切入点，通过召开居民代表会议和民主投票筛选，确定20条公约。充分调动了居民参与的积极性，提高了居民对公约的知晓率，塑造了和睦的邻里关系。

---

① 矛盾问题不发愁，茭道镇商会调解室帮解忧［EB/OL］.［2022–12–07］. https://www.zjwy.gov.cn/art/2022/12/7/art_1229451000_59280104.html.

② 卢芳霞，任少波. 创新"枫桥经验"建设平安浙江［M］. 杭州：浙江大学出版社，2021.

案例 2：温岭市旧城改造，小巷里的恳谈会。坊巷里小区是温岭市太平街道 20 多年来最大的旧城改造项目之一。2022 年春节，在装修入住之际，居民们因为各种各样的诉求争论不休，"电瓶车充电位在地下一层能否在地面增设充电桩？""四周都是店面房，油烟问题怎么处理？""改造后的路灯电费该谁付？"最终通过一场民主恳谈会统一了各方意见。通过民主恳谈会，大家参与民主管理、民主决策，解决共同关心的热点和难点问题。

案例 3：杭州市滨江区晶都社区加强法治宣传预防长租公寓"爆雷"事件。在长租公寓"爆雷"发生后，晶都社区在矛盾预防上下苦功夫，加强普法宣传，增强群众对住房租赁风险的警惕性和防范意识；在物业小区醒目位置张贴"温馨提示"，提醒房东、租客选择规模化、专业化、规范化的白名单租赁企业；通过对社区楼道、网格微信群进行每日案例分享，实现住房租赁内容与平安法治宣传有机结合；借助平安法治直通车等载体进行表演类宣传，生动呈现长租公寓租赁中的注意事项，并指导群众运用法律手段正确维权，最大限度消弭同类事件造成的不良影响。

四、"四防并举"：打造基层社会矛盾综合治理新模式

充分运用人防、物防、技防、心防"四防并举"举措，构建起人员广泛参与、物资保障充足、智能技术支撑、心理治理有效的立体化社会治理新模式，为推进矛盾纠纷多种手段化解提供了坚强保障。①打造人防新模式。②打造物防新模式。③打造技防新模式。④打造心防新模式。

案例：杭州市滨江区晶都社区通过调解员网格员化解社区大量矛盾纠纷。2020 年，大规模长租公寓触动"爆雷"按钮，进而引发一系列房屋租赁纠纷，晶都社区也深陷其中。为了稳定租户情绪、有效化解纠纷，在街道调委会和司法所的指导帮助下，晶都社区充分发挥治调干部和网格员作用，搭建房东和租客之间的沟通桥梁，尽可能通过调和方式将矛盾纠纷化解在基层。具体做法是以街道矛盾调解中心作为核心站，安排调解员采取轮班制，利用空暇时间见缝插针地组织房东、租客双方会面，进行矛盾调解。该举措秉持"小事不出格""网格员也是调解员"的准则，发挥网格员扎根基层的本土优势，成功协调十多起租房纠纷，将矛盾纠纷化解在网格内。

五、共建共享：激发基层社会矛盾综合治理新动能

通过共建共治共享，极大地激发基层社会矛盾综合治理新动能，构建起人人有责、人人尽责、人人享有的基层社会共同体，才能获得人民群众的信任和高分评价。①共同参与社会建设事业。②共同治理社会领域矛盾。③共同分享社会治理成果。

第四节 答疑解惑

问题 1：如何理解新时代人民调解的基本含义

调解作为一种群众工作，其工作对象主要是发生矛盾纠纷的当事人和相关人员，并使其他群众从中受到教育，因此从党的群众工作来看，它是一种特殊的群众工作。调解工作是在继承和发扬我国民间调解优良传统基础上发展起来的一种群众工作方法，在矛盾纠纷多元化解机制中发挥着基础性作用。

对于调解有两种理解，一种是作为法律制度性安排的调解制度，主要有以下四种：一是人民调解，即民间调解；二是法院调解；三是行政调解；四是仲裁调解。

另一种则是在基层工作实践中所理解的调解，更为宽泛的是基层社区的一种群众工作方法。这种调解方法，就是基层工作人员在群众发生矛盾纠纷的情况下，以基层工作人员主导的，综合运用政策、法律、经济、行政等手段和教育、协商、疏导、听证等办法，情理法兼顾，对症施策对当事双方做工作的方式，不是拘泥于程序化的规定，而是在谈心沟通过程中做好当事双方的心理疏导工作，说事明理，有时候也会调动或借助本地有威望的人，或者是能够与当事双方说上话的人进行说服工作，以达到打开当事人的心结、疏解当事各方间矛盾的结果。

问题 2：新时代人民调解的基本原则和主要方法有哪些

人民调解是新时代群众工作的基本方法，人民调解工作应遵循的主要原则有：坚持党的领导，坚持预防为主，坚持协调联动，坚持实质化解，坚持创新发展。

新时代人民调解的主要方法有：法德结合法，多种力量参与法，抓主要矛盾法，心事双解法，换位思考法，苗头预测法，模糊处理法，褒扬激励法。

问题 3：新时代基层调解的主要技巧有哪些

新时代的民间纠纷非常复杂，千头万绪，广大的人民调解员在实践中积极探索人民调解工作的新思路、新途径，不断总结，完善方法和技巧。另辟蹊径，迂回包抄；以案说法，触类旁通；趁热打铁，求同存异；"背靠背"与"面对面"调解相结合；讲究听说技巧，取得当事人的尊重和信任；"四宜四不宜"调解技巧：一是"宜静默不宜多言"，调解员应多倾听、少发表意见，避免过早表态，给予各方足够的时间与空间表达自己的观点。二是"宜缓和不宜急躁"，意味着避免采取可能加剧矛盾的行动，不急于立即调解，有时采取"冷处理"策略，让双方情绪冷却下来，往往能更有效地解决问题。三是"宜私下不宜公开",针对情绪波动较大的当事人,首先应进行单独交流,给予个别指导和安抚,待双方情绪稳定后再进行面对面调解,以防矛盾再度激化。四是"宜宏观不宜微观",调解过程中,不应过度关注纠纷中每个微小细节,避免当事人在无关紧要的小事上过分纠缠,这样可以帮助双方聚焦于核心问题,更高效地达成共识。

问题4:人民调解如何提升学员的实践和操作能力

提升学员的实践与操作能力,在教师讲授基本的心理学理论知识后,组织学员实操实练如何运用心理学提升调解技巧,如何通过心理疏导提高调解成功率。本手册运用调解心理策略与技术,通过教学和实操,需要理解和运用的内容主要如下:①心理调解的关键作用。在任何类型的争端中,情绪因素总是潜藏其下,如同无形的纽带,紧密连接着事实与感受。若当事人内心的不满与挫折感得不到妥善处理,就如同蓄势待发的洪水,随时可能冲破堤坝,加剧矛盾,甚至酿成更大的冲突。同样,长期压抑的情绪容易固化成心结,成为阻碍和解的顽石。因此,在调解程序中,重视并及时疏导当事人的心理状态,不仅是达成共识的基础,更是通往和平解决方案的桥梁。②调解各阶段的心理策略。一是预备阶段:绘制心理肖像。二是澄清阶段:构建互信桥梁。三是解决阶段:实施心理辅导。四是案结事了阶段:防止事后反悔,达成和解。五是效果巩固阶段:恢复平和心态。③精练调解技巧。一是心理肖像构建。二是建立信任。三是情绪调节。四是认知重构。五是行为干预。其中通过举例的方式便于大家理解接受、融会贯通,使培训学员可以有意识、有选择地加以使用。④加强实操实练。教师在讲完基本理论知识后,引导每一组学员策划出一份可执行、可操作、创意突出的调解心理策略方案,推动理论与实践的衔接转化。

第五节　考核通关

一、考核形式

通关大比赛。开展调解模拟实训,学员情景模拟比赛,由教师和外请专家任评委,对每一组学员的策划方案进行点评、打分,决出优胜者,颁发荣誉证书。

事先储备案例库,包含物业纠纷、家事纠纷、家庭暴力、拆迁纠纷、钉子户劝导、群体性事件、空间改造和社区更新、邻里矛盾纠纷等各方面内容,并精心设计,从案例介绍、办理思路、办理要点、案例启示四个环节开展情景模拟与教师点评。在培训班正式实施时，可以根据学员的工作性质、兴趣等开展分组实训。

二、考核要求

（一）案例计划书框架

每名学员需要撰写一份"如何提高基层调解能力和调解效果"计划书，需要包括用所学的理论及知识写明你对此居民面临的问题与需求的分析、策略、工作方法、预期效果、能力构成、资源整合、评估等内容。

（二）案例考核标准

包括理论适切性（20分）、需求真切性（20分）、目标有效性（20分）、内容可操作性（20分）、整合资源的现实可行性（20分）五个维度，满分100分。

评选规则：案例得分前5名的学员获得"基层调解金牌"，第6～14名的学员获得"基层调解银牌"，第15～25名的学员获得"基层调解铜牌"。

第四章 "应急高手"：应急管理的"灭火队"

本章通过介绍灾害风险评估、常态化应急准备、群体性事件应对策略等方面的理论基础和应急处突的基本方法，例如应急响应流程，危机管理技巧，应急资源调配，街道、社区应急管理主要工作环节和要求等内容，旨在帮助学员在基层治理中有效处置各类突发事件和应急情况。通过实践案例的分享，学员将了解到各种类型的应急处突情况的解决过程。这些案例涵盖自然灾害、突发事件、公共卫生事件等方面，为学员提供实践经验和启示。

通过本章学习，学员将能够提升应急处突的能力和水平，有效应对基层治理中各类突发情况，确保社区和组织的安全。

第一节 基层治理中的应急管理基本理论

一、应急管理概念和内涵

应急管理是应对特重大事故灾害的危险问题提出的，是指政府及其他公共机构在突发事件的事前预防、事发应对、事中处置和善后恢复过程中，通过建立必要的应对机制，采取一系列必要措施，应用科学、技术、规划与管理等手段，保障公众生命、健康和财产安全，促进社会和谐健康发展的有关活动。危险包括人的危险、物的危险和责任危险三大类。人的危险可分为生命危险和健康危险；物的危险指威胁财产安全的火灾、雷电、台风、洪水等事故灾难；责任危险是产生于法律上的损害赔偿责任，一般又称第三者责任险。其中，危险是由意外事故、意外事故发生的可能性及蕴藏意外事故发生可能性的危险状态构成。应急管理的内涵包括预防、准备、响应和恢复四个阶段。尽管在实际情况中，这些阶段往往是重叠的，但它们中的每一部分都有自己单独的目标，并且成为下个阶段内容的一部分[1]。

---

[1] 提高领导干部应急管理能力和水平浅议 [N]. 贵州政协报，2018-11-22.

二、我国应急管理工作原则

以人为本。始终围绕着"人"这一中心，确保民众的健康与生命安全是我们的最高使命。在预见到任何可能导致人身伤害的突发公共危机之前，必须迅速实施预防性疏散与保护措施；一旦此类事件不幸发生，救援工作的首要目标应当是立即拯救受困群众，全力以赴进行人员救援；同时，我们必须强化对一线救援人员的个人安全防护，竭尽所能降低突发公共事件对人员造成的伤害，将伤亡与不良影响降至最低限度。

强化防范意识。我们应时刻保持警觉，深刻认识并高度重视公共安全的重要性，即便在安宁时期也不可掉以轻心，须持续关注潜在风险，做到有备无患。为此，应推行预防与应急响应并重的战略，日常管理与特殊情况下的应对机制需有效结合，确保全方位的准备工作到位。

提升即时响应能力。要着重建设以地方为主导的应急响应团队，充分利用并激发乡镇、社区、企业单位、非政府组织及志愿者团队的潜能，广泛动员社会各界力量，形成群防群治的强大合力。通过建立一套高效快捷的反应机制，确保第一时间获得全面、精准的情报信息，实时监测分析事态发展，作出果断决策，并迅速采取行动，有效控制局面。

平衡利弊原则。在应对突发公共事件的过程中，所采取的行动与措施需与事件本身的社会影响特性、严重程度、波及范围及其发展阶段相匹配。当存在多种应对方案时，应优先选取那些对公众权益影响最小的选项，力求以最小代价达到最大效果。

明确层级职责。在党中央的集中统一领导下，应构建一个结构清晰、分工明确的应急管理体系，该体系融合了专业分类管理与按级别负责的原则，同时强调区域与行业协作，以地方主导为核心。在党的坚强领导下，各级政府应各司其职、协同作战，有效提升国家整体的应急响应能力和治理效能。

协同作业机制。充分利用我国特有的体制优势，构建并完善跨部门、跨区域的联动协调机制，实施城市一体化报警响应与分级分类处理的制度创新。强化不同部门、地区、军队与地方、中央直属单位与地方政府之间的沟通与协作，确保信息畅通、资源共享。

专群结合。重视公共安全领域的科研与技术创新，积极引入前沿的预测、预警、防控及应急处置技术与装备，提升应对突发公共事件的科技支撑力和指挥决策的专业水平。充分利用专家智库，在信息分析、政策建议、专业救援、紧急抢险、事后评估等环节发挥其不可替代的作用。

资源集成与法律规范。为了将体制优势转化为实际工作效能，需要对现有的突发公共事件监测、预测与预警信息系统进行整合，创建一个网络化、信息互通、科学精准的预防体系，确保数据的实时共享与高效利用。同时，优化现有的应急指挥与组织网络，构建一个统一协调、科学决策的指挥架构，提升应对突发状况时的决策效率和执行力度。此外，整合现有的应急处置资源，包括人力、物力、财力，建立一个职责清晰、责任明确、常态化的保障体系，确保在紧急状态下能够迅速调配资源，实现快速响应。在这一过程中，依法行政的原则尤为重要。即使处于紧急状态，也必须坚持法治精神，正确处理应急措施与常规管理之间的关系，合理界定特殊措施的适用范围与执行强度，确保应对突发公共事件的各项工作在法律框架内运行，实现规范化、制度化、法治化的目标。

责权对等。为将体制优势切实转化为治理成效，应全面推行应急处置工作的行政领导责任制，确保各级领导在法律框架内拥有充分的职权，以有效执行相关法律法规、规章制度以及应急计划中的规定。在面临需要立即采取行动的紧急情况下，相关责任单位与负责人应具备临机决断的能力，迅速采取措施以遏制事态恶化。同时，必须建立严格的问责机制，对于在应急响应中出现的不作为、行动迟缓、组织混乱等失职行为，或是任何违反职业操守、滥用职权的情况，应依法依规追究相关人员的责任。这包括但不限于行政处分、法律责任追究等措施，以确保应急管理体系的严肃性和有效性。

三、应急管理工作"一案三制"

应急管理工作的核心内容总结为"一案三制"。其中，"一案"特指应急预案，它是针对已经发生或可能发生的突发事件预先设计的一套应对策略和行动计划，旨在指导和规范紧急情况下的行动步骤。应急预案覆盖多个层面，从国家级别的总体预案，到专项事件的特定预案，再到部门级别的具体预案，以及基层单位的现场预案和重要活动的专项预案，形成了一个全面、多层次的应急准备体系。

"三制"则涵盖了应急管理的三大关键方面：一是管理体制。指的是应急管理的组织架构和职责分配，确保在突发事件发生时，各级政府和相关部门能够迅速、有序地协同工作，形成统一的指挥和行动体系。二是运行机制。涉及应急响应的流程、信息传递、资源调度和现场处置等操作层面的规则，确保应急行动高效、协调，能够快速响应并有效控制事态发展。三是法治。指通过法律法规来规范应急管理的各个方面，包括预防、准备、响应和恢复阶段，确保所有应急措施都有法可依，依法进行，同时也为追究责任和保护公民权益提供了法律依据。

通过"一案三制"的全面构建，我国的应急管理工作得以系统化、规范化，能够在面对突发事件时，提供及时、专业、有效的应对措施，最大限度地减少损失，保护人民群众的生命财产安全。

四、街道、社区应急管理工作

随着我国城市化进程的加快，城镇人口越来越多，社区规模越来越大，管理范围越来越广，高层住宅楼也越来越密集。住宅小区不仅人口规模大，而且单体楼宇高、楼内人员数量大，财产集中。近20年来，随着汽车进入家庭，私家车增长速度快，保有量大，停车位挤占公共空间和消防通道；加之前期街区规划，小区建设、配套上存在问题，一些老旧小区年久失修，基础配套设施不全，小区管理不到位；近几年电动车、新能源车充电设施不配套，相关防控设备配套不到位。取暖、做饭等日常生活大多已经是管道天然气，一旦发生天然气泄漏，或者其他方面发生火情，会造成成片连锁反应，安全隐患和风险点多面广情况复杂。一些住户消防意识淡薄，疏于自我防范甚至在用电、用气中不按安全要求使用。城市商品化小区人口流动性大，住户之间对公共安全缺乏责任义务共识和主动履责精神。社区相关物业、居委会工作不到位，隐患排查工作做得不深不细，住户消防演练工作抓得不紧，居民对事故灾害自我防范自救不了解不熟悉，责任落实不到人和岗，没有经常做督促检查工作，一旦发生苗头性问题则现场混乱、抢救不及时，应急消防物资、设施配备不到位，技术手段不适应，群众自救、互救知识普及不广、技能训练不够等问题越来越突出。社区是居民群众生活工作休闲娱乐的主要场所，社区应急直接关乎群众的生命财产安全和社会正常秩序稳定，给城市社区应急管理带来巨大挑战。

从三年疫情防控经验和近年来的一系列事故灾害来看，无论是像极少发生的"非典"、新冠疫情这种需要全国总动员的公共卫生事件，还是像汶川那样严重的地震灾害，或是发生在局部的化工生产事故造成的灾害，极个别会影响一个城市、一个省，甚至影响相邻几个省份的事故灾害。社区是老百姓日常生活的场域，是人员最集中的地方，一旦发生事故灾害，轻者会使群众物质财产受到损害，影响到基本民生，重者则会危及人民生命安全，造成人身伤亡，甚至可能造成群死群伤等严重后果。因此，基层应急管理是一项复杂的系统工程，涉及面广、环节众多，直接关系人民群众的生命财产安全，事关经济发展和社会稳定。基层是社会治理的"最后一公里"，也是应急处突的"最先一公里"。街道、社区既要承担国家整体、城市全局应急响应和工作落实，也要加强自身内部各种风险隐患的防范和应急。因此，基层社区是应急治理体系中防灾减灾救灾的前沿阵地。在应急管理体系建设中，社区是前沿阵地和第一现场，是基层信息枢纽和前沿服务端口，是突发事件预防、预警、响应、处置和恢复的承载平台。

应急管理和社区安全治理是一个"战略性""基础性""综合性""系统性""全面性"的工作。因此，深化基层在应急管理中的前线意识、强化其关口作用意义重大，街道、社区应急管理工作是我国总体应急体系中的重要部分，是国家应急管理的基石，是实现国家整体应急管理体系的基础工程。

街道、社区应急工作，应围绕人的生命和财产安全这一核心，做好常预防、见事早、反应快的应急工作。街道、社区面临灾害危机的应急类型主要有：突发自然灾害类，如地质灾害、气象灾害等；突发安全事件类，如安全事故、火灾、燃气泄漏等；突发公共卫生事件类，如疫情、饮用水污染等；突发影响社会稳定事件类，如上访、集访、泄愤、围堵办公场所等；突发舆情类，如网上炒作引发围观等。在这些已知的场景分类中，街道、社区作为一线，最基础或最适宜介入的应急工作应该在发现、预警和处置等环节，其中要围绕"预防－处置"这一核心，建立相应的应急反应机制、资源调动机制等。在街道、社区应急管理具体实践中，保障人民群众生命和财产安全是根本任务，尤其是在所有实体灾害性紧急情况下，"生命安全"应始终作为第一原则，其中包含两层含义：一是现场群众生命安全第一，二是现场处置操作人员生命安全第一。如无专业救援能力，街道、社区应第一时间对灾情可能影响范围内的非救援人员进行应急疏散，疏散即救援，在不能有效阻断情况下，应尽最大努力最短时间把灾情影响范围内的人员疏散到安全地方，最大限度保障群众生命安全，减少人员伤亡，尤其是反应时间最紧迫的火灾、安全事故等，在及时上报信息的同时，必须坚持疏散第一的原则。地质灾害、气象灾害等反应响应时间与空间相对宽松的灾情，也应坚持疏散第一原则。街道、社区作为社会治理的基层，应急管理既要做好本社区范围内的应急工作，也要落实好上级下达的应急工作，社区直接面对居民群众，社区应急工作的重心在组织落实。

因此，社区应急管理工作主要包括以下内容：一是定制化应急方案。依据上级应急管理部门的要求，结合社区的具体情况，制订针对性的应急响应方案。这些方案应覆盖社区可能遭遇的各类风险，包括自然灾害、安全事故、公共卫生事件及社会安全问题，确保预案具有实用性和可操作性。二是构建应急责任体系。明确社区应急事务的管理机构和负责人，细化应急处置各个环节的职责，指定专管员和协管员，同时确保社区内企事业单位的应急负责人清晰明了，形成严密的责任网络。三是组建应急响应队伍。依托社区内的警务人员、医护人员、民兵预备役及企业应急人员，广泛吸纳专业技术人员、物业保安、志愿者，构建一支专业化与志愿化相结合的应急队伍，确保既有专业技能又有广泛的群众基础。四是优化应急信息传递机制。实行全天候值班制度，确保重要信息的及时上报，同时建立与社区党组织、居委会及网格员的信息交流渠道，形成覆盖全社区的安全信息网络，加快信息流转，减少突发公共事件的影响。五是强化应急基础设施建设。在条件允许的社区设立应急救援点，配置必需的应急设备，并指定专人负责维护。建立应急物资储备库，确保物资的专用、专储和专人管理。利用社区内现有设施，如学校、体育馆等人防工程，规划设立避难场所，配备必要的应急设施和物资。六是推广应急知识与技能。通过多种途径，定期开展应急管理知识和技能的普及教育，提升居民及流动人口的安全意识和应急处理能力，营造浓厚的社区应急文化氛围。七是定期举行应急演练。社区应至少每年组织一次综合应急演练，各企事业单位和学校则应根据自身特点，进行专业化的应急演练，以检验预案的有效性和人员的应急响应能力。八是持续培训应急管理人员。对社区工作人员、物业管理、安保人员及应急志愿者进行定期培训，增强他们的危机意识和责任感，提升识别和解决问题的能力，确保应急队伍的专业性和战斗力。

五、基层应急管理工作存在的问题

在日常生活中，安全是人的最基本需求，人身安全是最重要的关注点，包含健康、财产、家庭安全等方面。随着城镇化推进，人们居住生活工作也越来越集中，威胁人类人身财产的安全问题，由传统自然灾害进一步扩展到现代城市生活中的事故灾难、公共卫生、社会矛盾冲突等。因此，近几年应急管理的重点逐步由自然灾害、事故灾难等突发事件，发展到自然灾害、事故灾难、公共卫生应急事件、社会安全问题等各类突发事件齐头并进。在城市基层社区内，除了上述社会影响比较大的各类突发事件，社区内部物业管理，邻里纠纷，家庭矛盾处理不及时、不妥当而使矛盾累积、激化的突发事件也时有发生，还有因电、气、水使用不当引发的事故灾难等。

从目前来看，基层应急管理不适应当前灾害事故、事件发生的情形，主要体现在以下几个方面。

首先，基层应急管理体系的完整性与协同效应欠缺。一是应急管理体制的优化仍有空间。尽管基层应急管理职能正在逐步整合，但在实际操作中，仍存在多头管理、"九龙治水"的现象，导致在日常协调、隐患排查以及突发事件应对上缺乏统一性和高效性。二是跨部门协作需进一步加强。鉴于应急管理工作的系统性和复杂性，其有效运行依赖于乡镇、各部门、社会组织及公众的广泛参与。当前，与公安、林业、水利、自然资源等部门的联动机制尚不成熟，监测预警与部门间的信息共享及联合研判能力有待提升，尚未形成高效、快速的应急响应和统一指挥的机制。三是应急预案的实用性和演练效果有待改善。县级层面的应急预案相对完善，然而在乡镇一级，虽然预案形式上存在，但往往与当地实际情况脱节，缺乏针对性，且未能得到有效宣传和演练，导致公众对预案的了解和应用程度较低。此外，一些地区的应急演练流于形式，缺乏实战性，未能达到预期的培训和检验目的，甚至有些预案仅为应付检查而编制，未曾真正用于实战演练之中。

其次，基层应急队伍的专业化程度和人员素质存在巨大提升空间。一是专业技术人才短缺。自 2018 年机构改革以来，尽管部分地区的防汛救灾指挥部从水务部门转移到应急管理部门，但原应随同转移的水利工程师、森林草原防火专家和灾害防治专业人才并未同步调整，导致应急管理队伍中缺乏这类专业知识背景的人员。大多数工作人员来自安全生产监管领域，他们可能缺乏应急救援所需的理论知识和实战经验，使得应急救援队伍的专业性不足，难以应对高要求的应急抢险任务。二是应急力量建设需强化。尽管各地已初步建立了森林火灾扑救队和专职消防队伍，增强了应急救援的基础力量，但这些队伍的构成往往较为杂乱，缺乏专业的训练和技能，其战斗效能有待提升。例如，一些专职消防队员是由当地派出所的辅警或临时聘用的城市管理队员组成，且年龄结构偏大，这直接影响了基层应急救援的实际效能。三是基层队伍培训不足。基层的防灾救灾人员通常由基层党员干部、民兵及农民组成，他们中的大部分人要么没有接受过培训，要么仅接受过少量的相关知识和技能培训。在遭遇极端天气或其他紧急情况时，这种缺乏专业训练的现状可能会导致人员安全风险的增加。

再次，基层应急保障体系存在明显的短板，难以满足现实的应急需求。一是基层应急减灾能力有限。一些基础设施的防灾标准偏低，如城市雨水管网系统在面对超标准洪水时的排涝能力不足，导致雨季城区低洼地带容易遭受短时内涝。此外，县区和乡镇级别的正规应急避难场所建设明显滞后，缺乏足够的避难空间。二是应急装备配置不足。在应急指挥、救援、救灾及抢险作业中，基层往往缺乏专用的应急车辆和单兵信息化指挥通信装备，通信不畅成为普遍问题，限制了应急响应的效率和效果。三是应急物资储备短缺。应急物资的储备主要依赖政府，企事业单位和个人的储备意识不强，且市场波动性对应急物资供应链造成影响，企业生产应急产品的动力不足，导致物资储备不稳定。四是应急信息化水平有待提升。多数地区尚未建立综合性的应急管理大数据平台，部门间的信息管理系统互不兼容，影响了应急指挥的协调性和效率。加之大数据、云计算、物联网等先进技术在应急体系中的应用不足，降低了风险监测和预警能力。五是城乡基础设施的抗灾韧性不足。城市中老旧基础设施普遍，如管道老化、油气管道与城市管网交织，安全隐患较多。农村地区在交通、生态、水利、环保等基础设施上的长期投资不足，维护不当，抗灾减灾能力较弱。

最后，干部群众应急意识不强，宣传教育日常演练还需加强。一是基层应急管理责任落实不到位。某些地区在应对突发事件时表现出较强的随意性，缺乏系统的法治建设，对潜在风险存在侥幸心理，缺乏主动预防和规划，导致"头疼医头，脚疼医脚"的现象，以及"重处置、轻预防"的倾向。二是信息传递机制不畅。个别基层党政机关对突发事件存在不敢报、不会报的现象，或是由于层层上报审批过程烦琐，导致错过最佳应对时机，更有甚者故意迟报、瞒报，误导上级和公众。三是企业层面重视不足。部分企业对重大生产安全事故的风险认知不足，存在侥幸心理，缺乏必要的防范意识和应对准备，应急能力与响应机制建设滞后，往往在事发前忽视安全警告，事后才寻求外部援助。四是社区动员能力薄弱。当前，社区缺乏有效的平台和机制来动员居民参与应急管理，尤其是在农村地区，村（居）委会成员年龄偏大、人数有限，应急资源匮乏，难以有效动员和组织群众。留守老人、妇女和儿童在灾害面前不仅自救能力有限，有时还会成为救援对象。五是公众参与日常防范的积极性不高。一些居民占用消防通道，破坏公共消防设施，楼道堆积杂物，家中缺乏必要的自救设备，对用电、用气安全意识淡薄，这不仅增加了自身的风险，也给整体社区安全带来了隐患。

第二节　基层治理中的应急管理基本方法

一、街道、社区突发事件类型

根据《中华人民共和国突发事件应对法》规定，突发事件是指突然发生，造成或者可能造成严重社会危害，需要采取应急措施予以应对的自然灾害、事故灾难、公共卫生事件和社会安全事件。按照社会危害程度、影响范围等因素，突发自然灾害、事故灾难、公共卫生事件分为四级，即特别重大、重大、较大和一般。

从当前社区基层安全形势来看，影响人们日常生活、危及人们生命财产的公共安全主要有以下几个方面：一是自然灾害。如洪水、地震、台风、沙尘暴、泥石流等，值得注意的是，近年来，随着城镇化发展，因温室效应造成的雾霾、异常持续高温天气、城市内涝、城市冰雪灾害等事故频发。二是事故灾难。主要包括工矿商贸等企业的安全事故、交通运输事故、公共设施和设备事故、环境污染和生态破坏等突发性的人身伤亡或环境事件。三是公共卫生事件。主要包括传染病疫情、群体性不明原因疾病、食品安全和职业危害、动物疫情以及其他严重影响公众健康和生命安全的事件。四是社会安全事件。主要包括重大刑事案件、泄愤伤人事件、恐怖袭击事件、规模较大的群体性事件、经济安全事件等，近些年，随着互联网发展和它的普及使用，出现了影响社会稳定的舆情事件。城市使人口大规模集中，生活和社会财富高度聚合，在丰富人们生活内容和扩大人们社会交往范围的同时，也给各种自然灾害、事故灾难、社会安全事件发生并造成更为严重的人身伤亡和财产损失带来了潜在的危险。

二、街道、社区应急管理主要环节

从基层社区工作来看，街道、社区应急管理主要有以下四个方面的工作：一是落实上级布置的应急工作。二是本社区发生的紧急事件。三是开展风险隐患点日常排查和治理。四是加强居民应急疏散演练和安全知识普及工作。

（一）预防准备

凡事预则立，不预则废。应急工作尤其宁愿备而不用，也不能用而无备。要通过应急管理预防行动和准备行动，建立突发事件源头防控机制，建立健全应急管理体制、制度，有效控制突发事件的发生，做好突发事件应对准备工作。一是制订应急预案。

一个完整的应急预案一般应覆盖应急准备、应急响应、应急处置和应急恢复全过程。二是加强日常应急演练。实践证明，应急演练能在突发事件发生时有效减少人员伤亡和财产损失，迅速从各种灾难中恢复正常状态。三是建设好社区应急救援站。救援站承担包括普及急救知识、提供急救设备、志愿者急救人员待岗、搭建周边民众自救互救体系等，作为周边民众发生急救事件的第一反应人，是社会救援保障系统（120）的前哨站，也是突发性群伤救援的设备储备库。

（二）预警响应

采用传统经验和现代科技相融合的手段，以前瞻性的视角进行风险预测，力求在事件初现端倪时即予以化解。对于那些不可避免的突发状况，应迅速激活预警系统，向公众发布预警信息，并立即实施响应措施，以控制事态的发展。一旦突发事件发生，应及时激活应急预案，迅速展开应急救援行动，竭力遏制事件的蔓延，防止其升级，这是应急管理工作的核心要务。

（三）抢险救援

作为社区一级的应急抢险救援，要本着生命安全是应急管理的首要原则，在做好信息报送的同时，要力争在5分钟内做好事故灾难现场已受影响或可能受到影响人员且能够自救人员的疏散，尽最大努力救援撤离受伤人员，并做好后续生命救援通道的疏通。

（四）信息管理

突发事件信息管理是避免引起公众恐慌的重要措施，在开放性媒体和自媒体普及应用情况下，信息管理是做好应急管理工作的重要环节。及时发布灾情和人员伤亡情况，针对群众和社会关心关注的问题予以针对性解答。

（五）善后恢复

在应急处置告一段落后，应急管理工作的重心应转向对受害人员及其家属的人文关怀与心理慰藉，确保社会稳定，同时着手清理受灾现场，尽快恢复或部分恢复受影响系统的基本功能。此外，应及时开展突发事件的全面调查，深入分析其发生的原因与性质，科学评估危害的范围及危险程度，为未来预防和应对类似事件提供宝贵的经验。

三、社区做好应急管理工作应把握的重点

首先，提升应急管理人员的能力。要对预案、法规、流程、资源、技术、风险评估、灾害类型、应急响应级别等应急管理工作的全要素都做到了解熟悉，熟练掌握组

织事故灾难现场人员有序疏散撤离和受伤人员急救转运的技能，包括对应急指挥平台、预警信息发布系统、灾情评估软件的操作和无人机、卫星遥感、大数据分析、云计算、物联网等先进工具的应用，对现场处置能力及其组织动员群众志愿者参与的能力等。

其次，要做好应急科学常识普及和应急演练工作。发挥社区图书馆、阅览室、网络电子书库、多功能活动中心及科技体验馆的功能，使之成为科普教育的前沿阵地。分发科普小册子、宣传单页，利用社区公告栏和社交媒体平台，确保应急信息覆盖广泛。借力全国防灾减灾日、国际减灾日、全国消防宣传日、地震纪念日等特定日期，策划有针对性的主题科普活动。邀请行业内的专家、科普教育工作者及热心志愿者进入社区，开展面对面的科普交流。

再次，要熟练运用应急管理智慧手段。应急管理的智能化、智慧化是未来的趋势与方向。一方面，要有具备专业能力的工作队伍，比如消防队、急救机构再加上专业的数据和信息处理技术团队，通过实时数据处理，提供有价值的、科学的应急措施及建议等决策支持。这是应急管理或者智慧应急管理中必不可少的基础。另一方面，就是在日常或低风险应急管理场景中离不开街道、社区内驻地单位的协同、相关机构的协同、志愿者的协同等。

最后，要善于做好危急情况下的群众组织工作。应急工作是在特殊情况下的群众工作和有具体目标指向的群众工作。平时要把社区居民组织起来，按照应急管理各个环节分工到人，并动员社区居民组成志愿者队伍，对社区安全风险点和隐患进行定期巡查，对安全消防设施进行定期检查，对楼道公共空间和消防通道等基础设施存在的问题进行定期督查督办。定期组织专业消防、公共卫生、水利等单位到社区来指导，普及相关知识技能，组织大家进行预防演练，组织有关专业人员进学校、幼儿园、楼宇进行宣传检查指导。

四、基层社区应急治理效能扎实提升的实践探索

随着社会治理重心不断向基层下沉，基层社区如何化解治理复杂多元的风险，提升社区应急治理效能，是值得深入思考的"大考"。对此，需要在正确把握国家应对突发性事件新趋势的基础上，深刻认识推进社区韧性治理的重要意义，推动社区韧性治理，提升社区应急治理效能。

（一）社区韧性治理是提高基层应急能力的新引擎

社区韧性治理强调社区对变化环境的韧性，在复杂风险的扰动冲击中能恢复原状，并在不断适应变化环境的过程中实现创新，以适应不同时期应急管理的不同需要，是

实现应急管理能力现代化的新方向 [①]。

统筹平战结合。在应急管理中贯彻"有备无患，未雨绸缪"的原则，这一理念的核心在于构建一套既能适应日常管理又能快速转换至紧急状态的"平战结合"机制。社区韧性治理的目标是在常态与非常态之间建立起一种动态平衡，通过持续的监测、适时的调整以及前瞻性的规划，确保社区在任何情况下都具备足够的韧性和应对能力，从而保障居民的安全与福祉。

助推政社合作。综观国内外的应急救援实践，社会力量相对于行政力量更为敏捷活跃，可在灾害初期以其积极行动滞缓风险冲击，行政力量则更利于灾后社会秩序恢复工作，对此，健全国家应急管理体系需实现国家与社会的双向互动与融合。社区韧性治理重视社区主体之间的合作共治，可有效整合科层体系和多中心体系的优势，达到"1+1>2"的效果。

完善治理结构。社区韧性治理体系侧重于界定社区内部各主体间的权责边界与制度安排，这种体系尤其适用于在灾害初期快速动员资源，形成抵抗风险冲击的初步防线。它确保了在紧急情况下，社区能够迅速激活既定的应急机制，实现资源的有效配置与快速响应。社区韧性治理通过优化治理体系与提升治理能力的双重路径，实现了社区在面临不确定性与风险时的快速响应与有效恢复，为构建更加安全、可持续的社区环境奠定了坚实基础。

整合社会资源。冗余性作为社区韧性治理的关键属性，体现了社区对不确定性和危机的适应与抵御能力。这一特性不仅在于物质资源的储备，更重要的是对社区成员志愿精神的激发，以及创新居民参与应急治理的方式，构建多元化的参与机制。社区韧性治理旨在打造一个内外兼备、协同增效的应急治理体系，确保在任何挑战面前，社区都能够迅速恢复，持续向前发展。

实现自主应急。社区韧性治理的关键在于社区共同体的自主应急作用，强调通过适当授权分权，激活社区各类组织参与社区应急治理的自主性、自觉性。尤其是社区韧性治理十分注重开展社区公共活动，强调要培育社区居民共同体意识和公共参与精神，在常态化的社区应急治理过程中培育社区居民防灾意识、自救自护能力，为非常态的社区应急治理储备更多的应急资源。

强化灾害反思。公共生活中的一些灾害事故在不同的时空中具有"似曾相识"特征，其人为原因在于这些灾害事故未能引起制度化、组织化、持续化的回应。社区韧性治理强调对灾害事故的反思与学习，主张通过培养弥漫于整个社区的应急学习氛围，充分发挥社区居民的创新性思维能力，建立扁平化、可持续的灾害学习型组织，通过

---

① 张勤，宋青励. 构建中国式现代化的城市社区韧性治理新探索：基于"吸收—传导—转化"的分析 [J]. 理论探讨，2023（6）：19-29.

不断学习、探索、纠错、成长的循环过程，真正提升社区应急治理的韧性水平。

（二）加速释放社区韧性治理效能

发挥政治引领作用，凝聚社区应急治理合力。在横向层面，社区党组织需确保各参与方的协同作用，通过整合资源、优化流程，实现应急管理中的高效协作。在纵向方面，则是要构建一条清晰的社区应急治理指挥链条。社区党组织、居委会、业委会等关键主体的应急职能需明确界定，确保各自在应急响应中的定位清晰、职责明确。

加强法治保障作用，提高社区应急治理定力。地方政府应构建一个多层次、全方位的应急物资储备体系，可以有效缓解基层政府在突发事件中的应急压力。社区层面应致力于构建一套系统化、标准化、高效运作的应急规章制度，以确保在公共危机发生时，社区能够有序响应。社区领导干部应发挥表率作用，带头运用法治思维和法治方式来处理社区内部事务，同时通过法治教育和实践，不断提升社区居民的法律意识和法治观念，为社区的应急治理提供坚实的法治基础。

发挥自治强基作用，激发社区应急治理活力。推动社区韧性治理的关键在于强化社区居民的主体地位，激发其参与社区治理的积极性与创造性。这不仅涉及居民个体的能动性，还涵盖了驻区单位、各类社会组织和社会企业在社区共同体建设中的角色与作用。通过促进多方力量的衔接与协同，可以构建一个"人人有责、人人尽责"的社区应急治理共同体，形成一个集众智、聚众力的治理格局。发挥德治教化作用，夯实社区应急治理能力。社区要发挥网格员、党员中心户、志愿者的德治教化示范作用，引导社区居民参与社区志愿服务，搭建起"社区—片区—楼栋—单元—中心户"五级网格管理体系，并可通过招募公安民警、医院医护等人员为社区一级志愿者，吸纳社区各基本单元的热心居民作为二级志愿者，建立覆盖社区的志愿服务网络，进一步细化与夯实社区防灾减灾救灾工作。

发挥智治支撑作用，塑造社区应急治理动力。社区要依托互联网、大数据技术和各种智能终端设备，实现多场域的数据信息共享，实时获取社区各方面动态风险信息，及时对社区进行"健康诊断"和隐患排查，提高社区面对各种不确定性因素的响应与适应能力。在治理循环上，社区还要加强事后的反思，可以线上线下多种形式全方位诊断每一次风险治理暴露的弊端，向社区居民普及防护知识，增强社区居民对风险灾害的主动识别和应对能力。

发挥软治服务作用，增强社区应急治理弹力。社区要根据风险情势变化的不同阶段，对应急举措作出适应性调整，对外界环境变化作出迅速回应，将风险损失影响降至最低。为提高社区应急治理的自主性、主动性以及有效性，对社区应急举措的监督应由上级部门的单向监督转变为上级部门、驻区单位、社区居民共同参与的多向监督，并把社区居民的满意度作为主要的考核监督指标，杜绝乱索证明、一味设限等"硬核"举措，提高社区应急治理的灵活性，进一步释放社区应急治理效能。

第三节　基层治理中的应急管理典型案例

案例一　湖北省武汉市加强社区应急服务站建设，破解"最后一公里"难题

2021年是武汉市"基层应急能力提升年"，为破解应急管理"最后一公里"难题，武汉市要求全市1440个社区建设应急服务站。

一要建设设施齐全的联动中心、备勤室、储备室。武汉市要求，社区应急服务站分为标准站和示范站两类，社区条件较好，按照示范站标准打造。社区应急服务站要配有"三室两区一家一中心"，即值班备勤室、物资储备室、宣传培训室、紧急疏散区、应急车辆停放区、应急志愿者之家和联动中心。联动中心设在社区警务室内，可与市区应急指挥系统、区消防大队指挥调度室等协同联动。应急物资储备室内，要配齐各类灭火、急救、破拆、救生等物资。值班备勤室24小时值守。

二要从基层筑起防灾减灾防线，健全应急响应＋安全风险网格化管理机制。推进安全风险网格化管理十分重要，"平时做好隐患排查，一旦有事，以最快速度进行响应和应急处置"。社区有很多看起来鸡毛蒜皮的"小事"，但出了事就可能人命关天，为此要求网格员的日常工作重点是对楼道堆放杂物、停放电动自行车等安全隐患进行排查，通过安全生产网格巡查系统上报应急管理局，由应急管理局派单给社区进行处理。每名网格员还人手一本《安全生产排查指导手册》，里面图文并茂地讲解了火灾、触电、高空坠物等安全隐患排查重点，教网格员如何给社区"挑毛病"。

三要加强日常演练，志愿者助力提升居民救援内功。武汉市应急管理局负责人强调，社区应急服务站建成，将带动引导社区开展隐患排查、应急演练、防灾减灾科普宣传等工作，提高社区应急和居民自救互救能力，切实把确保人民生命安全放在第一位并落到实处，做好日常预防和演练，以形成社区应急内功。

案例二　浙江省绍兴市以"枫桥经验"夯实基层应急工作基础[①]

绍兴市地处浙江省中北部，钱塘江河口段南岸，河网密布，地貌比较复杂，台风、地质、小流域山洪、森林火灾等自然灾害易发频发。与此同时，安全生产领域生产经

---

① 浙江省应急管理厅. 绍兴坚持发展"枫桥经验"深耕应急消防一体化［EB/OL］.［2023-08-14］. https://yjt.zj.gov.cn/art/2023/8/14/art_1228985957_59133291.html.

营主体数量庞大，危险化学品、矿山、印染纺织等传统行业领域安全风险更加突出和集中，加之新产业、新业态、新领域带来的新兴风险、未知隐患不断涌现，各类风险隐患的跨界性、关联性、穿透性、放大性显著增强，极易引发系统性风险。绍兴市借助其得天独厚的"枫桥经验"发源地这一优势，在应急管理领域坚持和发展新时代"枫桥经验"，探索实践基层应急和消防一体化建设，科学设置了以规划建设、职能融合、使用管理、综合保障四个一体化为路径与方法；构建了任务导向的目标体系，条块清晰的工作体系，支撑有力的保障体系，奖罚分明的评价体系四大体系。

第一，健全规划、职能、保障、使用管理一体化机制。绍兴市强调，乡镇（街道）是应急救援、防灾减灾的最关键、最前沿，针对乡镇（街道）人手不足、一职多责、职责不清、边界不清，基层应急管理和消防工作等难题，将基层应急和消防融合，通过责任清单的梳理，厘清风险和责任边界，明确主体责任的落实，消除灾害和隐患死角，构建防控前移、群防群治、防小救早的安全防范和应急处置的格局。一是以规划一体化建立"大应急、大减灾、大救援"体系。绍兴市通过全市层面的设计，实现了安全生产、自然灾害、消防安全等相关工作归口管理，分管领导排位更高，人员配置持续增强，工作范围由生产安全、灾害防治为主延展至全民防范和预防为主，应急救援队伍和物资、信息等资源实现了多元共享，有机构、有地位、有人才、有装备、有专业。具体表现在：其一，破解"多而散"。绍兴市出台《绍兴市基层应急和消防一体化规范化建设的实施意见》，整合乡镇（街道）安委会、消安委、防指等议事协调机构职能，建立健全以主要领导负总责，一名党（工）委班子成员且排位第一的行政副职牵头，统领本辖区安全生产和消防安全工作。其二，破解"少而弱"。通过明确人员配置标准、招聘专业背景人员、派驻消防人员等形式，实体化运作乡镇（街道）应急和消防管理办公室，并由一名行政或事业编制人员专职负责，享受中层正职待遇。其三，破解"旧而缺"。为各应急管理办设置"四室一中心"（即有统一标识的办公室、询问室、会商室、救援指挥室和物资保障中心），将各乡镇（街道）智慧应急终端统一接入应急管理指挥平台，统一配置行政执法车辆、可视化单兵、卫星电话及执法记录仪等必要装备，统一配备应急救援物资。二是以职能综合一体化健全"更聚焦、更协同、更高效"机制。首先，构建标准化的管理体系。以"枫桥式"乡镇（街道）应急和消防管理办公室规范化创建为抓手，明确创建标准。将原来的职能，进行全面的整合、归并、重新定义。与新的职能定位相对应，建立新的运行机制。全面建立风险管控和隐患排查治理机制、预警预报工作机制、镇（街）村（居）宣传教育培训机制。其次，探索高效化的融合机制。在乡镇（街道）探索应急和消防融合机制，整合乡镇（街道）原分散的安全生产监督管理和自然灾害治理职能，在县区级层面每季度召开应急（安委办）、消防（消安办）联席会议，共同加强业务指导，实现信息共享制度化和联合执法常态化。最后，提升基层应急消防管理人员执法水平。在市应急管理局和司法部门的统一组织下，实现乡镇（街道）应急管理工作人员持证执法全覆盖；通过委托执法方式，赋予各乡镇（街道）一定执法权，并通过观摩执法、外出考察、案卷评审等方式，提高其自主办案能力。

第二，以综合保障一体化提升"强储备、强治理、强救援"能力。首先，建立与财政增长相匹配的基层应急和消防经费保障机制，设立"枫桥式"应急消防办专项奖补资金。加大对社会救援队伍、志愿者救援队伍的支持帮扶力度，对参与救援、竞赛、训练等情况给予适当奖补。其次，多元一体共建共治。乡镇（街道）、村（社区）依托民兵预备役人员、专职消防队、保安员、警务人员、医务人员等组建综合性应急救援队伍，成为"扎根"本地应急力量和"防小救早"的主力军。最后，增强一线应急响应能力。绍兴全市结合深化"15分钟应急消防救援圈"建设，充分利用消防、原安监、森林防火资源站点和人员优势，组建"一专多能、一队多用"的镇街综合性应急救援队伍，全市提档升级村级义务应急消防队500支。2022年还组建应急"轻骑兵"，配备46辆摩托车及便携式应急急救装备，精准破解老城区及狭窄道路导致的救援难题。

第三，以使用管理一体化健全"全方位、全领域、全过程"监管机制。首先，建立全覆盖责任体系。向乡镇（街道）延伸安全生产"1+X"责任体系，并明确相应工作规章，确保责任层层传导到位。梳理党委、政府责任清单和履职清单，推动履职尽责。把乡镇（街道）纳入年度安全生产和消防工作目标责任制考核对象并进行指数排名，建立日常工作的联络对接和重点工作的督导机制，推动各项决策部署落实落地。其次，建立全域监管体系。按照"横向到边、纵向到底、责任到位"的要求，绍兴市将村（社区）、企业园区应急消防工作纳入"五星3A"创建考核，深度融入"基层治理四平台""110应急联动平台"，将安全生产、消防安全、自然灾害等风险隐患巡查等工作纳入基层网格员工作职责，拓展信息来源，充分发挥村（社区）应急消防管理的"哨兵"作用，倡导隐患自查自改的同时，鼓励安全生产隐患举报，落实安全生产举报奖励制度，形成社会群防群治的良好氛围。严格落实隐患上报、核查、整改、查处、举一反三、复盘销号全过程机制，构建完善的信息收集、问题发现、任务流转、分级处置、结果反馈闭环系统。再次，建立智能防控体系。立足预防为先、救援在前，用数字集成打造多渠道隐患智治、全要素指挥作战的风险防控格局。已上线"应急管理综合指挥"和"消防一体化智治"两大数字平台，贯通基层治理"四个平台"、餐饮油烟监测等9个系统，融入监督管理、监测管理、指挥救援、决策支持、政务管理五大应用，融合七大类1076项应急辅助信息和6.8万条消防物联数据，实现"一张图"统揽全域安全。借力网络大城市建设，实现了应急管理数字化应用与基层治理"141"体系、防汛防台在线、森林防灭火在线的区县、乡镇（街道）全面贯通。最后，建立高效救援体系。继续推进"快响直达"应急救援圈建设，加强组建基层综合应急救援队伍，结合本地风险特点、人员集中度等因素，编制针对性、操作性、协同性、识别性更强的应急预案，将基层应急救援队伍与应急预案纳入市县两级指挥调度体系，提升风险预警发布覆盖面和时效性。

第四，着力构建与全力推行四大管控支撑体系。绍兴市强调，应急工作重点在基层，只有基层加强安全隐患排查，风险点全天候监控，工作力量和装备向基层下沉，夯实基层基础，才能做好应急管理工作。为此，绍兴市将乡镇（街道）应急和消防安全委员会和管理办公室的建成率和挂牌率、工作人员配备率、数字化应用延伸率、基层综合应急救援队伍组建率、应急物资装备和减灾生活物资标准化配备率和"多案合一"综合应急预案编制率"6个100%"设定为近期目标。对安全生产、消防安全、应急救援、防灾减灾领域，分解出生产安全和火灾事故起数、死亡人数、有效救援时间、因灾致损致亡等18项重要指标，将"6个100%"及18项重要指标的实现作为应急和消防融合后的成效进行衡量。一是构建条块清晰的工作体系。其一，建立"全覆盖"的安全领导体系。深化乡镇（街道）"1+X"安全责任体系，统一设置应急和消防安全委员会，下设应急和消防管理办公室，党委政府定期研究应急管理和消防安全工作，制定镇村级应急和消防管理日常工作制度，落实值班值守、信息报送、重大事项请示等标准化工作，制定辖区村（社区）、企业应急和消防管理工作的指导、督促、考核机制，按照"有健全的班子、有独立的队伍、有独立的办公场所、有独立的执法办案能力、有经费保障、有执法车辆、有高效运行的机制"七有标准对应急和消防管理办公室进行标准化建设考核。其二，建立"全方位"的安全责任体系。按照"全覆盖、无盲区"的要求，各乡镇（街道）与村（社区）、各类"个、微、小"主体，部门、行业、系统与所属企业将逐一签订安全生产和消防安全责任书；各行业主管部门下发安全生产和消防安全"正、负面"清单，应急和消防管理办公室统筹制定乡镇（街道）"正、负面"清单，压实各职能办和各类投资主体、产权单位、出租与承租主体、生产经营使用单位、施工单位、主办单位等各类主体的应急管理和消防安全责任。其三，建立"可应用"的智能防控体系。立足预防为先、救援在前，用数字集成打造多渠道隐患智治、全要素指挥作战的风险防控格局。推动防汛防台在线、消防安全风险防控等数字化应用在乡镇（街道）全面使用。全市1509家消防安全重点单位全部使用自主管理应用。其四，建立"无盲区"的安全监管体系。按照"横向到边、纵向到底、责任到位"的要求，将安全生产、消防安全、自然灾害等风险隐患巡查等工作纳入网格员职责，构建信息收集、问题发现、任务流转、分级处置、结果反馈闭环系统。要求重大安全生产和火灾隐患挂牌，每年市级不少于20家，各区县不少于50家，年火灾起数超50起的乡镇（街道）每年挂牌不少于1家。其五，建立"群众性"的宣传教育体系。按照"会管、会逃、会救"的要求，区、县（市）安委办、消安办联合出台乡镇（街道）宣传教育职责，部门制定宣传重点清单，并对乡镇（街道）每年开展不少于2次业务指导。各乡镇（街道）每年制订年度培训计划，对社区应急管理员、网格员开展业务培训，企业依法对从业人员进行安全生产、消防安全教育和培训，村（社区）应急消防安全宣传全覆盖活动，强化市民群众防灾减灾意识和自救互救能力。其六，建立"高效率"的应急救援体系。在"15分钟应急救援圈"的基础上，2007个村（社区）建立了应急突击队，全面推进全市农村应急广播系统建设，基层一线对自然灾害和突发事件做到了"快响直达"全覆盖。二是构建专业取向、支撑有力的保障体系。首先，加强力量保障。鼓励优秀年轻干部到乡镇（街道）应急和消防管理岗位锻炼，在职务或职级晋升方面优先予以考虑。落实人员编制，省、市级中心镇等有条件的乡镇（街道）人员配置不少于7名，其他乡镇（街道）不少于5名，具有行政执法资格人员不少于2名，做到"定岗、定责、定员"。其次，加强基础保障。按"六个一"标准（一张责任表格、一套监测预警设备、一批防汛救灾物资、一套应急通信设备、一台应急发电机、一台排水泵）落实应急准备。最后，加强经费保障。全市把应急消防管理工作列入十大民生项目，做到预算优先审批，奖补政策优先落实，社会应急救援队伍优先扶持。三是构建奖罚分明、科学有效的评价体系。首先，构建指标评价体系。建立安全生产风险管控指数和消防安全"枫桥指数"，对乡镇（街道）开展安全生产和消防责任体系建设、安全隐患排查、重大事故隐患挂牌、监管执法、宣教培训等情况进行过程动态评价；实行"绿蓝黄红"四色过程管理，配套实行工作晾晒机制和"开小灶""末位告诫"制度。其次，构建社会评价体系。利用第三方评价机构，开展人民群众、社会团体对安全生产、防灾减灾及消防领域的安全感指数评价，以群众认可度、满意度为标准，体现乡镇（街道）应急和消防工作成效。最后，构建组织评价体系。将应急和消防管理工作纳入急难险重岗位对待，对工作中表现突出的集体和个人，及时予以褒扬激励。开展"最美应急人""最美消防员""119消防奖"等评选活动，提高基层乡镇（街道）、村（社区）应急和消防工作人员和社会救援力量、志愿者等群体获奖比例，提升岗位（职业）的荣誉感。

绍兴市通过"枫桥经验"在应急管理领域的实践，推动基层应急管理和消防职责一体化建设，在基层实现了应急管理和消防职责一体化融合、"15分钟应急响应圈"，在做好防灾减灾、安全生产、消防管理等应急救援的同时，还实现了阵地宣传和体验演练功能，增加了检查风险隐患和公益服务功能，大大提高了会防、会逃、会救能力，自然灾害和消防灾害造成的人民群众生命和财产安全的损失大大降低，人民群众的安全感明显增强，进而推动了全社会的获得感和幸福感。

案例三　广东省深圳市全方位构建基层应急体系①

深圳市目前已成为人口2000多万的超大型城市，面对自然灾害来袭，如何快速、高效开展应急救援，为基层应急管理工作带来了考验。基于应对2023年9月7日至8日海葵台风基层应急管理工作的成功经验，推动街道应急管理向事前预防转型，打造全方位应急工作格局。

第一，推动街道应急管理规范化建设。深圳市主要采取三条措施：一是强化街道第一关口、第一现场应急预防处置能力。深圳市强调，作为基层应急管理部门的最小单元，街道应急管理机构是安全隐患排查治理的第一关口，也是自然灾害应对和应急救援处置的第一现场。深圳市应急管理局结合在宝安区福海街道的先期试点和市内外先进经验，经多轮征求意见、现场调研，编制了《深圳市街道（镇）应急管理机构规范化建设指引》，围绕应急管理"防、管、控、应"新路径，以街道应急管理"机构职责规范化、队伍建设规范化、基础保障规范化、组织运行规范化"为主轴，开展全市街道（镇）应急管理机构规范化建设。二是健全常态化、标准化运作机制。按照规范化建设指引，街道应急办应着力于"四个规范化"建设，以强化应急管理工作在事前巡查预防、事中应急救援和事后隐患消除全链条的能力提升，基层应急管理机构规范化建设不仅将建立常态化、标准化的基层应急管理运作模式，更是提升深圳基层应急管理体系和能力现代化的重要途径。三是聚焦机构、队伍、保障、制度四维度发力。在全市街道应急管理机构规范化建设过程中，构建全覆盖的应急救援网络，坚持大安全大应急理念，在工业园区、在建工地、社区、街面等设立全覆盖的基层应急管理服务站，打造集应急救援、安全巡查、宣传教育、物资前置、咨询服务于一体的基层应急管理服务站点，推动防治关口前移、力量下沉、资源下倾，打造"5分钟应急处置圈"，并在全市打造"1+11+N"的矩阵宣教阵地，50个安全宣教基地遍布全市，在推进物资保障规范化建设方面，深圳在全市已有三防物资、救灾物资、森防物资和综合性物资储备仓库共773个的基础上，进一步把应急物资保障储存点下沉到街道，实现储备保障、共用共享、调拨高效、就近便捷。在街道办设立鲜明标识的应急工作岗位，人员统一着装，有些区和街道还在此基础上，制定《应急管理办规范化建设工作手册》、《应急管理组工作指引图解》、卡片清单，实现基层应急管理工作标准化、流程化及履职可视化，为基层应急管理机构规范化建设再添新思路。

第二，夯实应急工作群众基础。应急工作基础在街道、社区，主体是市民群众，主要采取专业知识培训、全国综合减灾示范社区创建、最美应急人和最美应急集体主

---

① 深圳市应急管理局.深圳市推进街道应急管理机构规范化建设［EB/OL］.［2023-12-29］. http://yjgl.sz.gov.cn/zwgk/xxgkml/qt/ztzl/yjzt/csaqfxzhjcyjtxjs/gzdt/content/post_11085456.html.

题宣传活动等一系列行动。一是加强市民专业培训。深圳市把居民应急知识培训行动列为 2022 年度"十大民生实事"之一。行动中有 10538 名市民取得"应急第一响应人"培训证书，2022 年度进一步加强线上线下培训工作，考核发证超过 20 万张。基本实现了专业培训人员对全市住宅小区、社区、学校、大型商场、农贸市场、高层建筑等重点场所的全覆盖，实现第一时间、第一现场、第一响应、第一救援，提高了市民群众应急处置能力和社会动员能力。深圳市应急管理局还牵头组建深圳市安全应急专业高级职称评审委员会，率先建立健全符合深圳特色的安全和应急行业专业技术人才评审工作制度。二是推动示范社区创建。综合减灾示范社区占比超过 25%，创建率居全国前列。全市参与综合减灾示范社区创建活动的 232 个社区中 175 个社区达标。三是开展主题宣传活动。组织开展寻找 2022 年"深圳最美应急人和最美应急集体"主题宣传活动，通过广泛发动，最终评选出 50 位最美应急人和 30 个最美应急集体。2022 年，全市应急管理系统 1 名个人获第六届全国 119 消防先进个人，1 个集体、2 名个人获评广东应急救援先进集体和先进个人。四是健全安全隐患举报奖励制度。做到"专门受理、专人办理""件件有回音，事事有落实"，使隐患投诉举报成为安全生产日常工作的"雷达"和"侦查哨"，全年受理举报 6321 件，发放奖金 97.85 万元。2022 年，全市生产安全事故起数和死亡人数同比分别下降 9.2% 和 12%，实现连续 3 年"双下降"，连续 7 年重特大事故"零发生"，亿元 GDP 生产安全事故死亡率在一线城市中保持最低。有序有效应对各类自然灾害，实现自然灾害"零伤亡"。五是以实战提高队伍和市民应急能力。2022 年，全市启动防汛应急响应 36 次，防台风应急响应共 18 次，组织防御了 27 场暴雨、9 场台风，抗击近 60 年来最严重旱情，实现全年自然灾害"零伤亡、少损失、无负面舆情"。大力推进安全韧性城市建设，深入实施自然灾害防治能力九大工程，重点工程建设总进度超 80%，完成全市 83 处内涝积水点及地质灾害隐患点治理。推动建立森林防灭火"路面巡防设卡、空中巡查监测"立体防范机制，全年森林火灾起数和过火面积同比分别下降 78% 和 99.4%。探索自然灾害救助新模式，深入推进巨灾保险工作，对因台风、洪涝、地震等自然灾害导致的深圳境内受灾人员实施一定的资金救助及物资帮助，2022 年，全市巨灾保险救助 2 万余人次，救助金额超 120 万元。

第三，强化全市应急统筹。一是加强专项督查。围绕"防风险、保安全、喜迎二十大"主线，组织开展年度专项行动，对工贸行业和工业园区、道路交通、消防、水上交通和渔业船舶等 13 个重点领域实施安全生产大检查行动，部署实施自建房、燃气安全、危险化学品集中治理三大攻坚战，整改隐患近 60 万项。二是以演练提升应急统筹能力。首次举办粤港澳大湾区区域应急联动演练，演练针对近期国内外重特大突发事件的教训和深圳面临的主要风险，设定了森林火灾、高边坡滑坡、房屋坍塌、超高层建筑人员疏散、危险化学品事故、海上突发事件、山地户外搜救等 11 个场景，重点检验了不同灾害场景下跨区域、跨灾种协同处置能力。目前，深圳已与周边 6 个地市建立了应急联动和区域合作机制，签订了《深莞惠汕河应急管理合作协议》《深圳珠海中山应急管理合作协议》。深圳还在全省率先组建地方应急管理部门直接管理和指挥的应急处置支队和应急处置直属大队，打造"一专多能、一队多用"的专业应急队伍，不断提升城市应急救援保障能力。三是加强法治化建设。2022年9月1日，《深圳经济特区安全生产监督管理条例》正式施行。条例作为深圳市"1+4"应急管理地方法规体系中的一项重要法规，有效提高了全市安全生产法治化水平，促进了全市应急管理体系和治理能力现代化建设，对完善深圳市安全生产监管责任体系、防止和减少生产安全事故、保障人民群众生命和财产安全、促进经济社会持续健康和高质量发展起到重要作用。四是加强科研投入。创建的城市安全风险监测预警应急管理部重点实验室在深圳正式运行。立足大安全大应急框架，聚焦城市安全风险防控，不断提升应急管理的科技化、信息化、智能化水平。作为全国第一批城市安全风险综合监测预警工作体系建设试点城市，在全国率先打造集风险管控、监测预警、值班值守、应急指挥等多功能于一体、实体化运作的市应急管理监测预警指挥中心，联动11个区域监测预警分中心、N个行业领域监测预警分中心，构建全市"1+11+N"应急管理监测预警指挥体系。城市安全风险监测预警应急管理部重点实验室的正式运行，将为构建城市安全风险综合监测预警体系，实现城市安全风险"能监测、会预警、快处置"的目标提供有力支撑。

案例四 广东省深圳市"深圳构建以社区救人为核心的'135'城市消防模式"

我国城市住宅小区住房普遍是高层建筑，甚至是超高层建筑，单体住宅楼人员集中且数量规模大，由于居民生活用气用电，存在电动自行车充电、地下停车场电动汽车充电设施设备质量、使用不规范等问题，加之一些老旧小区电气设施老化、超负荷运行等问题，目前正处于火灾事故多发频发，而且极易造成群死群伤的态势。做好居民住宅区火灾事故防范，尤其是在居民住宅区火灾事故现场第一时间做好生命抢救和人员疏散，以最大限度减少人员伤亡，同时做好整体协调消防救灾，是城市应急工作最为突出的问题和最为紧迫的问题，也是社区应急重中之重的工作。为做好这一工作，深圳市探索形成了"既要灭火，更要救人为中心构建城市运行安全消防灭火'135'科学治理新模式"。

一、问题导向。根据火灾事故应急救援的现场经验，伤亡人员除了直接烧伤致伤致死，大部分是在5分钟内因烟尘高温灼伤造成伤亡。如何在最初5分钟内最大限度抢救人员是火灾事故现场应急的头等大事。但传统消防应急体制和运行机制存在突出问题：一是因信息传输问题，消防队伍从接到警情到指令出警环节多时间长。二是火灾事故处置涉及的部门和层级难以形成同步协调行动。三是消防救援指挥无法同步协调统筹火灾事故周边水源、交通等资源自动生成调度方案致使消防车辆和人员到现场时间长。四是离火灾事故现场最近的社区消防站点及社区工作人员不能在第一时间启动应急响应并同步赶赴现场救人和疏散群众，如图4-3-1所示。

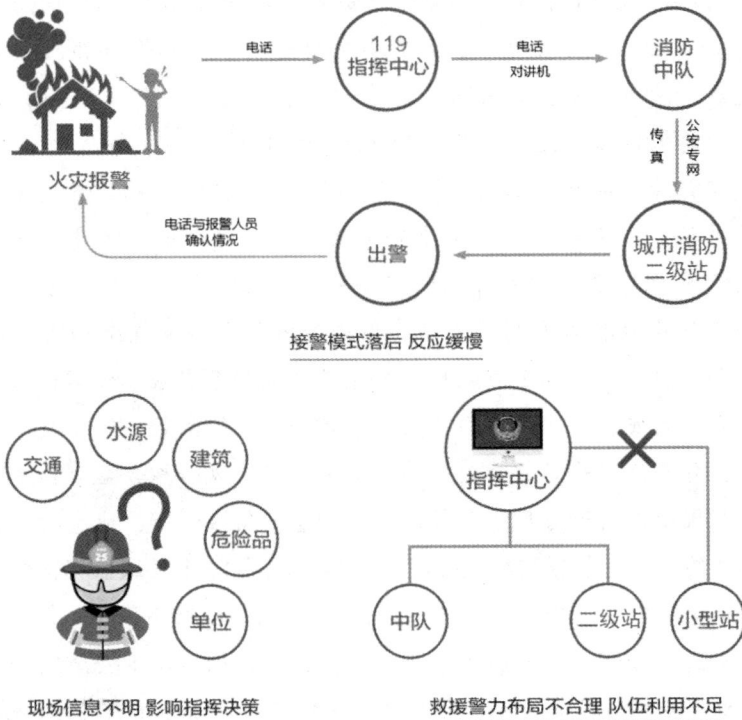

图 4-3-1　传统消防应急体制和运行机制存在的突出问题

　　二、解决方案。深圳市探索出了一套城市运行安全消防灭火数字治理系统和警情救援同步协调行动新模式，如图 4-3-2 所示，按照"制度＋科技＋责任"，以数据流、业务流、管理流高度融合为实现路径，结合云计算、大数据、物联网等技术，形成了平时监管、战时协同、救援联动全流程、全方位、数据化、信息化的消防治理体系。

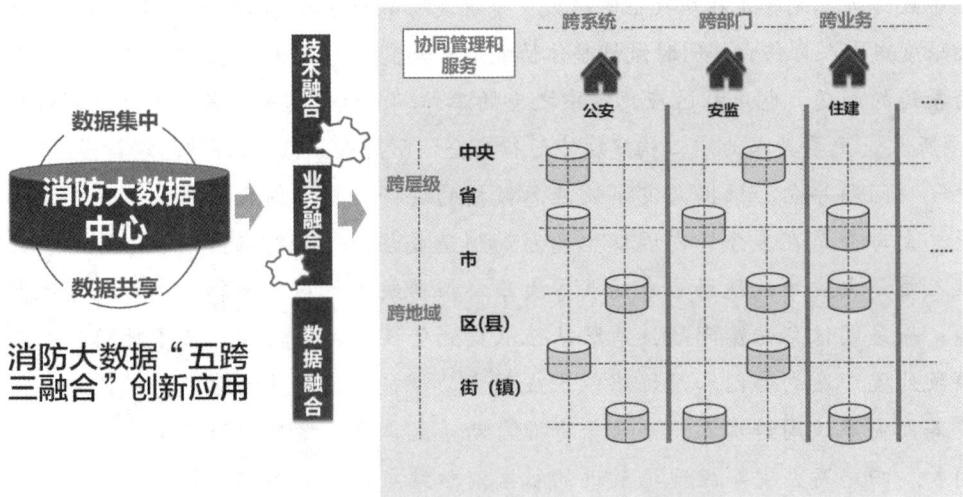

图 4-3-2　城市运行安全消防灭火数字治理系统

新模式的具体做法是：通过"互联网＋"及大数据思维的应用，报警电话一旦进入火警系统，接警中心即可自动提取报警人和火灾事故点位的精准信息，同步发送给消防中队、城市二级站队及离火警点最近的社区小型消防站、社区网格员、志愿者等，社区网格员和救援工作人员即可在5分钟内赶赴事故现场，如图4-3-3所示。

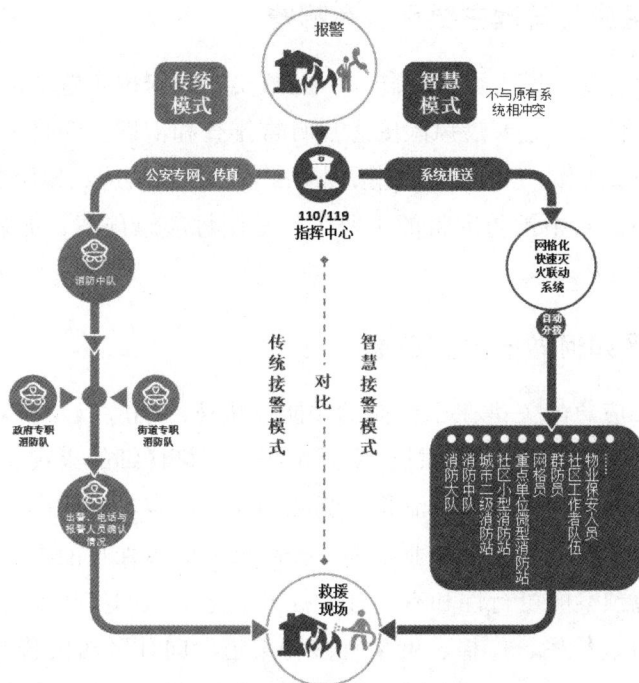

图4-3-3 警情救援同步协调行动新模式

三、构建消防灭火"135救援圈"责任机制，即"1分钟出警、3分钟到场、5分钟灭火"，消防监管网格化责任捆绑机制，多部门消防协同监管机制，如图4-3-4所示。

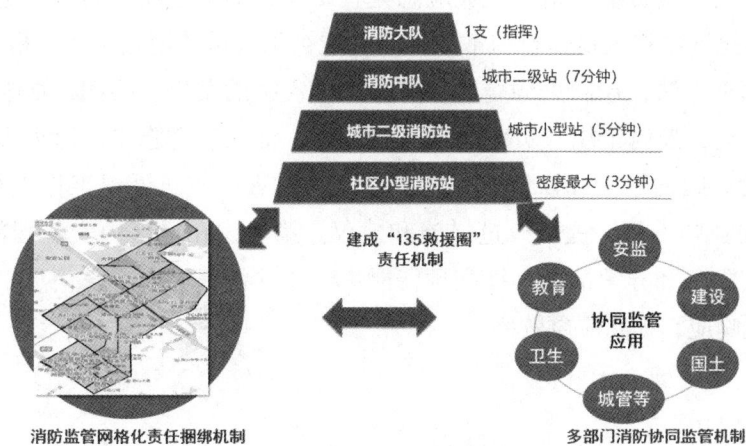

图4-3-4 消防灭火"135救援圈"责任机制

第四节　答疑解惑

问题 1：社区应急管理主要环节有哪些

社区应急管理主要有四方面的工作：一是落实上级安排布置的应急工作。二是本社区发生的紧急事件。三是开展风险隐患点日常排查和治理。四是加强居民应急疏散演练和安全知识普及工作，主要环节包括预防准备、预警响应、抢险救援、信息管理、善后恢复五个环节。其中预防准备的主要工作是制订应急预案、加强日常应急演练、建设好社区应急救援站。

问题 2：社区如何做好火灾应急

做好社区火灾应急的关键在于全面的预防、快速的响应以及有效的控制。第一，建立健全火灾应急管理体系。结合社区实际情况，制订详细的火灾应急预案，明确应急组织机构、职责分工、应急响应流程、资源调配等内容。组建由社区工作人员、志愿者等组成的应急队伍，并进行专业培训，提高火灾应急处置能力。定期组织火灾应急演练，检验应急预案的可行性和有效性，提升应急队伍的实战能力。第二，加强火灾预防工作。通过宣传栏、广播、网络等多种渠道，向社区居民普及火灾预防知识，提高居民的消防安全意识。定期组织人员对社区内的消防设施、疏散通道、易燃易爆物品等进行检查，及时发现并消除火灾隐患。严格禁止在社区内堆放易燃物品、私拉乱接电线等违规行为，确保社区消防安全。第三，完善火灾应急响应机制。一旦发生火灾，应立即启动应急预案，迅速调集应急队伍和物资，赶赴现场进行处置。由专人担任现场指挥员，负责统一指挥火灾应急处置工作，确保各项措施有序进行。优先保障人员安全，迅速组织人员进行疏散，同时开展被困人员的搜救工作。根据火势情况，采取合适的灭火方法，控制火势蔓延，防止次生灾害的发生。第四，加强后期处置工作。火灾扑灭后，及时组织人员对火场进行清理，消除安全隐患。对火灾造成的损失进行评估，为后续的赔偿和恢复工作提供依据。对火灾应急处置工作进行总结反思，查找存在的问题和不足，提出改进措施和建议。第五，在社区内安装智能监控设备，实时监测火灾隐患和异常情况，提高预警能力。建立社区火灾应急信息平台，实现信息共享和快速响应，提高应急效率。

问题3：从应急管理的视角来看，社区需要掌握哪些组织疏散逃生能力

熟悉疏散路线与出口：了解所有疏散路线，确保所有疏散路线和出口都有明显的标识和指示。制订疏散计划：制订详细的疏散预案，包括疏散顺序、集结点、紧急联系信息等，指定疏散引导员，明确其职责。定期开展培训与演练：定期对社区工作人员和居民群众进行疏散逃生培训，包括使用消防设备、自我保护技能等，定期组织疏散演练，检验预案的可行性，提高实际操作能力。现场协调：保持与消防、医疗等应急救援单位的沟通协调，确保信息畅通、资源共享。在疏散过程中，应及时向相关人员通报火情和疏散情况，确保疏散工作的顺利进行。关照特殊人群：在疏散过程中，应特别关照老人、儿童、残障人士等特殊人员，对于在火灾中受伤的人员，应及时进行救援和护送；总结与改进：每次火灾应急疏散后，都应及时进行总结反思，并根据总结反思的结果，不断完善火灾应急预案和疏散逃生能力。

问题4：从应急管理的视角来看，社区需要掌握哪些消防宣传培训能力

一是消防法律法规与安全操作规程的掌握。二是火灾隐患识别与预防知识的传播。三是消防设施与器材使用方法的培训。四是火灾应急疏散与逃生技能的指导。五是消防宣传材料的设计与制作。六是针对不同群体的宣传策略制定。七是舆情应对与宣传效果评估。八是持续学习与更新知识的能力。

第五节　考核通关

一、考核形式

（一）考核目的

为进一步增强应急高手训练营参训人员的学习意识，保持良好的学习热情，营造比、学、赶、帮、超的学习氛围，保质保量完成学习任务，制订应急高手训练营通关PK方案。

（二）考核内容

主题为"社区台风灾害应对桌面演练"通关小组PK，具体内容和分值分配为：共计100分，第一关应急组织机构建立10分；第二关演练推进65分；第三关演练评估10分；第四关演练文件编制15分。

二、考核要求

（一）通关 PK 组织实施

通关 PK 由教官和助教全程组织实施，时间为培训第三天最后三节课，实时记录并公布成绩。

（二）通关 PK 成绩评定

成绩评定以组为单位，按照由高到低的顺序对各组成绩进行排名，根据评定结果，评选出优胜组和优秀学员进行表彰。排名第一的组评选 3 名优秀学员，排名第二的组评选 2 名优秀学员，排名第三的组及后面各组各评选 1 名优秀学员。

（三）通关 PK 具体要求

将参训人员每 6 人一组进行分组。以组为单位参加对抗演练，根据教官提供的情景，全组合力完成相关内容，计入本组成绩。

（四）通关 PK 评分细则

对抗演练评分细则（100 分）。

1.应急组织机构建立（10 分）

（1）应急指挥组织机构是否完善 5 分。

（2）职责是否明确具体 5 分。

2.演练推进（65 分）

（1）分析问题 25 分。其中：①个人角度分析是否全面、符合实际 10 分。②职业角度分析是否全面、符合实际 10 分。③补充分析是否全面、符合实际 5 分。

（2）处置决策 20 分。其中：①措施是否实用管用 10 分。②问题是否都得到了解决 10 分。

（3）内部沟通 20 分。其中：①小组成员间是否有效协作 10 分。②指挥组组长是不是主持有序 10 分。

3.演练评估（10 分）

自我评估是否客观实际 10 分。

4.演练文件编制（15 分）

（1）是否填报指挥组日志 5 分。

（2）是否填报演练评估清单 5 分。

（3）是否编写工作改进措施 5 分。

附：应急高手训练营课程开发调研分析报告

一、调研的背景

为响应党和政府政策要求，中共深圳市龙华区委党校开办"应急高手"训练营，深入推进全区基层社区应急管理体系和能力现代化的重要举措，有助于推动全区高质量稳定发展，有助于防范化解重大安全风险，为建设更高水平的平安社区提供坚实的应急安全保障。为了全面了解应急培训需求现状，保证培训内容的科学性、针对性，符合龙华区应急管理建设实际需要，特对本培训课程开发进行调研分析。

二、调研的基本情况

此次培训分析采取问卷调查的方式实施，课程开发调研组围绕基本情况、以往应急培训情况总结、事故灾害认知、事故灾害应对能力、社区最关注的应急主题五个方面拟制调查问卷。调查问卷采取问卷星的形式由龙华区委党校下发到各社区工作站，工作人员以填写的方式开展，调研活动于2022年6月18日开始，截至2022年7月5日，共收到48份问卷，全部有效。参加调查的男性工作人员34人，女性工作人员14人。调查范围涉及关城社区工作站、樟坑径社区工作站、黎光社区工作站、君子布社区工作站4个单位。其中社区党委书记1人、"两委"成员6人、业务骨干15人、其他人员26人。

三、调研的成果

（一）培训对象分析

此次应急高手训练营培训的对象为社区党委书记、"两委"成员和业务骨干，通过调查了解，符合培训目标参与调查的22人中，社区党委书记1人，参加培训3次以上；社区"两委"成员6人，参加培训3次以上5人，参加培训0次1人；业务骨干15人，参加培训3次以上10人，2次1人，1次2人，0次2人。

（二）以往参加培训方式方法分析

以往参加培训方式以课堂讲授为主，其次是案例分析和小组讨论的方式。

（三）以往培训效果分析

以往培训效果明显提升和稍有提升比例各占到57.14%。

（四）事故灾害认知分析

1. 灾害经历统计结果

在参与答题的48人中，灾害经历占比最高的4类灾害事故为台风、火灾、传染病疫情和内涝。

2. 社区可能受哪些事故灾害的影响分析

在参与答题的48人中，认为可能影响到社区占比由高到低的10类灾害事故依次为：火灾、台风、燃气事故、建筑施工事故、危险化学品事故、内涝、传染病疫情、雷电、地质灾害、群体性突发事件。

3. 事故灾害信息了解途径分析

参与调查问卷的人员对事故灾害信息的了解主要途径有 4 个：电视、微信、网页新闻、短信。

（五）事故灾害应对能力分析

1. 掌握的急救方法

参加调查人员对于止血、包扎、心肺复苏的掌握比例均达到了 50% 以上，尤其是符合培训对象要求的 22 人中，掌握心肺复苏的比例可达 80% 以上。

2. 所在的社区是否有事故灾害风险地图

知道社区有灾害风险地图的占 60.42%，不知道的占 39.58%。

3. 是否知道所在社区的应急避难场所位置

近 96% 的人都知道社区应急避难场所的位置。

4. 对社区应急预案的了解

参与调查的 48 人中，对社区应急预案不清楚、不了解和写"无"的 15 人（包括业务骨干 4 人），只写了应急预案个数的 5 人，其余 28 人均能写出 1 个以上应急预案的简称。

（六）社区最关注的应急课题

此次调查问卷，对于所在的社区最需要关注的应急主题设置了安全生产、自然灾害、公共卫生事件、社会安全事件 4 个内容，通过问卷统计和词云图分析，当前社区最关注的应急课题排序是安全生产、公共卫生事件、自然灾害、社会安全事件。

四、训练营需要解决的问题

一是强化社区灾害风险评估能力的提升。调查中发现有近 40% 的社区工作人员对于社区灾害风险地图不知道或者不了解，需要加强这方面的能力。

二是强化社区应急救援行动能力的提升。调查中发现社区"两委"成员和业务骨干 21 人中，参加过 3 次以上应急类内容培训人数 15 人，占比可达 71.5%，对于自救互救技能有较好的基础，适合在个人防护、搜索、营救等行动流程方面加强训练。

三是强化社区灾害救助能力的提升。根据社区在突发事件应对过程中的地位作用，灾害事故发生后受灾群众的安置等救助主要依托社区各级组织实施，因此需要加强灾害救助类能力的培训。

四是强化社区应急预案和应急演练落实。此次调查过程中发现社区工作人员对于应急预案是有基本概念的，但是有 4 名业务骨干还不清楚应急预案的名称，可见如何依据应急预案响应各类灾害事故的理念还不够扎实。因此通过培训，进一步加强工作人员对应急预案的权威性和指导性的认同，把通过组织实施应急演练检验修订应急预案，作为社区工作人员必备应急能力来进行培训。

五是强化社区突发情况处置能力提升。通过调查统计，4 名社区工作人员认为可能影响到本社区的灾害事故占比由高到低依次为：火灾、台风、燃气事故、建筑施工事故、危险化学品事故、内涝、传染病疫情、雷电、地质灾害、群体性突发事件。因此，选择大家关注度最高的一种或两种灾害事故进行专项的研讨培训，对于社区负责人和工作人员加强事故灾害处置能力将会大有帮助。

五、训练营课程开发建议

建议将本次课程分为五个单元，见表4-5-1。

表 4-5-1 应急高手训练营课程

序号	分类	内容	备注
1	社区灾害风险评估	社区灾害风险评估工具使用 社区灾害风险地图编制	
2	社区常态化应急准备	家庭应急预案 家庭应急包的制作	
3	社会群体性事件应对	深圳新一佳系列群体性事件案例分析 群体性事件应对宣传疏导队形实操训练	
4	社区应急预案编制与管理	社区应急预案管理交流研讨 社区建筑物火灾现场临时处置工作方案编制	
5	社区应急演练	受灾群众临时安置演练	

第五章 "暖心群工": 基层群众的"小棉袄"

群众工作是党的群众路线在工作中的具体体现,是立党为公、执政为民,为人民服务宗旨的体现,也是推动党的各项工作落到实处的根本工作方法。

通过本章学习,掌握党的群众工作的基本含义、理论和发展历程,新时代党的群众工作的特点,做好群众工作的主要方法,提高基层工作者做好群众工作方法和技巧。

第一节 党的群众工作基本理论及发展

一、党的群众工作的基本含义

习近平总书记指出,"不论过去、现在和将来,我们都要坚持一切为了群众,一切依靠群众,从群众中来,到群众中去,把党的正确主张变为群众的自觉行动,把群众路线贯彻到治国理政全部活动之中"[1]。提高干部做群众工作能力的关键,要始终牢记"我是谁、为了谁、依靠谁"这一本源问题,正确的决策、执行过程,要坚持从群众中来,到群众中去,在我们党长期执政条件下,群众工作,主要是指宣传教育群众、尊重依靠群众、组织引导群众,提高群众的思想政治觉悟,调动群众的积极性、主动性、创造性,动员群众参加党领导的各项工作[2]。

二、新时代的群众工作理论

（一）习近平总书记关于群众工作的重要论述

党的十八大以来,以习近平同志为核心的党中央在坚持和发展党的群众工作优良传统方面作出了系列重要论述,他指出:"我们要坚持党的群众路线,坚持人民主体地

---

① 范义,孙文鹏.恪守党的初心 密切联系群众 [N].光明日报,2019-07-09（5）.

② 王焕明,吴国干.机关党支部建设 [M].北京:红旗出版社,2006.

位，时刻把群众安危冷暖放在心上，及时准确了解群众所思、所盼、所忧、所急，把群众工作做实、做深、做细、做透。"[①]他高度强调继承发扬并持续探索社会主义革命和建设时期党的群众工作的经验，高度重视学习推广"枫桥经验"，要求根据形势变化不断赋予其新的内涵，紧紧扭住做好群众工作这条主线，为经济社会发展提供重要保障。2019年5月7日，习近平总书记在全国公安工作会议上强调："要坚持打防结合、整体防控，专群结合、群防群治，把'枫桥经验'坚持好、发展好，把党的群众路线坚持好、贯彻好，充分发动群众、组织群众、依靠群众，推进基层社会治理创新，努力建设更高水平的平安中国。"2023年8月26日，习近平总书记在听取新疆维吾尔自治区党委和政府、新疆生产建设兵团工作汇报时的讲话强调，建强基层党组织，实现基层党组织全覆盖，解决一些基层党组织软弱涣散问题。优化向重点乡村选派第一书记和工作队制度，把驻村工作队派下去，把当地干部培养起来。坚持和发展新时代"枫桥经验"，把准群众诉求，及时解决基层群众的困难和矛盾。这一系列重要论述，正确地指出了新时代做好群众工作的基本原则、实施主体和方式方法，从而解决了在强国建设和民族复兴的历史使命下群众工作依靠什么、如何推进、目标是什么等基本问题。

新时代党的群众工作理论是在过去经验基础上的丰富发展。一是提出了国家治理、社会治理、基层治理理论，并把国家治理、社会治理、基层治理融入党的群众工作中，在党对基层治理的全面领导下，坚持全周期管理理念，强化系统治理、依法治理、综合治理、源头治理，通过加强基层政权治理能力建设、健全基层群众自治制度、推动法治和德治建设和智慧赋能，构建基层治理体系。二是针对新时代基层社会矛盾，提出了在处理基层社会矛盾中，要正确把握维权和维稳的关系，维权是前提。三是做好基层群众工作就要做好服务工作，优化服务格局，切实解决好群众的急难愁盼的民生基本问题。四是对"枫桥经验"赋予新时代的内涵，推动党建引领"三治"融合。五是以党建主题教育等专题活动，推动各级党政机关深入实际调研，以及党组织联建共建、组织党员干部下沉基层服务群众等，面对面做好群众工作。

（二）做好基层群众工作的主要范畴和需要遵循的原则要求

1.宣传群众是做好基层群众工作的重要基础

宣传群众要以中华民族现代文明为根本，要以习近平文化思想为指导，以社会主义先进文化熏陶、激发、昂扬人民群众的精神力量。要坚持马克思主义在意识形态领域的领导地位，用社会主义核心价值观宣传群众，增强社会主义意识形态对群众的吸引力和凝聚力，要在宣传群众中对中华传统优秀文化实行创造性转化、创新性运用，

---

① 刘捷．把群众工作做实做深做细做透［N］．人民日报，2023-11-26（07）.

突出把握好中华文明连续性、创新性、统一性、包容性、和平性五大特性，以中华民族共有的精神家园培育社会文明风尚，建设属于我们这个时代的新文化。

2. 组织群众是做好新时代群众工作的根本要求

组织群众投身中国特色社会主义的经济建设、政治建设、文化建设、社会建设和生态文明建设，不断通过实实在在的发展业绩和实实在在的发展成果，增强中国特色社会主义道路自信、理论自信、制度自信、文化自信，动员组织人民群众以更加积极的态度、更加昂扬的斗志、更加扎实的奋斗，投身社会主义现代化强国建设，把以中国式现代化推进中华民族伟大复兴这个党的中心任务变成全体人民群众自觉的苦干实干。

3. 服务群众是新时代做好群众工作的关键所在

服务群众主要是强调多谋民生之利，多解民生之忧，在发展中补齐民生短板。要聚焦改善民生做好基层群众的服务工作。要推进健康中国建设，尤其重视建立相应的生育支持体制机制，有效降低生育、养育、教育成本，促进优质医疗资源扩容和区域均衡布局，倡导文明健康的生活方式。要进一步建立健全和完善基层社会治理体系，特别是要参考借鉴浙江"枫桥经验"、福建"四下基层"等有效的基层治理形式，妥善处理人民内部矛盾。妥善协调各方面的利益关系，引导人民群众以理性合法的形式表达利益诉求、解决利益矛盾，全力推进基层治理体系和治理能力现代化。

4. 团结群众是做好新时代群众工作的重要途径

党要团结群众，首先要实现党内团结，这种团结是基于共同的信仰、先进的思想理论的组织团结。在中国特色社会主义新时代，这种团结就突出表现为始终同以习近平同志为核心的党中央在思想上、政治上、行动上保持高度一致，就必须时刻表现为忠诚拥护"两个确立"、始终做到"两个维护"。同时，团结群众还要求党的机关、党员领导干部必须注意团结广大党外群众，党的机关、党员领导干部必须把深入基层、同群众同甘共苦、问计于民、问政于民作为团结人民群众的必修课。

第二节 新时代做好群众工作基本方法

新时代做好群众工作也有八项基本功，分别是敢担当、有情怀、肯吃苦、善倾听、会沟通、懂调研、能组织、会讲理。这八项基本功涵盖了新时代做好群众工作的政治品质与政治能力。

工作方法 1：敢担当

敢担当就是做群众工作必须敢于担当，勇挑重担。在群众工作中坚持"三不原则"：

不推卸责任，不回避问题，不逃避困难。要有"功成不必在我，功成必定有我"的担当精神。

要培养担当精神和负重意识。基层干部要有"先天下之忧而忧，后天下之乐而乐"的担当意识和"但愿苍生俱饱暖，不辞辛苦出山林"的民生情怀，坚定理想信念，牢记初心使命，要有"偏向虎山行"的勇劲和"千磨万击还坚劲"的定力，敢挑重担、挑稳重担，不论是生活还是工作，都要处处以身作则，树立标杆，严于律己，练就过硬专业技能，把工作做细做实，把实事办成办好，丰富群众工作经验，赢得群众的认可与信赖。

要以身作则，率先示范，敢于担当。与其说让群众重复做一百遍，不如自己带头先做一遍！发挥示范带头作用，在群众面前要行得端、立得直、站得稳。

要有责任、有激情、有韧劲。面对矛盾敢于迎难而上，敢于直面矛盾，善于解决矛盾。关键时候为群众承担责任、解决难题、化解风险。

工作方法2：有情怀

群众工作本质上是做人的工作，因此必须带着感情去做，做到讲理也要有情。群众工作不是办公室工作，仅仅严格按照行政流程办事，必然会僵化，缺乏韧性。习近平总书记说过，党员领导干部要真正站在人民大众立场上，首先要对人民群众有真挚感情①。

做群众工作首先要摆正自己与群众的位置，拉近自己与群众的距离，贴近自己与群众的感情，只有摆正自己的位置，眼睛向下，才好了解群众。好比下棋一样，棋盘摆好，棋子都各归其位，才好起步。做群众工作也一样，找不到自己的位置，甚至总认为自己多读了几年书就高人一等，把自己置于群众之上，这样怎么能融入群众之中呢？"水可载舟，亦可覆舟。"对群众工作，不仅思想上要重视，而且心态上要平等相见，坦诚相见，把"管理群众"变为"服务群众"，"以诚感人者，人亦以诚而应"。我们只有从情感深处与群众打成一片，真正把自己与群众放在平等位置上，才能赢得群众的尊重和信赖。

要以情动人，动之以情，永葆为民情怀。真正以群众的语言说问题，以群众的情感想问题，以群众的立场看问题，以群众的方法解问题。"最是深情动人心"，基层工作同样需要注重感情，然而有些干部处理群众工作总是用高高在上的官本位思想来对待，自恃清高，如此，不仅拉开了与群众的距离，更让工作显得被动。动之以情，就要在工作中多深入基层、深入群众，多倾听群众所思所忧所盼，急群众之所急，想群

---

① 习近平.深入学习中国特色社会主义理论体系 努力掌握马克思主义立场观点方法［J］.求是，2010（7）：1-3.

众之所想，解决好人民群众反映强烈的突出问题。将心比心，才能换取真心，永葆为民情怀，才能赢得更多群众的理解支持和认可。

工作方法3：肯吃苦

肯吃苦是做好群众工作的基本前提。要知道，吃苦是一种立场，吃苦是一种精神，吃苦是一种情怀，吃苦是一种磨炼。"自讨苦吃"能让干部走到群众的身边，成为群众的"知心人"；能让干部走进群众的心里，成为群众的"家里人"。做好群众工作不妨学会"自讨苦吃"，先群众之苦而苦，做新时代的"愚公"。即便工作环境改善了，也要有吃苦的精神，要坚持和群众想在一起，主动和群众走在一起，积极和群众打成一片。只有在工作中肯吃苦，愿吃苦，会吃苦，才能真正走进群众的心坎里去，成为群众的"自己人"。

工作方法4：善倾听

善倾听是做好群众工作十分重要的基本功。必须坚持"放低姿态，平等交流。说群众说的话，讲百姓讲的事。学会道歉认错，敢于让步妥协"。所谓倾听就是一种了解对方、尊重对方、理解对方的沟通方式。善倾听不是随便听、随意听，更不是不懂方法，片面主观听取群众意见。必须注意倾听群众的"三种话"，分别是要善倾听群众的真心话，要善倾听群众的牢骚话，要善倾听群众的实在话。

工作方法5：会沟通

基层干部要充分掌握村情民情，就要能与群众聊得来、处得好。所以，基层干部要把与群众沟通聊天的能力作为重要基本功，多带着低调与谦虚，俯下身子、放下架子、撂下面子，向群众请教，与群众拉近距离，用群众喜闻乐见的语言讲实话、讲短话、讲管用的话、讲解决问题的话，有效传达各项方针政策，落实工作部署。要掌握群众工作中的有效沟通，必须要做到：平等交流，要多请教；换位思考，要为人想；话语沟通，要接地气；重视承诺，要有回响。

工作方法6：懂调研

要贴近群众、开展调研、问计基层。主动到基层一线去，到基层队伍中调研，而不是在办公室喝茶；主动到群众中间去，到群众中请教，而不是在干部队伍中调研。真正做到了解群众、关心群众、靠近群众、尊重群众。

工作方法7：能组织

把群众组织起来是一项十分重要的基本功。修炼"组织群众"基本功，重点围绕以下方面：要善于组织群众，处理群众纠纷；要善于组织群众，开展群众协商；要善于组织群众，维护群众利益；要善于组织群众，动员群众参与。面对千头万绪的基层工作，基层干部要有集中力量办大事的聚力基本功。要善于紧密团结群众、发动群众、依靠群众，牢固树立为民服务意识，走访群众时低调谦虚，真正关心群众所需所求，增强群众对工作的理解和支持，激发群众参与共建共治共享的积极性、主动性和创造性，汇聚发展合力。

工作方法 8：会讲理

会讲理就是会运用法律政策道理来做好群众工作的基本功。在党的领导下，绝大多数人民群众都是讲道理、明事理的。因此，做好群众工作，要晓之以理，以理服人、以理说事，才能真正把工作做到群众心坎上，否则只会落得个"老好人""两面派"的称号。晓之以理，就要真正弄清弄懂弄通群众矛盾的焦点、症结点在哪里、是什么、为什么，对症下药、精准施策、靶向治疗；要切实了解群众的期待、掌握群众的诉求、把握群众的利益，站在群众的角度想问题、办事情；要学会群众工作的方式方法，多以案说法、现身说法，多举例子、讲道理、分析利弊，真正打通群众工作的堵点、难点。在群众中间形成学法、用法、讨论法的良好氛围；要强化法律应用，将群众矛盾纠纷与法律相结合，权衡轻重、依法办事。

第三节　做好群众工作典型案例

一、社区工作者如何做好群众工作

案例 1："社区群众的好管家、情深意重的好亲人"[①]

张丽萍，女，1961 年 10 月出生，担任辽宁省大连市中山区桃源街道长利社区党总支书记。她扎根社区岗位 13 年，坚信"做好社区工作就要心中对群众有爱"，视群众为亲人，用真心为群众办实事、解难题，用真情温暖着社区每一个家庭，被群众誉为"社区群众的好管家、情深意重的好亲人"。她尽己所能帮扶社区下岗姐妹和困难群众，创办社区手工艺品厂和布贴画制作基地，带领群众脱贫致富；构建社区"十分钟生活服务圈"，切实解决空巢老人和困难群体的燃眉之急；积极化解邻里矛盾纠纷，建设和谐平安社区。她先后被评为辽宁省优秀共产党员、辽宁省"雷锋号"先进个人、大连市劳动模范、"大连好人"等。

① 陈晓晖，丛培鑫，张宇. 党的群众工作的案例分析及启示 [J]. 改革与开放，2014（5）：56-59.

案例 2："埋头苦干的好干部、村民信赖的致富带头人、服务群众的贴心人"①

孙秀华，女，1965 年 1 月出生，担任辽宁省普兰店市莲山街道榆树房村党总支书记、村委会主任。她致富不忘回报社会，累计为困难群众、新农村建设捐款捐物 300 多万元，担任榆树房村党总支书记、村委会主任以来，她舍小家顾大家，始终怀着一颗感恩之心，不懈追求乡亲百姓的富裕梦、幸福梦，回应群众期盼，带领群众苦干实干，把昔日的落后村建成了零案件的平安村、村容整洁的卫生村，被群众誉为"埋头苦干的好干部、村民信赖的致富带头人、服务群众的贴心人"。她先后被评为辽宁省"三八"红旗手、大连市优秀共产党员、大连市"十大文明感动人物"等。

二、社区民警开展群众工作典型案例

案例：社区民警四心工作法

群众工作是公安机关的基本功，是应对复杂治安局面、掌握工作主动权的重要基础和力量源泉，也是基层民警最基本、最基础的工作内容和要求。公安派出所是社会防控体系建设的前沿阵地，是公安工作的根基，是推动公安工作的基石。我们的很多工作都是建立在群众工作这个基础性工作之上的，整个公安工作的成败也取决于群众工作做得好坏。那么，如何才能实现基层民警尤其是警务社区民警更好地开展群众工作呢？

其一，要搭建好开展群众工作的平台。陕西省安康市紫阳县地处秦巴腹地，全县面积共 2204 平方千米，有 21 个乡镇，36 万多人口。紫阳县是典型的农业大县，县公安局开展工作的场所基本上都在农村，农村较于城市显著的特点就是过于分散且交通不便。因此，为了更好地贴近群众，了解群众，零距离为群众服务，只有建立以社区警务室为依托平台，做到警力下沉、警务前移，才能极大地方便人民群众报警求助，拉近警民之间的距离，密切警民关系，从而为开展好群众工作提供保证。目前紫阳县公安局在全县共设立 20 个社区警务室并正常运行，应该说已经具备了开展好群众工作的首要条件。

其二，制订工作计划、明确工作职责。基层民警尤其是社区民警必须要制订周密的工作计划，清楚自己的工作职责，才能有条不紊地履行好各项工作。公安部推行的社区警务战略，要求社区民警主要承担开展群众工作、掌握社情民意、管理实有人口、组织安全防范和维护治安秩序五项职责任务。结合目前紫阳县公安局正在开展的社区民警"十进"活动和推行社区"十小"警务工作，社区民警的工作职责更为确定和细化，"十小"警务工作为：①排查化解小纠纷。②组建完善"小帮手"。③摸排帮教"小

① 陈晓晖，丛培鑫，张宇. 党的群众工作的案例分析及启示［J］. 改革与开放，2014（5）：56-59.

对象"。④排查清理"小隐患"。⑤注重搞好"小防范"。⑥主动查办"小案件"。⑦营造良好"小环境"。⑧提供便民"小服务"。⑨高度重视"小建议"。⑩认真履行"小职责"。围绕这十项主要职责任务，通过对民警的工作任务进行细化分解，制定明确的工作要求，建立健全各项工作制度，形成规范、有序的工作机制，为全面开展好群众工作提供制度保证。

其三，开展群众工作要求民警必须具备"四心"。

诚心。做任何事情心不诚不行。我们民警在做群众工作时既要表现得有诚意，还要显得诚实。在与群众交往或交流时要稳重持诚，给群众一种安全感、踏实感，这样群众才会充分信任和依靠你，也才会跟你掏心窝、讲实话。千万不要油腔滑调，让群众怀疑你的能力和人品，既延误了工作，也损害了警察形象，破坏了开展群众工作的基础。

热心。对待群众要充满热情，像对待自己的亲人一样，尽可能让自己显得和蔼可亲。这就要求我们民警要有良好的心态，要有健康向上的工作情趣，满怀激情地面对群众。在与群众进行交流时，应积极寻求他乐于接受的场合和方式，话语中要透出对他的关心和重视，即使是我们民警的工作对象或者嫌疑人，也应如此。平常在受理户籍业务时，由于同样的话语要对群众说无数遍，于是有的人便失去了一开始的热情，而对群众来说，工作人员态度的不热情会让他觉得这是在摆脸色，极易造成"脸难看"的印象，因此，我们民警要始终保持良好的状态和热情的态度。

细心。我们民警在接待和走访群众时不要走过场，草草了事，更不能简单粗暴、态度蛮横，而应该仔细聆听他们的诉求和反映，要善于察言观色，了解和弄清楚他们话语中的每一个细节，要从他们的一句话、一个字甚至一个吞吐里面分析出他们不满意、不想说、不能说或者不敢说的成分和原因。然后，采取恰当的方式，让他们吐出实情。既真正了解了民意，也了解了真实民意，做群众工作就找准了切入点，理对了思路，为其他工作的顺利开展做好铺垫，少走弯路。

耐心。群众工作千头万绪，牵涉到的事情一般琐事比较多，又是在日常生活中累积而成。往往积怨较深，成因复杂，加之民警在与他们沟通时，他们显得有点絮叨，让民警一时理不出头绪。这时候民警就得有点耐性和耐心，要有走断腿、磨破嘴的真功夫，不要性急，更不要不耐烦，要通过做深入细致的思想工作，尽量化解矛盾，让双方冰释前嫌，必要时辅以法律手段加以解决。否则，不仅解决不了问题，反而会让矛盾激化，甚至形成疑难信访案件。

其四，工作中需要注意的几个问题。一要紧密依靠党委政府，特别是牵涉到政府与群众之间的一些问题，像计划生育、城市创建、规划建设、殡葬改革、重点工程等方面，我们民警在做群众工作的同时，一定要积极寻求党委政府的充分理解和支持，否则，不仅解决不了问题，往往还会把矛盾激化，甚至引起群众上访或者群体性事件，到最后还会把矛盾引到我们自己身上。二要综合治理。群众工作千头万绪，反映的问题都是生活中累积而成的，邻里之间居多，往往是多种矛盾的综合反映，所以我们民警在处理时不能就事论事，要善于综合治理。否则，我们只是治标不治本，甚至连标也治不了。旧的矛盾没解决，新的问题又出来了，耗时、耗力、耗财，影响工作效率不算，还可能将矛盾升级。三要原则性与灵活性有机结合起来。特别是要把法律与乡规民俗结合起来，在法律允许的范围内，我们民警考虑选择乡规民俗，寻求法外解决。在法律不允许的情况下，我们也要尊重群众的乡规民俗，多做思想工作，求得群众的理解，把矛盾消灭在萌芽状态或尽量小化矛盾。基层派出所在平常工作中经常会遇到此类问题，所以我们民警要特别注意。四要平时积累群众基础。基层民警尤其是警务室民警入户走访应该是经常性工作，通过走访群众，熟悉社区环境，拉近警民关系，了解社情民意。一般是采取公开的方式。但是，我们民警有时候是为了收集治安信息，挖出藏匿在群众中的违法犯罪嫌疑人，那就要采取点隐蔽手段，要秘密进行，甚至在利用通过秘密方式获取的情报抓捕嫌疑人时都要注意方法，以免牵连提线人，引起其他后果。

第四节　答疑解惑

问题 1：如何理解党的群众工作的基本含义

党的群众工作，主要是指宣传教育群众、尊重依靠群众、组织引导群众，提高群众的思想政治觉悟，调动群众的积极性、主动性、创造性，动员群众参加党领导的各项工作。

问题 2：党在不同时期群众工作的重点有哪些

（一）党在新民主主义革命时期群众工作的重点

党的群众工作是伴随着我党的成立发展而发展的，新民主主义革命时期，主要是围绕夺取全国政权这一中心任务做好群众工作。

（二）党在社会主义建设时期群众工作的重点

党在社会主义建设时期，围绕巩固执政基础这一长期任务做好群众工作。

问题3：新时代群众工作的主要方法有哪些

新时代做好群众工作也有八项基本功，分别是：敢担当、有情怀、肯吃苦、善倾听、会沟通、懂调研、能组织、会讲理。这八项基本功涵盖了新时代做好群众工作的政治品质与政治能力。

第五节 考核通关

一、考核形式

（一）撰写案例计划书

根据考核主题"如何做好群众工作"，运用课程所学理论知识与实践经验，撰写一份做群众工作的计划书，要求需求分析到位、目标定位精准、注意事项考虑周全、资源整合合理、风险可控等。

（二）情景模拟

每组针对给出的案例情景讨论大约5分钟，然后选出1名社工扮演者及该组其他成员扮演群众工作对象，进行情景模拟展现工作过程，综合各组的表现，最后评选出1名群众工作社工实务能手，1组最佳群众扮演者。

二、考核要求

（一）案例情景

有一位社区居民来到党群服务中心寻找社工帮助，讲述社区空间优化过程中楼道文化建设主题不一致、楼道公约难以达成一致等问题，请根据案例情景设计一个工作方案。

（二）案例计划书框架

每组需要撰写一份计划书，内容需要包括用所学的理论及知识写明你对此居民面临的问题与需求的分析、目标、社工的角色、注意事项、工作方法、风险控制方法等。

（三）案例考核标准

包括理论适切性（20分）、需求真切性（20分）、目标有效性（20分）、方法合理性（20分）、注意事项全面性（10分）、整体风险控制（10分）六个维度，满分100分。

（四）情景模拟要求

选出1名社工扮演者及该组其他成员扮演群众工作对象，进行情景模拟展现工作过程。

（五）情景模拟考核重点

专业能力（70分）：价值理念内化、知识理论应用、沟通表达等；面谈成效：对目标准确把控，回答问题的精准性等；舞台表现：情景应变能力、整体形象等。

每个人按照提供的案例计划书模板撰写计划，时间为60分钟，做好时间规划，最后15分钟会提醒。

（六）情景模拟讨论

每组根据给出的案例情景讨论选择1名社工扮演者，2~4名群众工作对象扮演者，然后全组一起讨论5分钟面谈过程内容，全程时间为30分钟，最后5分钟会提醒。

第六章 "开会达人"：基层会议的"实战宝典"

在快节奏的现代社会中，有效的会议策划和实施对于基层治理至关重要。在基层治理过程中，会议是沟通信息、协调关系、制定决策的重要平台。本章深入探讨了如何有效地组织和管理会议，确保每一次会议都能达到预期的目标和效果，特别强调会议策划的重要性。从会议的目的和类型到会议内容的组织和后续的跟进，再到各种会议的示范案例，本章提供了一系列实用的技巧和方法，旨在为学员提供一套全面、有效的基层会议策划与实施指南，帮助学员在准备和实施各类会议时，能够更加得心应手。

通过本章的学习，提升自己在会议策划和实施方面的技能，使每一次会议都成为推动工作发展和提升团队协作的有效工具。

第一节 基层会议基本理论

基层治理工作本身是一个发现、解决基层问题的过程。会议的组织和主持是基层干部需要具备的基本素养。基层干部需要主持大量的会议，既有上传下达的宣贯会议，也有团队内部集思广益的头脑风暴、日常工作的各种例会、跨部门的协调会议，还有组织居民召开的议事协商会议等。本节选取基层会议的几种主要形式，包括研讨类会议、协商类会议、决策类会议、执行类会议和学习类会议等，通过介绍五大类二十种会议形式的基本理论与方法，为基层干部召开会议奠定理论基础，提供方法指引。

一、研讨类会议

此类会议主要是关于信息发布、意见收集的会议。此类会议鼓励参会者踊跃发言、提问，包括研讨会、调研会、座谈会、务虚会、头脑风暴等。通过研讨类会议的召开，基层干部既可以在提出协商议题前进行意见收集和信息沟通，也可以在议题执行或完成后针对下一步工作的开展收集意见和建议。

（一）研讨会

研讨会指专门针对某一行业领域或某一具体讨论主题在集中场地进行研究、讨论交流的会议。它对于基层干部制定政策、发展战略、方法措施都有重要作用。研讨会的成员不局限于内部，除本部门本单位成员外，也可以邀请专家、高校、智库、媒体、行业代表等参与。会议目的是经过多方位多视角对某项工作、政策或概念的研讨，对其有进一步的认识或形成进一步的工作实施方案。主要面向的人群是与此主题相关的本部门或多部门人员，以及与此主题相关的从业人员、专家智库等。

（二）调研会

调研会的目的，是通过组织调研，深入、正确、全面地了解基层问题的真实情况和整体面貌，找出问题的本质和规律，从而研究出解决办法和改进工作的策略。调研会的参会人员一般为与所调研事项有关的领导、各部门负责人和相关工作人员等。

（三）座谈会

座谈会是针对某个工作、问题、事件、人物或时刻，邀请相关人员进行咨询、讨论和交流的会议。通过这种方式，收集各方的意见和建议，对事情的真实性和问题的性质作出判断，最后达成共识。座谈会要求主题明确，人员范围及规模合适，会议形式上比较宽泛和灵活，对开会的地点不作严格要求，更注重开会的实质内容和实际效果。座谈会的参会人员应该是与会议主题相关的各方人员，从而确保座谈会既能了解真实情况又能听到不同方面的意见。

座谈会的重点：

一是目的要明确，主题鲜明。座谈会形式简便，议程较短，必须在有限的时间里做最有用的事。

二是通知要清楚。开座谈会一般应当通知到人，除了时间、地点，还要明确告知与会者有哪些议题。

三是会场布置要灵活。座谈会的形式非常灵活，会场布置也要相应灵活多样，可以采取圆形、方形、长方形、椭圆形、六角形等围坐式座位格局[①]。

四是落实安排好发言。发言要紧扣会议主题，主持人要善于引导和控制会议的发言，避免"冷场"。

---

① 向国敏. 会议学与会议管理［M］. 北京：首都经济贸易大学出版社，2019.

（四）务虚会

务虚会是就组织机构整体战略或某项具体工作，相对开放地就诸方面进行讨论，提出纲领、确立原则、指出方向的会议。务虚会的目的，在于集思广益、汇聚智慧，为下一步工作定下思路和大致方向，从而促进民主决策、科学决策。务虚会实际上是一种头脑风暴，在于启发基层干部自由思考，为后续工作提供更多观点和依据。务虚会主要面向工作团队内部，出席人员一般是下属部门的负责人。重点是对未来发展的规划，在对未来进行规划时，不用纠结在细节工作的开展上，只需要指明发展方向，规划好发展路径即可。

（五）头脑风暴

头脑风暴是一种团队成员在没有明确方案时就某一方向或议题进行自由开放讨论的会议。参加者有新观点和想法，都可以说出来，然后在他人提出的观点之上建立新观点，所有的观点被记录下但不进行批评，只有头脑风暴结束的时候，才对这些观点和想法进行评估[①]。目的是让大家打开思路，让各种想法互相碰撞，激发创意思潮。头脑风暴面向的人群是社区工作人员，需要社区工作人员自由畅谈、延迟批判、禁止批判、追求数量，为基层治理建言献策。

头脑风暴的难点：一是将会议变成了茶歇会。二是随着讨论开展，会议时间被拉长。三是参会人员不发表意见，没有独立思考。

二、协商类会议

此类会议是在决策前召开的，负责拟订议题方案的一类会议。协商类会议通常是就某一议题草案，通过开会收集相关信息和数据、征询各有关部门对议题草案的意见、邀请相关领域专家对议题草案进行评审，达到完善议题方案的目的。在基层建设中发挥协调、议事和咨询的作用，通过协商类会议，能够实现广泛的人民民主。协商类会议包括协调会、议事会和调解会等。

（一）协调会

协调会是专门为解决某一特定问题而召开的多方参加的非常规会议[②]。通常情况下，这种会议由负责该事件的上级部门或主管领导主持，目的是解决单个部门无法处理、需要多个部门协作的问题或推动某项工作的进展。协调会议的作用是协调日常

---

① 刘凯. 电子商务以赛促学教学模式实施分析［J］. 教育界：高等教育研究（下），2013（10）：5-8.

② 王学智. 论港务企业行政管理中的办公室协调艺术［J］. 办公室业务，2018（18）：48.

工作过程中相关方之间的工作衔接、解决矛盾和摩擦，让各方行动一致，紧密配合，从而有效推动会议的进行。参会人员包括与议题相关的所有相关单位、个人或利益群体。

（二）议事会

居民议事会从机制上保障发挥居民自治作用，有效地形成社区党组织、居委会、工作站等基层组织服务社区群众的整体合力[①]。通过定期召开的例会引导、触发和跟踪居民议事活动。

议事会面向的人群包括社区居民议事员、社区"两委"。议事会的难点是部分居民虽然有参与意识和参与意愿，但往往未能发展为持续的参与行为，基层干部应积极调动居民参与社区治理的内在驱动力，提高居民自治能力。

（三）调解会

调解会是通过社区（专业调解员或社区干部）主持和疏导，促使当事人交换意见、互谅互让，以一定条件和解，从而解决纠纷的会议[②]。目的是经过培训的主持人或社区干部，以国家法律法规、规章、政策和社会公德为依据，会议上尊重议事规则，对纠纷当事人进行说服教育，规劝疏导，促使纠纷各方互谅互让、平等协商、自愿达成协议、消除纷争[③]。调解会要求主持人公正，且必须遵法守法。调解会的参会人员不限于矛盾纠纷当事人以及进行调解的第三方，为确保调解的公平性、有效性、及时性，调解会允许旁听，但必须遵守规则。

调解会的重点：一是调解双方存在主观意识上不可调和的矛盾。二是调解事项涉及法律法规等相关问题。三是调解主持人需要保持中立，不得偏颇任意一方。四是调解主持人需要具备相关法律法规知识储备，如有需要，可邀请社区律师/领域专家协助处理。

三、决策类会议

此类会议主要是面对待审议的议题，基层干部通过集体讨论并结合会上各方意见，对议题予以修改，最终授予议题合法性。通过决策类会议，参会各方达成一致的目标和意见，在后续开展基层工作中形成一致目标。决策类会议包括联席会、例会、选举会等。

[①] 王安荣. 党建与社会工作相融合的路径探索［D］. 南昌：江西师范大学，2020.
[②] 郝树源. 治安调解策略探析［J］. 公安学刊（浙江警察学院学报），2013（2）：31-33+37.
[③] 李青青. 浅析人民调解工作现状［J］. 职工法律天地，2016（6）：78.

（一）联席会

联席会是指除本单位／部门外，其他没有隶属关系但有工作联系的相关单位／部门、团体或组织，为了解决或推动某一问题，由一方或多方牵头，以召开会议的形式，在充分发扬民主的基础上，达成共识，形成具有约束力的规范性意见，用以指导工作，解决问题。会议旨在通过召开联席会议的形式，加强联系与沟通，相互学习借鉴经验，研究探索新经验、新方法以推动问题的解决[①]。联席会面向的人群是与某事相关的部门或组织。

（二）例会

例会是固定某个周期（每日／周／月／季度等）的会议，主要是各部门的定期工作汇报和下一步计划。在各类例会中，会议频率比较高的是周例会，例会需要固定周期开展，流程相对固定，为了实现有效管理，推动领导和员工、内部成员之间的交流与合作，提高执行工作目标的效率，实时跟进工作进度。面向的人群一般是单位的内部成员。

（三）选举会

选举会是指如需成立某居民组织或者社会团体，需要先召集一群社区中的热心居民、专业人士、人大代表、警务人员、法务人员等来组建一个团队（选举委员会），选委会成员一般是临时组成，选举结束后可立马解散。会议目的一是保障在选举工作中发挥组织及监督的有效作用。二是构建与居民形成联系的沟通桥梁，保障选举的宣传工作、人力调配等。选举会具有时效性，多元参与。面向的人群包括社区居民、居委会工作人员、专业人士、人大代表、警务人员、法务人员等。

四、执行类会议

此类会议是一系列推动被决策的议题落地的会议。通过执行类会议，基层干部关于对任务的分配、对部门资源的调动、跟进各相关部门的执行进度和执行困难，以及总结执行中的经验和教训可以有更深刻的认识。执行类会议包括动员会、部署会、现场会、汇报会、推进会等。

---

① 魏勇，李业文，李颖，等．山东省政府与工会联席会议机制建设研究［J］．山东工会论坛，2015（2）：6-9.

（一）动员会

动员会一般在一项重要工作的起始阶段开展。思想动员关系到全局工作，此类会议主要是在发动参会人员参与某项活动或工作之初，统一大家的认识，鼓励或者支持与会人员更好完成任务。常规性的动作不需要动员。动员会的目的是强化认识、统一思想、鼓舞斗志、建立信心，为开展好此项工作做好认知准备。

（二）部署会

部署会是对某个事项、任务，制定工作方向，厘清工作任务，明确工作步骤，并进行具体工作安排的会议。部署会重点是在传达工作要求时有配套的工作方案和详细的部署安排。部署会的目的是部署此项工作干什么、怎么干、各项内容由谁负责、干到什么程度、取得什么成效。部署会具有针对性、指导性、可操作性。

（三）现场会

现场会是由会议组织者召集相关职能部门，深入项目建设、示范观摩等现场，协调解决难题或推进工作的会议。会议目的是根据实际情况协商，即席拍板定案，对需要请示上级的问题，也需要做好记录，及时确定方案。现场会的参会人员为相关单位及利益相关群体。由于现场会具有一定的流动性，应考虑会议中可能出现的突发因素，需提前完善有关注意事项的提示单[1]。

（四）汇报会

汇报会是下级向上级总结工作、介绍情况、反映问题召开的会议。对于上级来说，汇报会的目的是全面把握工作进度；解决工作推进中遇到的问题、困难；督促工作推进；并根据工作的实际情况明确工作方向，调整工作安排。对于下级来说，汇报会的目的是汇报工作进度；反映工作推进中遇到的问题、困难，寻求解决方案；反馈工作推进中了解到的新信息；对于部分工作安排，取得上级的应允。在汇报会中，参会人员身份/职级/工作角色存在上下之分或从属关系，因此汇报会主要面向同体系/同组织/同部门/同小组的内部成员。

（五）推进会

推进会一般是某项工作在执行过程中遇到困难，需要协调工作开展的各部门开会共同梳理问题，再作下一步决策。推进会在某项工作中可能持续多次开展，具体的次

---

[1]　江峰. 善用"四镜"开好现场办公会 [J]. 秘书，2016（8）：22-23.

数以项目推进过程中需要解决的问题来判断。推进会面向的人群为涉及此项工作的相关部门项目工作负责人或居民。目的是通过会议，指出工作进程中的难点，解决阶段性问题，在会议上给出明确的解决方案，加快工作的进展。

五、学习类会议

此类会议是一种通过集体学习和交流体会经验来统一思想，促进理论与实际相结合的会议，包括学习会、宣贯会、专题会、总结会等。通过学习类会议，基层干部可以领会某种精神、政策或活动的核心要义，以便更好地传达给居民，社区居民通过学习可以更好地规范自身行为，在社区自治中起到引领带头作用。学习类会议通常为开放式的，以便扩大学习范围，增强示范带动效应。

（一）学习会

学习会一般指学习研讨会，是以一个学习主题为研究内容的会议。这类研讨会是为了通过共同研究来解决问题，同时找到学习积极性、主动性的方法，提高平日学习质量以及学习热情。学习会面向的人群包括街道或社区工作人员、社区居民。目的是针对学习的主题，进行分享交流，各抒己见，维持学习热情。学习会具有以下特点：一是以需求为本，二是周期性，三是自愿性，四是实效性。

（二）宣贯会

宣贯会就是宣传、贯彻某次活动或会议精神的大会。目的是对精神、政策或活动的宣传，让相关者通过宣传领会某种精神、政策或活动的核心要义。宣贯会的难点在于如何让参会者领会会议主旨，内化成其自身认可的观点思想，同时还能准确快速地传达给居民。

（三）专题会

专题会是围绕一个特定议题展开的会议。就基层来说，是为商讨、解决某一问题而召开专题会议，进行问题协调、工作安排和人员分工，确保这一专题被执行落实。目的是通过对专门议题的探讨，集中解决某议题的问题。专题会要确保议题清晰，讨论的内容要和议题紧密相关。面向的人群是议题开展涉及的单位或部门或利益相关人。

（四）总结会

总结会是对过去一段时期内工作的回顾、分析、评价，对成绩和经验、存在的问题和教训、今后努力方向进行概述的会议[①]。在基层常见的总结会有活动总结会、学习教育总结会、半年度工作总结会、年度工作总结会。开总结会的主要目的是肯定成绩，总结经验研究问题，同时找出不足，明确努力的方向，为今后工作打好基础。

第二节　基层各类会议的基本方法

一、研讨会

研讨会组织流程

1. 会前准备

确认邀请名单、研讨主题相关稿件准备、会议通知。

会议时间：××××年××月××日。

会议议程：

（1）主持人介绍参会嘉宾，介绍研究主题的重要意义。

（2）专家或单位代表轮流对研讨主题及进行发言。

（3）领导作总结讲话，集中与会者意见，得出结论。

2. 会中安排

提前到达会场，检查会场准备情况；组织会议签到，分发会议材料；落实主要嘉宾和领导到会情况；做好会议记录，拟定会议简报；安排会议照相、摄像等工作。

3. 会议结束

完善会议纪要，发布到工作群中。

二、调研会

调研会组织流程

1. 会前准备

（1）方案拟订：确定调研目的、时间、内容、形式、参与人员、会议日程及职责分工等。

（2）物资准备：制作会务手册、发送通知或函件、制作展板图纸、撰写调研点简介、检查并准备会议室有关设备等。

（3）协调服务：工作人员及时与调研点领导对接，通知并组织人员，组织安排车

---

① 魏文涛. 对工作总结的认识［J］. 秘书，2009（1）：38-39.

辆，准备会议室，通知新闻报道人员 [1]。

（4）确定调研内容。在充分理解领导意图的基础上，明确到何处去，看什么，采取何种方式。

2. 会中安排

（1）会场布置：开会场地布置要让人感觉轻松愉快，通常用讨论型布局，座位顺序不用太讲究，主要领导或嘉宾的位置安排好即可。

（2）主持座谈：调研会中会议主持人的引导至关重要，主持人一方面要引导参会者围绕会议主题发表意见，另一方面又要对不同意见进行研判。主持人要保证每位代表都有平等讲话的机会，建议用自由发言的方式来交流。

（3）会议记录：会议记录要全面客观，原汁原味，注明发言人姓名。

3. 会议结束

资料归档：整理会议纪要、照片等相关材料。

三、座谈会

座谈会组织流程

1. 会前准备

（1）确定类型：座谈会适用广泛，类型众多，合理选择和确定座谈会类型对会议筹备和召开至关重要。常见的座谈会类型包括调研类、咨询类、事件类、人物类和联谊类。

（2）确定议程：座谈会的议程一般分为三个部分，首先是主持人介绍座谈的背景与主题，其次是与会领导发言与致辞，最后是与会代表研讨与交流。

（3）落实人员：确定会议主题和会议内容后，要确定参会人员，并通过书面或口头告知参会人员座谈的主题和提纲。参会人员不宜过多，确保每个人都有足够的发言时间。

2. 会中安排

（1）会场布置：座谈会会场布置应注意营造轻松、愉快的氛围，一般采用研讨式布局，座次顺序不用过于严格，安排好主要领导或嘉宾的位置即可。

（2）主持座谈：座谈会中会议主持人的引导至关重要，主持人要确保每个代表都有平等的发言机会，建议采用自由发言的方式。

（3）会议记录：会议记录要全面客观，原汁原味，并且注明发言人姓名。

---

[1] 韩宗英. 银行信贷项目化教程［M］. 北京：化学工业出版社，2019.

3. 会议结束

（1）会议纪要：要及时、客观、全面地整理会议记录，不轻易删减发言内容。

（2）指导工作：要对专家的发言和意见与本人进行核实，以便准确指导工作。

四、务虚会

务虚会组织流程

1. 会前准备

（1）专题调研：请示主要领导，在务虚会之前开展一次专题调研，听听大家的意见建议。调研后，形成调研报告。

（2）政策研究：各职能部门提前了解本职能业务领域的政策，对明年可能的大形势有一个系统的思考。

（3）会议准备：分管领导、部门准备书面发言材料，分管领导写完发言材料后要报主要领导审阅同意后才能上会，以此提高会议质量。

2. 会中安排

在会议议程安排上，相关部门科室先发言，每一名班子成员再发言，然后大家讨论，主要领导点评，最后主要领导再进行总结，集思广益，对全局工作形成初步的思路。

3. 会议结束

（1）会议纪要：会后形成会议纪要，将每个领导对每个业务领域的思考、要求，特别是主要领导对明年工作的思路形成具体的材料，下发给各部门。

（2）资料归档：整理会议纪要、照片等相关材料。

五、头脑风暴会

（一）会议组织流程

1. 确定议题

必须在会前确定一个目标，使与会者明确了解这次会议需要解决什么问题，同时不要限制可能的解决方案的范围。

2. 会前准备

收集资料预先给大家参考，以便与会者了解与议题有关的背景材料和外界动态。参与者在开会之前，对于待解决的问题一定要有所了解。会场可作适当布置，座位排成圆环形的往往比教室式的更为有利①。此外，在头脑风暴正式开始前还可以出一些创造力测验题供大家思考，以便活跃气氛，促进思维。

---

① 王丽娜. 城市人工景观特色分级方法研究 [D]. 武汉：华中科技大学，2011.

3. 确定人选

一般以 8～12 人为宜，也可略有增减（5～15 人）。与会者人数太少不利于交流信息，激发思维。而人数太多则不容易掌控，并且每个人发言的机会就会相对减少，也会影响会场气氛[①]。

4. 明确分工

要确定一名主持人，1～2 名记录员（秘书）。主持人的作用是在头脑风暴开始时重申讨论的议题和纪律，在会议进程中启发引导，掌握进程。记录员应将与会者的所有设想都及时编号，简要记录，最好写在黑板等醒目处，让与会者能够看清。记录员也应随时提出自己的设想，切忌保持旁观态度。

5. 规定纪律

根据头脑风暴的原则，可规定几条纪律，要求与会者遵守。要集中注意力积极投入，不消极旁观，不要私下议论，以免影响他人的思考。

6. 掌握时间

会议时间由主持人掌握，以几十分钟为宜。时间太短与会者难以畅所欲言，太长则容易产生疲劳感，影响会议效果。经验表明，创造性较强的设想一般要在会议开始10～15 分钟后逐渐产生。美国创造学家帕内斯指出，会议时间最好安排在 30～45 分钟。倘若需要更长时间，就应把议题分解成几个小问题分别进行专题讨论[②]。

（二）会议成果

通过组织头脑风暴，往往能获得大量与议题有关的设想。至此任务只完成了一半，更重要的是对已获得的设想进行整理分析，以便选出有价值的创造性设想来加以开发实施。

（三）会议跟踪落实

头脑风暴后应该进行设想处理，它通常安排在头脑风暴的次日进行。在此以前，主持人或记录员（秘书）应设法收集与会者在会后产生的新设想，以便一并进行评价处理。设想处理的方式有两种。一种是专家评审，可聘请有关专家及与会者代表若干人（5 人左右为宜）承担这项工作。另一种是二次会议评审，即由头脑风暴会的参加者共同举行第二次会议，集体进行设想的评价处理工作[③]。

[①] 田旭，沈君. 今天你头脑风暴了吗？：浅析头脑风暴在节目创意中的运用［J］. 电视时代，2010（7）：21-23.

[②] 魏玉芝，魏亚男. 市场调查与分析［M］. 大连：东北财经大学出版社，2007.

[③] 邵泽慧. 厉以宁：新世纪管理人才的三大要素［J］. 中国研究生，2003（2）：51-52.

六、协调会

（一）会议组织流程

1. 确定会议时间

2. 通知参会人员 / 单位

3. 准备会议议程，预定会议主持人

4. 布置会场

5. 准备相关材料

6. 召开协调会议

7. 整理会议纪要及相关材料归档

（二）会议成果

通过会议组织相关方高效协调相关问题，并产出相关会议决策和会议资料。

（三）会议跟踪落实

与相关方保持联系，跟进该议题。

七、议事会

（一）会议组织流程

1. 社区党组织预审会

在经过前面的议案征集动员，以及辅导工作后，要召开社区的党组织预审会对草案进行预审。目的是确认某个议案是否符合上会资格，避免出现这个议案在议事代表决议会上通过，却实施不了的尴尬情况。参加会议的成员必须包含社区的党组织委员会成员，因为必须要让党组织把关各项提案是否符合上会审议资格。

（1）社区党组织预审会的目的。

① 通过议案预审，确认收集上来的议案是否合法。②通过议案草案的目标和背景汇报，了解目前该议案的详细情况在社区是否有同类存在。③确认可上会的议案和不可上会的议案，不可上会的议案需给出修改意见或不符合上会资格的原因。

（2）社区党组织预审会流程。

①人员签到。②领取材料。③宣布开会。④验证出席人数。⑤宣读议事规则。⑥确认本次议程。⑦汇报议案的目标与背景。⑧预审议案范围。⑨自由评述或声明。⑩宣布休会。

（3）社区党组织预审会成果。

形成社区党组织预审会会议纪要。

2. 召开议事代表大会

在议事代表决议开始之前，人员安排、文件准备、机具耗材准备都是必不可少的，会议秘书务必提前确认和准备。

（1）会前准备：①提案动员。②确认议案。③会议文件整理。④发布会议通知。⑤场地机具确认、电话通知。⑥会议资料、耗材、文具确认。⑦文件打印。⑧会议场地布置、饮食购买。⑨会议温馨提示（临时有事需请假）。⑩出席签到、领取表决牌。

（2）会议现场组织：议事代表决议会一般会有八项议程，汇报执行情况环节是监督各项议案的进展情况，也可以推动代表能在执行期间内及时跟进和完成议案。议案审议环节能让议事代表参与各个议案的审议，提出自己的宝贵意见，充分地辩论各项议案。

会议现场组织流程：①人员签到。②领取材料。③宣布开会。④验证出席人数。⑤宣读议事规则。⑥确认本次议程。⑦汇报决议。⑧执行情况。⑨议案审议。⑩自由评述或声明。⑪宣布休会。

（3）会议结束：会议结束后恢复原场地，会后须及时公告会议纪要。

流程：①场地恢复。②公告（三日内）。

（二）会议成果

会议纪要清晰表明执行人及执行方案。

（三）会议跟踪落实

居民的议题通过讨论形成提案并顺利通过大会审议，之后进行决策后的议案执行工作。此流程囊括工程类和活动类议案的执行过程，整个决议后项目开展流程，从执行工作的启动筹备到开展再到信息报道，最后进行财务报销，完成整个议案的执行。

八、调解会

（一）会议组织流程

1. 会前准备

（1）充分了解矛盾纠纷：需要通过多方了解矛盾本体，保证公平公正，避免只听从一面之词。

（2）确定调解会议程。

2. 会中安排

（1）会场布置：需要矛盾双方面对面而坐，调解第三方坐中间，若有旁听则坐在后排。

（2）主持座谈。

（3）会议记录：会议记录要全面客观且双方内容记录明确。

3. 会议结束

（1）会议纪要：要及时、客观、全面地整理会议记录，不轻易删减发言内容。

（2）指导工作：要对专家的发言和意见与本人进行核实，以便准确指导工作。

（二）会议成果

调解双方达成统一意见，并按照统一的意见开展下一步行动。

形成明确的会议文书［调解会会议纪要／调解（口头）协议书］。会议跟踪落实。调解会结束后负责跟进后续矛盾纠纷是否确定和解，并且后期进行跟进回访，收集意见记录。

九、联席会

（一）会议组织流程

1. 会前准备

（1）确定会议议题主题，有关领导或有关部门应于会前做必要的调研、沟通和协商。

（2）根据会议议题主题拟订会议方案。

（3）拟定会议时间、议程、参会人员等，发布会议通知。

2. 会中准备

（1）提前到达会场，检查会场准备情况。

（2）组织会议签到，分发会议材料。

（3）落实主要嘉宾和领导到会情况。

（4）做好会议记录，拟定会议简报。

（5）安排会议照相、摄像。

3. 会后准备

形成并完善会议纪要。

（二）会议成果

传达、贯彻上级有关文件或会议精神；沟通、通报重大情况。

十、例会

会议组织流程

准备阶段：固定会议流程，当次会议如有新的议程须提前通知相关人员准备。

会议时间：××××年××月××日。

会议议程：

（1）工作人员根据任务情况汇报上周工作（进度以及遇到的问题和下一步计划），相关问题可以由领导及时回应，也可在最后所有人汇报后整体回应。

（2）工作人员对本周任务安排轮流确认，有疑问的在此环节提出。

（3）领导进行总体部署（简洁）。

收尾阶段：写会议简报、发会议纪要和会议决定事项通知。

十一、选举会

（一）会议组织流程

会议组织流程见表6-2-1。

表6-2-1　会议组织流程

步骤	项目	内容
第一步	发布公告召集选举委员会成员	根据基础调研情况，向所属辖区人大代表、警务人员、法务人员及辖区居民发布通知，召集选举委员会成员
第二步	确认选举委员会成立会议参会名单	根据公告期报名情况，社区党组织、居委会确认会议时间、地点后，通过电话、短信、微信等方式告知并确认选举委员会成立会议参会名单
第三步	召开选举委员会成立会议，确认成员名单	2~3个工作日进行会议筹备，细化会议议程及准备会务材料，按期组织召开成立会议，全体参会人员通过充分讨论、表决确认成员名单，并宣布选举委员会成立
第四步	公示选举委员会成员名单	选举委员会成立后，将已确立的成员名单在选区的公告栏、居民楼、主要出入口进行张贴公示，公示期为7个工作日

（二）会议成果

公平公正地完成选举流程、选举产生组织成员。

（三）会议跟踪落实

选举结束后，把各类选举会的资料备份收集，以用于后续选举内容的查询与验证。

十二、动员会

会议组织流程

1.会前准备

确定会议主题、明确会议目的；起草会议文件，拟定动员会会议文稿；印送会议通知，办理会议事务。

具体工作内容包括：确定会议主题、名称及议题；确定会议规模和规格，提出与会人员范围或人员名单；拟定会议的时间、会期、议程与日程安排；做好会场的选择和布置；制发会议通知；准备会议所需用品[①]。

2. 会中安排

提前到达会场，检查会场准备情况；组织会议签到，分发会议材料；落实主要嘉宾和领导到会情况；做好会议记录，拟定会议简报；安排会议照相、摄像。

3. 会议结束

印发会议简报、会议纪要和会议决定事项通知，回收文件，做好会议文件立卷，汇编会议文件，总结会议情况等。

十三、部署会

会议组织流程

1. 会前准备

（1）工作部署方案：围绕主题做好会议的筹备工作，重中之重在于会前制订合理的工作方案，确定的方向目标、具体的任务计划、采取的措施和要求、所要达到的效果。

（2）会议通知：发布会议通知，方案中执行责任人需要明确通知到位。

2. 会中安排

提前到达会场，检查会场准备情况；组织会议签到，分发会议材料；落实主要嘉宾和领导到会情况；做好会议记录，拟定会议简报；安排会议照相、摄像。

3. 会议结束

形成并完善会议纪要，发布到工作群中。

十四、现场会

（一）会议组织流程

在会议召开前，广泛征求相关职能部门及群众的意见建议，分类梳理及综合提炼各方的意见建议，掌握一线的详细信息。在科学研判情况、统筹考虑因素的基础上，区分目标任务的轻重缓急及难易程度，制订好初步的实施方案。根据会议的不同情形，要配套必要的现场资料，必要时安排现场解说人员，适当准备现场情况简介、图片展

---

① 马培新. 中西方秘书会务工作比较研究［J］. 西藏民族学院学报（哲学社会科学版），2002（2）：69-73.

板、经验材料等资料，充分做好会前各项准备工作。

（二）会议成果

关注现场的进展情况，深入现场详细了解、分析、汇总工作情况，掌握翔实数据，弄清现有条件与有利因素，找到问题的症结所在及阻力因素。细化工作责任举措，在实地查看或现场观摩后，统一各参会单位的意见建议，对原定的初步实施方案进行修正，在条件成熟后及时出台方案，明确具体的目标任务、落实期限、责任部门。

（三）会议跟踪落实

会议结束后，用心做好后续工作。坚持跟踪督办，采取全程跟踪、过程反馈、结果通报等方式，掌握动态的会议落实情况；对未按期落实的承办单位，责令有关单位迅速办理并约谈相关责任人。依据时间节点和目标要求对落实效果进行考核验收，看工作质量是否符合预期目标，严格实行问效问责。及时总结推广工作经验，建立健全巩固和拓展会议成果的长效机制[①]。

十五、汇报会

（一）会议组织流程

1. 会前准备

工作执行人员在会议召开前，提前收集整理工作成果及问题。

2. 会中安排

（1）下级进行工作进度汇报。

（2）上级通过提问，补充完善对于工作进度的了解。

（3）下级反映工作中遇到的问题及困难。

（4）上级回应问题，并进行下一步工作安排。

3. 会议结束

（1）整理工作进度、问题及回应、决策，并发送给会议参会人员进行确认。

（2）上级/下级对会议记录确认无误后，存档保管。

（二）会议成果

1. 工作进度表

2. 工作问题及回应表

3. 工作决策表

---

① 叩颖. 秘苑摘萃［J］. 秘书之友，2014，334（4）：47–48.

十六、推进会

（一）会议组织流程

1. 会前准备
明确会议目的，提前确定需要推进的事项，并邀请相关单位、人员现场参会。

2. 会中安排
提前到达会场，检查会场准备情况；组织会议签到，分发会议材料；落实主要嘉宾和领导到会情况；做好会议记录，拟定会议简报；安排会议照相、摄像。

3. 会议结束
会议结束后，要发布会议简报、会议记录和会议决定的通知，收集整理会议文件，汇编会议资料，并对会议情况进行总结。

（二）会议成果

形成会议纪要、分工责任表。

十七、学习会

学习会组织流程

1. 学习回顾
主持人引领参与者检视上周目标实现情况，对学习知识重点进行简要复述，并邀请参与者进行分享。

2. 学习分享
由主持人进行本次学习主题内容分享以及学习反思，参与者自愿进行分享补充。

3. 学习总结
主持人可以通过头脑风暴、意见征集等形式，针对学习主题整理参与者意见，根据参与者提出的意见，形成大家共同认可的结论。

4. 学习计划
主持人带领组员针对下周学习内容进行分工，确认下一次学习会的时间、地点、主持人。

十八、宣贯会

宣贯会组织流程

1. 会前准备
确定议程、拟写会议文件、发布会议通知。

2. 会议结束

写会议简报、发会议纪要和会议决定事项通知。

其他类会议包括专题会和总结会。在专题会中，基层干部主要针对社区问题展开专题讨论，集中某社区专门问题；在总结会中，基层干部要总结经验与不足，为今后更好地开展工作打好基础。

十九、专题会

专题会组织流程

1. 会前准备

确定会议主题，明确会议目的，确定相关单位（人），整理议题背景，梳理会议议程，印发会议通知。

具体工作内容包括：确定会议主题、名称及议题；确定会议规模和规格，提出与会人员范围或人员名单；拟定会议的时间、会期、议程与日程安排；做好会场的选择和布置；印发会议通知；准备会议所需用品。

2. 会中安排

提前到达会场，检查会场准备情况；组织会议签到，分发会议材料；落实主要嘉宾和领导到会情况；做好会议记录，拟定会议简报；安排会议照相、摄像。

3. 会议结束

印发会议简报、会议纪要和会议决定事项通知，回收文件，做好会议文件立卷，汇编会议文件，总结会议情况等。

二十、总结会

总结会组织流程

1. 会前准备

总结材料、会议通知。

2. 会中安排

提前到达会场，检查会场准备情况；组织会议签到，分发会议材料；落实主要嘉宾和领导到会情况；做好会议记录，拟定会议简报；安排会议照相、摄像。

3. 会议结束

完善会议纪要，并发布到工作群中。

第三节　各类会议典型案例

案例一　会议中的议题处理技巧

不同参会对象对同一个问题会有不同的解决方案。在遵守规则下有序地探讨和辩论能够更高效地理解选择不同方案。在此基础上，通过学习会议中的议题处理技巧，能在诸多解决方案中选择最优的方案。

会议中的议题处理技巧主要如下。

（一）问题讨论流程

会议中使用规则的主要目的是作出决定，如要对重大公共议题表达态度或组织一场社区活动。启动决策程序需要成员提交一份行动建议，即提出动议。动议是成员向会议提出的正式的行动建议，请会议组织采取某项具体的行动。

（二）实质动议六要素

一份完整的行动建议六个要素是：时间、地点、人物、资源、行动、结果。

时间是指完成这个行动方案的具体时间期限，包括开始和结束时间；地点是实施行动建议的地点；人物是执行人和负责人，需要具体到个人。资源包括现有资源，如资金或是物资；行动要明确，用实义动词描述何时、何地、做什么、具体操作，避免使用空泛词语；结果是可衡量和可量化的。

（三）行动建议的思维方式

常见的解决问题流程是去追溯问题形成的原因，再去探讨问题的解决方案。这会使重点转向探寻问题成因。在实际工作中，人员变动、项目周期结束等突发情况常出现，追溯问题原因的方式并不能很好地解决问题。所以我们应该在了解过去原因的基础上，认识现有的问题、状况、资源等方面，面向未来制订解决方案。

（四）议案审议的具体流程

召开一个有效的会议，首先需提出动议，即可以行动的建议。动议可能是完善的方案，也可能尚待完善，但必须有行动的建议。比如要加强居民参与，具体实施方法为动议。附议则表示同意讨论事项，随后展开辩论、表决并得出结果。

在议案审议中，我们扩展了六个步骤。首先是宣布议题，其次是进入辩论阶段，包括提问、发表观点、提出修正案和修改意见。最后进行表决，宣布结果，这是日常的拓展规则。如图6-3-1、图6-3-2所示。

图 6-3-1　议案审议具体流程

（a）

（b）

(c)

(d)

(e)

6. 赞成方占多数，通过动议

修正后的主动议：通过

（f）

Amend.6. 赞成方占多数，通过修正案

修正案"融入"主动议，"金鼎轩"代替"海底捞"

继续

修正案：通过

主动议：待决

（g）

Main.5.1. 所有赞成通过这个动议的，请举手

Main.5.2.（停顿几秒），请放下

Main.5.3. 所有反对通过这个动议的，请举手

Main.5.4.（停顿几秒），请放下

继续

修改后的主动议：今晚 6:00 去金鼎轩吃饭

（h）

图 6-3-2　修正案（全流程示意图）

资料来源：广东省深圳市龙华区某社区。

案例二　会议模块化处理技巧

不同类型的会议往往具有复杂的流程和环节，让参会者感到困扰。为了提高会议效率，我们将多种类会议中的复杂步骤模块化，认识多类型会议中的基础模块，对不同会议中要解决的问题有模块化的思考和行动，可以快速流程化地解决会议问题。

（一）信息沟通板块

"头脑风暴"是一种具有创新意义的会议形式，通过参会者自由发挥和相互激发，发掘潜在问题并寻找创新解决方案。为确保会议顺利进行和产出成果，可参考以下建议：

（1）安排简短主题发言，明确议题，但不限制解决方案方向和可能性。

（2）会议召集人须提前收集相关资料，并在会前提供给与会者。

（3）主持人需带动参与者状态，对打断、插话、时限适当放宽，除非对会议推动影响较大，否则不干涉。参与者发言要开门见山，不客套，不多解释。

（4）主持人每40～60分钟归纳总结讨论成果。

（5）整理会议纪要，必要时可再召开一次会议，由参与者共同评价和处置设想。

（二）决策板块

（1）主持人推动会议进入决策阶段，向会议参与人给出明确示意——"请参会诸位注意会议进入决策阶段"。

（2）主持人明确决策事项，请出该事项有决策权或有决策授权的人。

（3）决策人宣布决策内容。

（4）涉及任务分配，可及时发布任务。

（三）布置任务板块

（1）布置任务是指该项工作的责任人向下分配发布任务。

（2）任务项（有决策、有行动方案）、责任人、要求、时间、目标、考核内容、主要指标、反馈方式都要清楚明确。（注：是否需要有任务书的形式，各责任人有权根据自己的情况确定，但上述内容在下达任务时需要明确。）

案例三　研讨类会议案例

××街道社区党组织书记茶话会

会议主题：社区资源分析

参会人员：××街道委社治委、××社区发展基金会、16个市级示范社区（小区）及11家社会组织等30余人

会议时间：20××年××月××日

内容简介：推动示范社区（小区）与社会组织交流、信息共享，助力××街道

20××年示范社区（小区）创建工作。

会议过程：

1. 活动引入

社工组织进行破冰游戏，促进社区与社会组织的相互了解。

2. 参会者发言

第一社区党组织书记张××就第一社区资源地图和周末公益集市进行分享，提出在周末公益集市中以特色产品和特色活动吸引游客，并建立监督体制提升游客信任，提升公益集市热度和口碑。以周末公益集市为引爆点，可加强资源地图的推广和宣传，吸引更多社区资源注入社区建设，不断更新资源地图，游客通过实时更新的资源地图可直接找到目标点，从而满足多样化需求。同时，张书记以第一社区五彩院落的打造为例，提出在社区建设中经济价值的产生可吸引村民参与带动村民发展，在村民积极参与社区事务的过程中又可反哺社区发展。

第二社区党组织书记黄××认为社区建设需要依靠多元主体参与，就社区现状提出社区发展治理工作畅想，以打造社区公园为目标，进行土特产层次感展现，链接多方资源建成种植基地，形成农村与城市的连接点，实现农村与城市的良性互动。计划让居民开荒土地，引入专业社会组织进行规划，组建自组织队伍，根据季节种植特色水果，通过绿植认领或水果销售等方式实现造血，扩大社区资源，推动社区发展。

第三社区党组织书记王××提出企业资源是社区资源中不可忽视的力量，企业力量的注入会进一步加强社区建设，如出资出力开展社区文化活动。更多社区资源的注入有利于社区更加清楚功能定位，推动社区氛围营造。

××社会组织许老师认为社会组织在解决社区问题中发挥着不可替代的作用，如在社区矛盾方面可以用缓和的方式处理并获得居民认可，但目前本土社会组织专业性体现不足，加上部分政府部门和社区对社会组织的了解不够，社会组织参与社区发展治理工作需要相关部门给予空间。

3. 领导总结发言

××街道委社治委主任李××再次强调本次活动的背景及意义，并对下一步工作提出要求，要求示范社区（小区）的打造要根据社区的类型和资源不同进行多样化建设；要求乡村社区进一步挖掘社区资源，先行落实社区资源地图工作；表明自××月起，街道将陆续开展示范社区（小区）拉练工作，要求各社区加快推进示范社区（小区）相关工作。

案例四　协商类会议案例

从对立到对话，从对抗到合作——××社区××小区业主议事会

××小区，位于珠海市××区，建于20××年，约1000户，400余户为原村民

拆迁上楼。此前，居民与物业矛盾突出，频繁投诉物业不作为。街道试图通过协商、行政手段解决问题，但未得到根治。居民怨气积压，物业缺乏主动，服务标准降低，小区环境恶化，业主不满，甚至卖房搬离。业委会到期，业主不满但无人愿承担责任。该小区的现状代表了我国众多小区：业主与物业对立，沟通渠道不畅，业主对物业不作为只能采用对抗的方式，很多小区甚至只要物业提出的事项，业主用一概反对来对抗[①]。

小区议事会，规则来议事。珠海市××区于20××年成为全国创新实验区，萝卜团队作为第三方机构进入××社区，推动社区协商。团队设计并探索"小区议事会模式"，在业主大会和业委会之间构建小区议事会，通过一定规模的业主议事代表的参与，来搭建业主与业主之间、业主与物业之间、业主与居委会之间、业主与商户之间的沟通对话平台，为业主大会或业委会提供更多的业主意见，酝酿更好的解决方案。

开展议事代表选举，××社区产生27位小区议事代表。代表们提议居委会召开三方协商会议，共同讨论并解决问题。萝卜团队随后为议事代表进行培训。

多方协商会，转变责与怒。20××年××月，萝卜团队采访议事代表，发现很多积累问题，代表们虽情绪激动，但也理解解决问题需要时间和共同努力。物业公司和小区业主都需要作出改变，并希望展开与物业的对话。

萝卜团队鼓励议事代表们梳理问题，以便在对话时议题明确。议事代表活跃起来，赵××在××小区议事代表的微信群内发动其他代表梳理小区内存在的问题，廖××已经开始进行书面总结。××月××日在第二次居民议事代表大会之后，××小区的10多位代表又聚在一起开了一个小会，逐渐将问题聚焦在卫生环境方面。

同时，萝卜团队与社区党委××书记也开始筹划协商对话会。虽然仍担心面对面可能会吵起来，或者主题不明确，花费时间解决不了问题，反而打击业主的积极性，但××书记也认为需要召开协商对话会。社区做了很多尝试，但都是背靠背地与物业和业主分别沟通，效果都不好。面对面沟通，让矛盾双方直接建立理解，同时必须坚持议事规则，避免吵架和跑题。

××月××日晚7点，在社区党委××书记支持下，首次多方协商会议召开，参会者包括15位议事代表、6位业主、社区党委书记及物业公司张总和若干管理人员等。很多代表刚下班，没来得及吃饭就赶过来了。

会议由萝卜团队专家阚童主持，王静老师协助并担任秘书。

主持人请××书记作了简短的开场白并请大家简短自我介绍。

确定规则：会议开始，主持人阐述"萝卜十三条议事规则"，包括主持中立、举手

---

① 王静，阚童. 从对立到对话，从对抗到合作：珠海南村豪苑小区业主议事会的故事［J］. 现代物业（中旬刊），2017（Z1）：71-73.

发言、面向主持、表明立场、不超时、不打断、不跑题、不攻击、机会均等、服从裁判等，以防止沟通变吵架[①]。在得到参会人员认同后，举手表决通过会议议事规则，确立会议遵守基调。

反映问题：遵循议事规则，每人发言 3 分钟，主持人引导参会者逐一发表意见反映问题。议事代表们情绪激动，对物业指责比较多，主持人适度纠正，以防极端，又要避免代表被频繁制止以后产生挫败而不愿再表达。在这个过程中，物业公司方面的几位参会者保持了比较好的倾听态势。历时近一小时，业主和议事代表们提出小区存在问题共 28 项。

问题分类：王静老师在白板上记录议事代表的问题，随着问题的清晰呈现，业主们的怒气平息。王老师在记录中归类，最终与大家一起确认，总结为卫生、安全、停车和财务公开四大类问题。

随后，主持人请物业经理按类别逐一回应业主们提出的问题。针对每一类问题，看哪些问题是直接可以解决的，解决的方案是什么，然后再看不能解决的是什么，到底有怎样的困难。

随后，主持人请物业公司张总按类别回应业主的问题。针对各类问题，分析可解决性及解决方案，再探讨无法解决的原因及困难。

能解决的问题先达成共识。物业管理处回应了部分问题并承诺限时解决。主要是业主与物业的沟通问题。议事代表提议建立物业与业主代表的微信群，以便及时反馈问题与解决方案，提高沟通效率，减少误解。

针对有些问题，管理处也表达了自身的困难。会场已建立理性对话方式，业主意识到小区问题不简单，如垃圾桶处常年淤水，蚊虫滋生，解决需修建环保垃圾屋。但物业申请建设遭部分业主反对，导致无法进行。诸多问题需业主与物业共同解决。

不能解决的问题共同寻找解决方案。主持人邀请大家提出困难问题的解决建议，以头脑风暴形式列出所有建议。物业评估可采纳的建议，并达成共识。无法采纳的建议可进一步提出或暂时搁置。双方理性对话，共同探讨解决问题。物业与业主代表就 8 项问题达成共识，共同制定时间表。同意未来持续沟通，逐步解决难点问题。

在这个过程中有一件事情很值得关注。针对建筑垃圾长期堆放问题，物业公司张总承诺由物业出资清理，得到议事代表们的同意。但代表们认为这并非长久之计，廖×× 提议借鉴他地经验建立有偿清运机制，这个观点受到各方认可。最终商定，先由物业拟定有偿清运标准，经业主意见征询和议事协商后，可以成为小区共同遵守的规则。此事体现了 ×× 小区议事代表们的理性。

① 郭圣莉，王宁，唐秀玲. 分层决策与利益联结：我国小区治理困境的破解及其常态化机制研究[J]. 理论探讨，2022，228（5）：63-71.

没有议事规则，对话易演变为争吵，加剧矛盾。萝卜团队引入的"萝卜议事规则"有效解决问题。"不超时、不打断、不跑题、不攻击"四大原则保障有序参与和理性表达。遵守规则成为主流，不遵守者被纠正。经历平等保护的议事规则后，物业公司不再担心自己成为攻击焦点，物业的声音也能够被业主耐心听到，可以充分解释寻求理解，也有了参与对话的积极性。

议事规则培养了代表们"提动议"的思维习惯，面对问题优先提出解决方案并协商调整。这些都是对话协商不可或缺的基础。

三方协作群，沟通创价值。首次会议后，业主议事代表、物业公司和社区三方共建微信群，问题及时反馈，提高解决效率。物业积极回应，居民态度转变，从指责转为点赞。议事代表赵××强调沟通的重要性。通过对话，改变对立思维，尝试沟通解决问题。春节前，解决了网线整理、楼梯扶手维修、小广告清理等问题，小区卫生状况得到了很大改善。

仅有业主群易导致情绪化沟通，三方协作群则有助于理性交流。议事代表将业主意见转化为动议，给予物业明确指导，并表扬其工作，形成良性循环。议事代表还在各群中传播物业所作出的努力，使双方听到对方理性的声音。现在许多小区已采用此机制，提高了业主对物业的认可度，如图6-3-3所示。

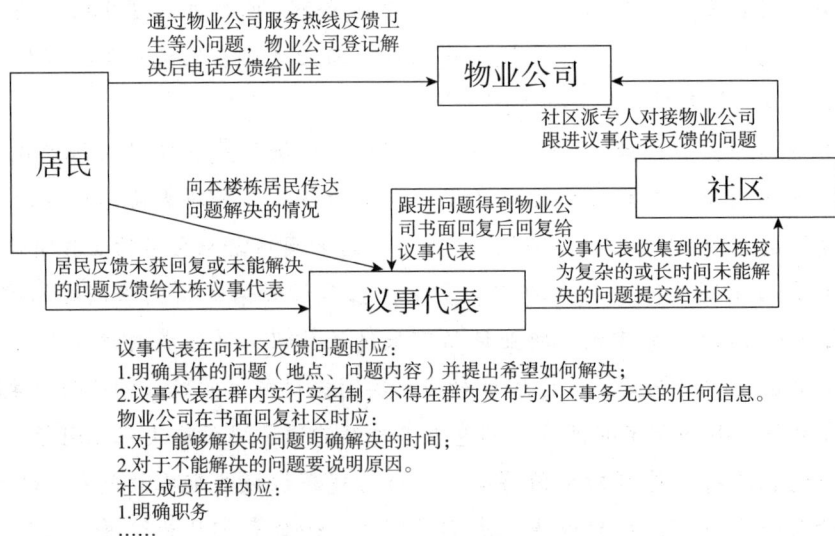

图6-3-3　小区公共事务沟通机制

联合巡查改，行动落到实处。20××年××月，会议结束后，代表们与物业公司共同制定了"联合巡查制度"，以确保各项工作的顺利进行，直接在现场处理问题。

同年，议事代表协助物业公司征集签名，成功申请两个环保垃圾房。虽仍有居民对物业不满，但议事代表一方面督促改善环境，另一方面动员业主们参与环境建设，社区形成共建共享氛围。

议事制度化，治理出新招。城市小区中，业主大会规模过大，难以召开现场会议，而业委会规模过小，难以汇集全体业主意见。小区业主议事会制度有效弥补了物权法体系的不足。尽管议事会未获得物权法赋权（说明：有部分省份的物业管理条例有用小区业主议事会来行使业主大会职能的，但是大部分省份没有），无法替代业主大会或业委会决策，但提供了面对面沟通协商的平台。在设定简单易行的议事规则后，引导业主与物业从对立走向对话，实现合作。

萝卜团队建立的"小区业主议事会"制度有效补充了现有业主大会制度，在多个小区实践后取得良好效果，值得推广。

案例五 决策类会议案例

×× 社区"三线"整治专项工作联席会议。

为了有效推进我国 ×× 社区"三线"整治专项工作，全面提升城中旧村的环境质量，消除潜在的安全隐患，×× 月 ×× 日，镇党委委员 ××× 主持召开了 ×× 社区"三线"整治专项工作联席会议。此次会议旨在加强各部门之间的沟通与协作，确保整治工作顺利进行。

参加会议的单位有镇应急办、×× 社区，以及移动、联通、电信、广电网络、长城宽带等 ×× 分公司。各部门负责人齐聚一堂，共同探讨如何高效推进"三线"整治工作，为社区居民营造一个宜居的环境。

会议开始，镇党委委员 ××× 首先强调了"三线"整治工作的重要性和紧迫性。他表示，旧城区的"三线"问题已经严重影响到了居民的生活质量，整治工作势在必行。同时，他还要求各部门要高度重视整治工作，切实履行职责，确保整治工作取得实效。

会上，××× 代表镇政府向中国电信 ×× 分公司颁发了施工委托函，电信公司代表向参会人员详细介绍了 ×× 社区"三线"整治工作方案。该方案旨在解决社区内电线、电缆、通信线"三线"交织混乱的问题，提升社区环境整洁度，保障居民生活品质。整治工作将严格按照我国相关法规和标准进行，确保施工质量和安全。

整治工作分为以下几个阶段。

第一阶段：勘察设计。在此阶段，专业团队将对社区内的"三线"情况进行全面勘察，制订合理的整治方案。

第二阶段：施工准备。包括施工设备的采购、人员培训、施工方案的细化等工作。

第三阶段：施工实施。按照整治方案，有序推进施工工作。在此过程中，将充分考虑社区居民的生活需求，确保施工对居民生活的影响降到最低。

第四阶段：验收总结。在施工完成后，将邀请相关部门和居民代表对整治效果进行验收。如有问题，及时整改。同时，对整个整治过程进行总结，为今后类似工作提供借鉴。

随后，各部门负责人针对各自领域的工作展开了深入讨论。他们纷纷表示，将全力支持整治工作，加强部门间的协作，确保整治过程中的各项任务顺利完成。同时，他们还就整治工作中可能遇到的困难和问题进行了分析，提出了针对性的解决措施。

会议最后，镇党委委员×××对各部门的支持和配合表示感谢。他强调，各部门要继续保持良好的沟通与合作，形成整治工作的强大合力。同时，他还要求各部门及时汇报工作进展，确保整治工作稳步推进。

总之，此次联席会议的召开，对于推进××社区"三线"整治工作具有重要意义。各部门纷纷表示将全力以赴，共同努力，为社区居民打造一个安全、舒适、美好的生活环境。相信在大家的共同努力下，××社区的"三线"整治工作必将取得圆满成功。

案例六 执行类会议案例

湖南省怀化市通道县"五化"工作现场办公会。

20××年××月××日，县委书记赵×在××镇政府会议室主持召开通道县"五化"（绿化、亮化、净化、序化、信息化）工作现场办公会。参会人员实地巡察了城区连接××高速、××复线3个出口主干道的建设与管理情况，采取边看边议边部署的方式调度安排了通道县"五化"管理提质工作。副县长廖××、彭××、雷××，县委办公室、县委督查室、县林业局、县城管执法局、县公路管理局、县住建局、县国土资源局、县城乡建设发展与管理中心、县园林办主要负责人及××镇、××镇、××镇、××镇、××镇党委书记参加了会议。会议纪要如下。

会议认为，通道县经过几年的发展，特别是推进城乡一体化建设以来，在基础设施建设、民生民本事业、经济社会发展等方面，取得了很大进步，全县上下有目共睹。下一阶段工作重点之一，就是要充分展示、宣传推介这些来之不易的成果，让更多群众知晓并共享。

会议明确，把××高速出口至××复线××出口和××高速××出口的通道作为一条最美线路、精品线路来打造。会议对通道县沿线可视山头、小游园绿量增加、绿化提质，亮化质量，环境保洁，临街建筑物的规范及改造，广告规范等进行了具体安排，明确由县委督查室以交办函的形式进行专项交办，限时办结。为切实加强这项工作的领导，会议决定成立通道"五化"工作指挥部，由县委书记赵×任指挥长，副县长廖××、彭××、雷××及县委党校校长张××任副指挥长，县委办公室、县委督查室、县纪委监察局、县财政局、县审计局、县林业局、县城管执法局、县交通运输局、县公路管理局、县住建局、县国土资源局、县城乡建设发展与管理中心、县矿征办、县交警大队、××茶场主要负责人及××镇、××镇、××镇、××镇、××镇党委书记为成员。办公室设在县委办公室，由李××同志兼任办公室主任。

会议要求，各有关单位和乡镇要立足全局和长远，搞好顶层设计，建好项目库，用心做好项目整合和包装，依法依规完善项目手续；县财政局要按照快评、快审、快拨的要求，为项目推进提供资金保障；县监察局、县审计局要切实加强监督、审计和服务，确保项目资金专款专用；县委督查室要严格对照任务书、时间表，实行2天一督查一通报；指挥部办公室要与县深改领导小组办公室紧密协作，在体制机制完善方面进行探索、实践和创新，推动工作形成常态长效。

会议指出，实施通道县"五化"、打造最美线路，既是一种工作方法，也是一项民生工程；既是充分展示××形象和××发展成果的有效平台，也是充分展现××干部的管理水平和素质的重要窗口。各级各有关部门必须提高思想认识，进一步量化、细化各自的工作职责、任务和要求，集中时间与人力，统筹安排，协调推进，务必在规定时间内取得明显成效，并以此为示范带动，打造更多的精品工程和示范品牌，推动各项工作创先争优。

案例七 学习类会议案例

（一）会议主题与目的

会议主题：新政策宣讲与解读

会议目的：随着我国企业竞争日益激烈，公司业务不断拓展，政策环境也在不断调整。为了让全体员工更好地适应新环境，提高工作效率，增强企业凝聚力，特举办此次宣贯会。本次宣贯会的核心目标是让全体员工对新政策有更深入的理解和认识，以便更好地投入工作。

（二）会议详细安排

会议日期和时间：××××年××月××日，上午9:00—12:00。

会议地点：×××会议室。

参会人员：公司员工、管理层干部、政策相关部门负责人。

（三）会议议程安排

9:01—9:10 开幕致辞（总经理）：致辞内容包括会议目的、新政策的重要性以及期望达到的效果。

9:11—10:00 新政策解读（政策部门负责人）：详细解读新政策的内容、意义和影响，帮助员工吃透政策精神。

10:01—10:15 茶歇：放松身心，为接下来的讨论环节做好准备。

10:16—11:00 分组讨论会（各部门负责人主持）：各部门就新政策的影响和应对措施展开讨论，提出可行性建议。

11:01—11:45 分组讨论汇报与互动交流（各小组代表）：各小组代表汇报讨论成

果，开展互动交流，分享心得体会。

11：46—12：00　总结与闭幕（总经理）：对会议进行总结，强调新政策的重要性，对下一步工作提出要求。

（四）会议成果与预期

通过此次宣贯会，全体员工对新政策有了更深入的了解，提高了认识，明确了公司未来的发展方向。分组讨论会加深了员工之间的交流与合作，为公司的进一步发展奠定了基础。

（五）存在的问题与改进措施

存在的问题：部分员工在会议中表现出对新政策的不理解，需要进一步培训和指导。

改进措施：针对存在的问题，制订详细的培训计划，组织专业培训师对新政策进行深入解读和培训。同时，加强员工之间的交流与合作，提高整体工作效率。

（六）总结

此次宣贯会旨在让全体员工更好地适应新的政策环境，提高工作效率，推动公司持续发展。通过会议的召开，达到了预期效果，但仍需关注部分员工对新政策的不理解问题，及时进行培训和指导。在此基础上，加强员工之间的交流与合作，进一步提高整体工作效率，为实现公司发展目标奠定坚实基础。

案例八　其他类会议案例

会议时间：××××年××月××日。

会议地点：×××会议室。

参会人员：党委成员、纪委委员、各支部书记、各部门负责人。

（一）会议背景

为了深入学习贯彻习近平总书记关于党风廉政建设的重要论述，分析当前形势，明确任务要求，研究制定加强党风廉政建设的具体措施，回顾总结一年来党风廉政建设和反腐败工作情况，探讨下一步工作计划和建议。

（二）会议主要内容

1. 学习贯彻习近平总书记关于党风廉政建设的重要论述

（1）传达中央和上级有关文件精神，深入学习领会习近平总书记关于党风廉政建设的重要讲话。

（2）分析当前形势，明确任务要求，研究制定加强党风廉政建设的具体措施。

2. 回顾总结一年来党风廉政建设和反腐败工作情况

（1）通报了本单位落实党风廉政建设责任制的情况，以及存在的问题和不足之处。

（2）各支部和部门负责人就本单位党风廉政建设和反腐败工作进行了汇报。

3. 分析当前形势，提出下一步工作计划和建议

（1）分析了当前党风廉政建设和反腐败工作中存在的突出问题，如思想认识不到位、制度建设不完善等。

（2）提出了加强党风廉政建设和反腐败工作的具体措施和建议，如加强宣传教育、完善制度体系等。

4. 讨论并决定有关事项

（1）审议通过了《××××年度党风廉政建设和反腐败工作报告》。

（2）研究确定了下一阶段的工作重点和任务分工。

（三）会议决定与任务计划

（1）加强组织领导，确保各项工作有力有序推进。

（2）强化宣传教育，提高广大党员干部的思想认识和自觉性。

（3）完善制度体系，加强对权力运行的监督和管理。

（4）制订《××××年度党风廉政建设和反腐败工作方案》，明确工作任务和责任人。

（5）开展专项整治行动，解决群众反映强烈的突出问题。

（6）加强监督检查，对违反规定的行为进行严肃处理。

（四）会议总结

本次会议对前一阶段党风廉政建设和反腐败工作进行了深入而全面的总结，细致剖析了当前存在的突出问题，并对下一步的工作重点和任务分工进行了明确而具体的部署。全体参会人员纷纷表示，要将本次会议精神传达到每名党员干部，切实加强党风廉政建设，为实现党和人民的事业发展作出新的更大贡献。

第四节　答疑解惑

详细周密的策划可以将会议中的突发情况风险降至最低。但在实际工作中，基层干部仍然面临着社区居民不配合、会议讨论结果无法落实等状况。本节选取了在实际召开会议的过程中基层干部常见的几类问题，对学员进行答疑解惑，旨在帮助学员在实操会议中面临问题时有参考建议。

问题1：如何解决基层会议中不敢说、不想说、说不出的问题

在基层会议中，存在这样一种问题：有的人不敢说，有的人不想说，有的人说不出。对此，你怎么看？

首先是开头表态。开会可以快速发现问题，及时解决问题，是我们开展工作的重

要方式。当前存在"不敢说、不想说、说不出"的问题，导致干部懈怠，会议形式化，影响基层发展。主要有以下几点原因。

第一，关于不敢说。主观上存在畏难情绪，干部面对新问题挑战时易退缩，缺乏勇气。客观来说，政策未提供容错空间，干部怕出错，不敢提意见。第二，关于不想说。主观上，部分干部缺乏为民服务责任感，视工作为谋生工具，对群众利益不上心。客观上是奖惩机制不健全，建言献策的干部未受鼓励，逃避思考者未受批评。第三，关于说不出。主观上来看是干部能力不足，应付了事，缺乏总结反思，对自己职责领域了解不深，无法提出合理建议。客观上来说，是单位组织培训学习活动少，基层工作繁忙，往往是身兼数职，缺少工作指导和方向引导。

那么，面对这种情况必须作出改变，引导干部集思广益，提出意见，具体有以下几点做法。

一是思想教育。以党的二十大精神、党史教育为基础，通过"两学一做"、民主生活会、教育警示会培养干部担当意识，克服畏难情绪。同时，干部也要自主学习，如通过学习强国、人民日报、半月谈等 App 的学习，鼓励干部增强责任意识，勇于开口提建议。

二是业务能力提升。可通过培训，由党校教师及业务骨干对基层政策进行深入解析，讲解工作中遇到的问题，提升政策解读和解决问题能力。同时，举办知识技能比赛，以赛促学，增强政策理解和思考。

三是健全奖惩制度和容错纠错机制。一方面，对先进事例鼓励表扬，支持干部建言献策，同时要明确责任，对懒政怠政的干部加大惩处力度。另一方面，要给干部更大的空间，使其可以卸下思想"包袱"，为担当者担当，为负责者负责，鼓励他们表达想法，积极实践，为基层谋福利。

问题 2：如何少开会，开好会，减轻基层开会负担

会风折射党风政风，影响社风民风，会后做到精准传达，成为各地积极探索解决的问题。好的会风，会议开得扎实、节俭、紧凑，反映明确的思想，呈现明快的风貌，形成清新的风气，形式上短而精，内容上深而透。实践证明，把会开好，可以发现问题，找到方法，赢得信心；把会开好，可以提高效率，鼓足干劲，消除懒政；把会开好，可以消弭分歧，取得共识。

以习近平同志为核心的党中央高度重视会风问题。作风建设的"开篇之作"就是出台了中央八项规定，而中央八项规定中的第二条就是专门论述会风会纪，明确提出要"切实改进会风""提高会议实效"等。

中央纪委办公厅印发的《关于贯彻落实习近平总书记重要指示精神集中整治形式主义、官僚主义的工作意见》明确提出，在学风会风文风及检查调研方面，重点整治

频次过多过滥、浮于表面等突出问题[①]。比如,开会不研究真实情况、不解决实际问题,为开会而开会。

案例一:

某镇常常为开会而开会,开会不研究真实情况、不解决实际问题,工作浮在表面、流于形式,连续数次会议记录一字不差、全部雷同;很多工作经常是开完会就没了下文,工作是否落实领导从不过问,同样的内容反复开会也是常有的事,镇里干部被会开得疲惫不堪,挤占了贯彻落实工作的时间,很多工作都是轰轰烈烈开会,真正落实的少之又少。

案例二:

某市一干部表示,当前推行的"互联网+政务"节省了开会成本与时间,采用电视电话会议减少舟车劳顿。起初效果好,但"方便"也带来"烦恼"。为及时传达会议精神、推动工作,上级的会议常扩大部门范围,并点名部门主要领导参加。反复参加同样内容的会议两三次很常见,同一内容的会议,各级部门都会召开,如党委、政府、系统、部门等。此外还有协调会、碰头会等。考核清单中,"是否开会"被视为重要指标。党员干部被会开得疲惫不堪,挤占了贯彻落实会议精神的时间。

案例剖析:毋庸置疑,开会本是一种布置工作、督促落实的常见方式。但有些地方和部门会议过频、冗长,基层苦不堪言。开会不研究真实情况、不解决实际问题、为开会而开会;同时,会议超计划、超时间、超规模、超预算,重复召开,文件也照搬照转,篇幅过长。这些问题均体现了形式主义、官僚主义的弊端。一名基层干部称:"曾连续23天参会15场,根本没有时间干工作,参加的一个会,内容用不到1000字的材料就能表述清楚,发个通知就能明白,却开了一个多小时的会。"

调研显示,西部某乡镇2017年收到2000余件来文来函,参加600余次会议[②]。沿海一省厅局负责人因不堪忍受会议过多,让人统计涉及厅局相关工作全年的开会数量,结果震惊:1068个。365天中,双休及法定假日115天,工作日250天。若节假日不加班开会,日均至少4个会。文件、会议繁多,堪称"文山会海"。各级领导也因会议之多而深受其害,工作精力被各类会议占据,无力深入基层调研、精心谋划工作[③]。

2019年3月,中共中央办公厅印发的《关于解决形式主义突出问题为基层减负的通知》提出,严格控制层层发文、层层开会,着力解决"文山会海"反弹回潮的问题。

一是认真贯彻落实中央八项规定及其实施细则精神,从中央层面做起,层层大幅

① 中央纪委办公厅印发工作意见集中整治形式主义官僚主义重点整治四个方面12类突出问题 [J]. 中国纪检监察,2018(19):7.

② 张国栋. 整治学风会风文风及检查调研方面的突出问题:在"减负"中锤炼务实作风 [J]. 中国纪检监察,2018(20):33-34.

③ 本书编写组. 整治形式主义官僚主义教育读本 [M]. 北京:中国方正出版社,2020.

精简文件和会议，确保发给县级以下的文件、召开的会议减少 30%～50%。

二是发扬"短实新"文风，坚决压缩篇幅，防止穿靴戴帽、冗长空洞，中央印发的政策性文件原则上不超过 10 页，地方和部门也要按此从严掌握[①]。

三是地方各级、基层单位贯彻落实中央和上级文件，可结合实际制定务实管用的举措，除有明确规定外，不再制定贯彻落实意见和实施细则。科学确定中央文件密级和印发范围，能公开的公开。

四是少开会、开短会，开管用的会。上级会议原则上只开到下一级，经批准直接开到县级的会议，不再层层开会。严禁随意拔高会议规格、扩大会议规模，未经批准不得要求党委和政府主要负责同志以及部门一把手参会，减少参会人员。倡导合并会议、电视电话及网络视频会议等，提升会议实效，避免照本宣科、泛泛表态，不强行连夜传达，防止事项议而不决、重复开会[②]。进一步改革会议公文制度，选择部分地方和单位开展治理"文山会海"工作试点。

发文会议是推动工作的重要方式，但要明确必要与不必要之分，这本身就是对领导干部工作水平的考验。为避免文件会议冗长，须科学把握度，确保文件短、实、管用，不开不必要的会议。如此可促进干部作风转变，革除形式主义、官僚主义[③]。

问题 3：不同类型会议实操的答疑解惑

以课程所学的五大类 20 种会议为基础，本手册列举了 5 类在实际生活中常见的会议案例。学员根据手册中的会议要求，对各类会议进行模拟和观察；对会议准备、会议过程、会议结果、会议成效进行分享和总结，并且对会议的效果和在会议中产生的问题进行阐述。在实操模拟练习中，要学会观察会议中不同角色在会场的表现，记录会议中存在的问题和难点。以此为基础，掌握会议策划与组织的流程和技巧。

（一）研讨类会议

案例情景：××社区辖区范围内有 14 个小区，其中商品房小区 6 个，老旧小区（2000 年底前修建）8 个。根据上级要求本年度第一批次纳入老旧小区改造范围的小区有 3 个。此项改造工作由城市更新中心牵头，以社区协助、居民参与的形式展开。

针对老旧小区改造问题，城市更新中心负责人、8 个老旧小区"两委"、老旧小区居民代表、工程师和相关负责人员举办座谈会。会议目的是了解 8 个老旧小区居民居住情况及改造意愿，将改造文件信息互通，选定改造的 3 个小区。

---

① 杨烁壁，史自强."基层减负年"：减量提了质，减负提了劲 [J]. 黄金时代，2019（9）：12–13.
② 严长钧."减负"背景下如何使会议更高效 [J]. 秘书之友，2019（6）：20–21.
③ 马代绍俊. 反对形式主义官僚主义案例与启示 [M]. 北京：东方出版社，2019.

案例实操方法：

1. 会议时间

20××年××月××日上午，会期半天。

2. 会议地点

××社区居民活动中心。

3. 会议主题

了解8个老旧小区居民居住情况及改造意愿，将改造文件信息互通，选定××社区辖区范围内改造的3个小区，让老旧小区的居民生活环境得到提升，生活设备更加完善。

4. 参会人员

出席人员：城市更新中心负责人、8个老旧小区"两委"、老旧小区居民代表、工程师和相关负责人员。

5. 会议安排

（1）会前准备。

由城市更新中心负责人介绍此次老旧小区改造方案，老旧小区的提升改造面临着诸多的问题。首先，改造涉及拆违，会影响到部分居民的利益。其次，施工会影响居民的日常生活，势必会引起居民的反对。因此在改造实施前做好万全的准备非常重要。

（2）会中安排。

①由8个社区的"两委"负责人介绍老旧小区的基本情况，包括社区内人口数量、基础设施建设情况等。

②社区居民代表表述想要被改造的3个老旧小区，提出施工过程中可能出现的问题，探讨解决方案。

③各方代表选出最适合改造的3个老旧小区。

（3）会后工作。

将选定的3个老旧小区填报改造申请，将改造文件信息互通。了解改造的具体计划及效果展示，商讨计划的可行性，制订方案来应对可能出现的难题。

（二）协商类会议

案例情景：××社区内的××道路因参选××市的最美公路评选，根据项目要求要在规定时间内完成道路的设计改造。因赶工期任务紧张，项目施工组特向相关单位申请了夜间施工许可。但夜间施工对附近居民的生活造成了极大的不便，为此辖区居民多次向社区及其他相关部门投诉。

为推动解决施工造成的居民生活难题，社区牵头开展一次协调会。

案例实操方法：

会议时间：××年××月××日上午。

会议地点：社区居民办事大厅。

会议主题：因道路设计改造施工，夜间施工给居民生活带来极大不便，为解决施工造成的居民生活难题，社区召集施工方与居民方开展协调会。

参会人员：社区党支部负责人、社区居委会负责人、社区居民代表、施工方工程师及相关专业人员。

会议安排：由相关部门或专业人员介绍社区道路改造的当前状况，包括改造情况、施工剩余时长等方面；社区居民分享夜间施工对他们造成的问题和不便；邀请工程师或相关专业人员就夜间施工的技术问题进行分析和解释。探讨可能的改进方案和技术更新；综合各方意见和建议，制订社区施工改进计划。确定改进时间表和相关负责人。

（三）决策类会议

案例情景：由社区党组织××书记主持，社区工作人员、社区社会组织负责人参与的周例会在社区会议室召开。

会议目的是××书记对社区内各窗口各项目的工作进行部署安排，协助工作人员梳理上周工作遇到的问题，并提出解决方案。

案例实操方法：

会议时间：××××年××月××日。

会议地点：社区会议室。

会议主题：××周例会。

参会人员：社区党组织书记、社区工作人员、社区社会组织负责人。

会议安排：社区工作人员根据任务情况汇报上周工作（进度以及遇到的问题和下一步计划），相关问题在最后所有人汇报后由领导整体回应；工作人员对本周任务安排轮流确认，有疑问的在此环节提出；领导作总体部署：写会议简报、发会议纪要和会议决定事项通知。

（四）执行类会议

案例情景：针对新冠疫情可能出现的突发情况，为切实做好"外防输入、内防反弹"，坚决阻断疫情蔓延，有效应对可能出现的极端情况，结合社区实际，召开疫情防控部署会议。

社区基本情况：辖区内的小区、居民小组、学校、企事业单位等所有人员，预计人数为3298人。

工作目标：社区党组织书记、社区"两委"负责人和社区网格员在线上召开执行会。安排部署建立全社区应急核酸检测体系，目的是在 24 小时内，完成指定区域内全员核酸检测。

案例实操方法：

会议时间：×××× 年 ×× 月 ×× 日。

会议地点：线上。

会议主题：建立全社区应急核酸检测体系，在 24 小时内，完成指定区域内全员核酸检测。

参会人员：社区党组织书记、社区"两委"负责人、社区网格员。

会议安排：社区党组织书记简要介绍社区基本情况，会议目标是建立全社区应急核酸检测体系，其次是安排部署的工作；参会的相关成员复述自己需完成的工作目标，有补充汇报的情况及时反馈；参会成员明确职责边界，对特殊情况进行解释说明；领导作总结讲话，集中与会者意见，决定此项工作最后的安排部署。

（五）学习类会议

案例情景：为扎实推进党史学习教育常态化，并为迎接党的二十大营造浓厚氛围，请以"学党史 忆初心"为主题，围绕党史学习教育的重大意义、中国共产党百年奋斗的光辉历程和历史性成就、党史学习教育的重点等方面组织开展党史学习教育专题会。

案例实操方法：

会议时间：20×× 年 ×× 月 ×× 日上午，会期半天。

会议地点：党员活动中心。

会议主题：党的二十大是在全党全国各族人民迈上全面建设社会主义现代化国家新征程、向第二个百年奋斗目标进军的关键时刻召开的一次十分重要的大会。为深入学习、准确领会、全面贯彻党的二十大精神，特开设"学习二十大 永远跟党走"主题会议，激励广大党员干部在新征程中踔厉奋发，再立新功。

出席人员：社区党组织全体成员。

会议安排：

（1）会前准备。由党组织负责人发放党的二十大精神学习材料，介绍党的二十大精神的基本内容和核心思想。采取个人自学与集中研讨相结合的方式，组织党员领导干部重点学习党的二十大基本内容和核心思想，引导党员深入理解，交流讨论，统一思想。

（2）会中安排。会议由党组织书记 ××× 主持，会期半天，会议议程：①将参会党员分为若干小组，按小组展开学习讨论；②小组成员分享学习内容以及自己的理解和认识；③党员分享将党的二十大精神在日常工作中进行实际应用和贯彻落实的方法。全员深刻领悟党的二十大精神，用党的二十大精神来武装自己，提升党员意识观念，以更好地发挥先锋作用。

（3）会后工作。党组织负责人对学习讨论结果进行总结。强调要深刻领悟党的二十大精神，深刻理解面向未来的奋斗目标，在落实上要"见成效"，征询党员提出的对未来工作的意见和建议。在贯彻实施的过程中，若遇到新情况、新问题，需对特定决策进行必要的调整或变更时，应迅速提交至党组会议进行审慎研究。

第五节　考核通关

一、考核形式

（一）考核内容

开会达人以常见的五大类型20种会议为基础，从以下四点出发进行设计，第一，结合现实情况，介绍基础的议事规则以及会议的筹备，做到边学边做边练。第二，需要提高社区基层干部对于社区问题的辨识能力以及分析能力。第三，需要按照不同的社区问题去召开不同的会议，以此解决社区问题。第四，需要学习会议中议题的处理方式，即将多种类型会议中的复杂步骤模块化，使基层干部认识多类型会议中的基础模块，对不同会议中想解决的问题有模块化的思考和行动，能快速流程化地解决会议问题。

（二）考核对象

参与该课程培训的全体学员。

（三）考核方式

"开会达人"考核PK为比赛形式，限时3小时，包括知识回顾、书面考核、知识抢答、实践出真知、复活赛、颁奖等环节。

二、考核要求

（一）知识回顾（20分钟）

内容：学员要回顾五大类型会议的特点、难点，召开各类会议的流程等。

（二）书面考核（30分钟）

内容：以五大类型会议开展、讨论规则相关知识点为问题进行书面考核。

（三）知识抢答（10分钟）

内容：以五大类型会议开展、讨论规则相关知识点为问题进行抢答。

规则：举手抢答计分，答错扣1分，答对加2分。

（四）实践出真知（60分钟）

内容：分组进行开会实操演练，验收参赛人员对不同类型会议的要点、难点、执行点的掌控能力。

规则：每组约10人；每组选1名学员担任主持人、1名学员担任会议秘书参赛；参赛主持人抽取一个会议主题，并从发布会议通知开始，到组织会议结束，秘书公布会议纪要，总时间不得超过20分钟，其他组同学现场观摩并打分，最终取平均分为该组得分。

（五）复活赛（30分钟）

内容：各组未担任过主持人的学员自荐或抽签选出1名主持人抽取议题组织全场会议（所有学员参会）。

规则：自荐成功加3分；用30分钟完成整个会议，最终由全体表决是否挑战成功，2/3赞成为挑战成功，成功加15分，反之扣10分。

（六）颁奖（10分钟）

内容：统计分数，书面考试分数＋该组得分。

规则：前3名获得"金牌开会达人"，第4～6名获得"银牌开会达人"，第7～15名获得"铜牌开会达人"。

附："开会达人"PK考核试题（时间：30分钟 总分：100分）

第一部分：单项选择题（每题4分，共60分）

1. 研讨类会议主要是关于信息发布、意见收集的会议。此类会议鼓励参会者踊跃发言、提问，研讨类会议的召开，既可以是在提出协商议题前进行意见收集和信息沟通，也可以是在议题执行或完成后针对下一步工作的开展收集意见和建议。以下选项中不属于研讨会的是（　　　）。

A. 联席会   B. 座谈会

C. 务虚会   D. 头脑风暴

2. 问题树是麦肯锡公司常用的一种分析问题解决问题的工具。它的原理是把一个问题当作树干，考虑这个问题和哪些因素有关。每想到一个问题就给这个树干加一个树枝，每根大的树枝上还跟有更多小的树枝，以此类推找出问题的所有因素。问题树能够帮我们演绎逻辑分解问题，所以又称演绎树和逻辑树。问题树包括三个部分，以下说法错误的是（　　　　）。

　　A. 树干——项目所要解决的"主要问题"

　　B. 树枝——问题所产生的"积极后果"

　　C. 树根——问题的"成因"，这是问题树最关键的问题

　　3. 在小组讨论会中作为主持人，如果发现别人的想法很幼稚，你该怎么做？（　　　　）

　　A. 制止他的发言　　　　　　　　　B. 请他想清楚再说

　　C. 什么都不做　　　　　　　　　　D. 嘲笑他

　　4. 协商类会议是在决策前召开的，负责拟订议题方案的一类会议。协商类会议通常是就某一议题草案，通过开会收集相关信息和数据、征询各有关部门对议题草案的意见、邀请相关领域专家对议题草案进行评审，达到完善议题方案的目的。以下选项中不属于协商类会议的是（　　　　）。

　　A. 协调会　　　　　　　　　　　　B. 研讨会

　　C. 议事会　　　　　　　　　　　　D. 调解会

　　5. 在小组讨论会中，以下哪个选项不属于主持中立的内容？（　　　　）

　　A. 不发表自己的观点　　　　　　　B. 让正反双方轮流发表观点

　　C. 按规则分配发言权　　　　　　　D. 总结别人的发言

　　6. ××社区辖区范围内有 14 个小区，其中商品房小区 6 个，老旧小区（2000 年底前修建）8 个。根据上级要求本年度第一批次纳入老旧小区改造范围的小区有 3 个。此项改造工作由城市更新中心牵头，以社区协助、居民参与的形式展开。此次座谈会议目的是了解 8 个老旧小区居民居住情况及改造意愿，将改造文件信息互通，选定改造的 3 个小区。基层工作人员将依据此信息召开一次老旧小区改造座谈会，以下选项中属于举办座谈会难点的是（　　　　）。

　　A. 会场布置　　　　　　　　　　　B. 邀请参会人员

　　C. 主持人引导和控制会议的发言　　D. 记录会议过程

　　7. 以下哪种会议结束后不需要推动细节工作的开展（　　　　）。

　　A. 例会　　　　　　　　　　　　　B. 汇报会

　　C. 议事会　　　　　　　　　　　　D. 务虚会

　　8. "固定周期开展，流程相对固定，为了实现有效管理，促进上下级及内部成员的沟通与合作，提高执行工作目标的效率，追踪工作进度。"描述的是（　　　　）的特点。

　　A. 协调会　　　　　　　　　　　　B. 选举会

　　C. 例会　　　　　　　　　　　　　D. 推进会

　　9.（　　　　）的目的是收集听取各方面的意见建议，对情况的真实性和问题的性质作

出判断，达成多数人的共识。

A. 调研会   B. 座谈会

C. 头脑风暴   D. 现场会

10. 下列会议不需要在会场作决策的是（　　　）。

A. 调研会   B. 推进会

C. 例会   D. 联席会

11. 针对新冠疫情可能出现的突发情况，为切实做好"外防输入、内防反弹"，坚决阻断疫情蔓延，有效应对可能出现的极端情况，结合社区实际，召开疫情防控部署会议。下列选项中，不属于部署会议特点的是（　　　）。

A. 部署的每项工作都有特定的指向   B. 部署工作有鲜明的指导作用

C. 部署工作有明确任务   D. 部署工作有高远的目标

12. （　　　）是党内政治生活的重要内容，是发扬党内民主、加强党内监督、依靠领导班子自身力量解决矛盾和问题的重要方式。

A. 民主生活会   B. 党小组会议

C. 支部委员会   D. 党员大会

13. 修正案在被提出之后是否需要附议？（　　　）

A. 需要   B. 不需要

C. 看情况，有些需要，有些不需要

14. 以下哪一项不属于行动建议六要素的内容（　　　）。

A. 地点   B. 行动

C. 原则   D. 资源

15. （　　　）是通过对专门议题的探讨，集中解决此议题的问题。

A. 部署会   B. 专题会

C. 汇报会   D. 动员会

第二部分：填空题（每空2分，共20分）

1. 根据每个人在会议中的角色不同，本期会议培训小组中的人员分为四类角色。分别是指召集人、_____、_____、与会者。

2. 问题树分析问题的五个步骤具体是_____、将主要问题放在树干上、不断地问"为什么"，追索成因、不断问"所以呢"、检视原因和后果之间的逻辑关系是否成立。

3. 问题分析四步法是指是什么、怎么样、为什么、怎么办。是什么，是对问题的事实性陈述；怎么样，是_____；为什么，是对问题的原因分析；怎么办，则需要提出解决问题的_____。

4. 事实和观点最大的区别在于，事实是_____，它有真假之分。观点是主观的，它没有真假之分。

5. 会议宝典中基层常见的五类会议是指研讨类会议、_____、决策类会议、_____、学习类会议。

6. 会议模块化处理技巧中将各类会议模块化为_____、决策板块、_____3个板块。

第三部分：简答题（20分）

1. 分享主持得比较成功的一次会议，简要描述会议的背景、过程及其结果。（10分）

2. 用问题树分析开展会议前遇到的问题。（10分）

参考答案

第一部分：单项选择题

1.A 2.B 3.B 4.B 5.D 6.B 7.D 8.C 9.B 10.A 11.D 12.A 13.A 14.C 15.B

第二部分：填空题

1. 会议主持、会议记录 2. 确定参会问题 3. 基于听众影响的布置、对策 4. 落实议题 5. 协调类会议、执行类会议 6. 信息沟通板块、共置任务板块

第七章 "数字大咖"：基层治理的数智先锋

数字中国这一理念最初源于反映国际上提出的"数字地球"概念，从学术界的地域网络纯科学定义出发，逐步走上了各地信息化工程建设实际，并最终形成了我国科技发展战略。数字化技术可以精确地收集和分析数据，帮助社会工作者更准确地了解基层的情况，从而更精确地制定和执行政策。本章主要内容首先是对数字中国、数字经济和数字治理以及基层治理的内涵和外延的解释；其次是对龙华区数字化建设的机遇、战略框架、发展目标、实施路径以及特点的总结；最后系统介绍数字龙华城区的发展和治理状况。

通过本章学习，能够系统掌握数字治理的宏观背景、理论内涵、基本方法、案例实践等，用以指导和推动基层治理数字化转型。

第一节 数字治理基本理论与方法

一、数字中国

数字化是当今时代最大的发展趋势，数据是当前最具活力的生产要素。全球数字治理规则正在演变重塑，例如欧盟、美国、中国等主要经济体积极布局全球数字治理，出台有关数字化转型的战略和政策，数字治理中的多边机制重新发挥作用，积极引领数字治理向前发展。

党的十八大以来，以习近平同志为核心的党中央高度关注互联网、区块链、人工智能等新兴技术引发的数字化转型，中央层面已经多次开展有关数字化转型学习，出台若干数字化政策。

数字中国是指利用数字技术为基础，通过信息化、智能化、网络化的手段，全面推进国家数字化建设和数字经济发展的新时代。它旨在实现信息化和数字化的深度融合，推动信息技术和产业的创新发展，提高国家的数字化水平和竞争力，推动经济转型升级，实现经济高质量发展。同时，数字中国也为人民群众提供了更加便捷、高效、优质的服务。

数字中国建设的核心目标是推动数字经济的发展。数字经济是以数字技术为基础，利用互联网、大数据、云计算、人工智能等先进技术，推动传统产业数字化转型，培育新兴数字经济，实现经济高质量发展的新型经济形态。数字经济的发展是数字中国建设的重要内容。从内涵来说，包含数字经济、数字政府、数字文化、数字社会、数字生态等范畴在内的科学的重要概念。国家"十四五"规划第五篇"加快数字化发展，建设数字中国"，明确要求"加快建设数字经济、数字社会、数字政府，以数字化转型整体驱动生产方式、生活方式和治理方式变革"。

数字经济是指以现代信息网络为重要载体、以数字知识和信息为主要生产要素、以信息通信技术有效使用作为效率提升和经济结构优化的重要推动力，是继农业经济、工业经济之后的一种新的经济社会发展形式。数字经济的产生伴随着互联网和信息技术的广泛应用和发展，最初被视为知识经济的一部分，但随着其重要性的不断提升，数字经济已经成为一种新型的经济形态[1]，也被称为第四次工业革命的主要特征。早期的数字经济定义大多是围绕电子商务展开的，比如被誉为"数字经济之父"的 Don Tapscott 认为，数字经济是由信息通信行业、企业电子商务和个人电子商务组成的[2]；Mesenbourg 认为，数字经济包括电子商务基础设施、电子业务和电子商务[3]。在数字经济的发展得到各国政府的重视后，一些国际组织和官方机构也对其内涵进行了界定。现在通常都是使用以 2016 年 G20 杭州峰会对数字经济内涵的解读"以使用数字化的知识和信息作为关键生产要素、以现代信息网络作为重要载体、以信息通信技术的有效使用作为效率提升和经济结构优化的重要推动力的一系列经济活动"。

数字政府建设主要是政府通过互联网对其自身组织进行重塑，对其自身的运行过程、活动内容等进行数字化创新，让政府工作人员学习和掌握数字技术，使政府能够运用数字技术开展实际政务活动。

数字社会其主体形态是智能社会，智能社会则是数字技术背景下社会运作和管理的完整形式，它是促进社会与智能双向互动、相互融合的有效形式。

智能化的技术能够为环境治理带来越发高效率与开放性的平台，其运用也是环境治理体系变革的新的驱动力和增强能力现代化的新兴方法。

二、数字政府技术运用

数字政府的技术运用涵盖了一系列先进的信息化手段和方法，旨在提升政府服务

---

① 闫德利 . 数字经济：开启数字化转型之路［M］. 北京：中国发展出版社，2019：17.

② TAPSCOTT D. The digital economy: promise and peril in the age of networked intelligence［M］. NewYork：McGraw-Hill，1996.

③ 李晓华 ."互联网 +"改造传统产业的理论基础［J］. 经济纵横，2016（3）：57-63.

的效率和质量，实现政务流程的数字化、智能化和透明化。

（一）大数据技术

大数据技术是数字政府建设的核心。政府通过收集、整合和分析海量数据，能够洞察社会、经济、民生等各方面的趋势和问题，为政策制定和决策提供科学依据。同时，大数据还可以用于预测预警，提前发现和规避潜在风险。

（二）云计算技术

云计算技术为数字政府提供了强大的计算和存储能力。通过云计算平台，政府可以实现政务数据的集中存储和共享，提高数据的安全性和可用性。此外，云计算还可以支持政府服务的在线化和移动化，方便公众随时随地获取政务服务。

（三）人工智能技术

人工智能技术在数字政府中发挥着越来越重要的作用。例如，智能客服机器人可以24小时在线为公众提供咨询服务；智能分析系统可以对政务数据深度挖掘和分析，发现潜在的价值和规律；智能监管系统可以实时监测政务流程的运行情况，确保政府工作的规范性和高效性。

（四）区块链技术

区块链技术以其去中心化、不可篡改的特性，为数字政府提供了更加安全和可信的数据交换和存储方式。在数字政府中，区块链可以用于构建政务数据的可信共享机制，确保数据的真实性和完整性；同时，还可以用于构建电子证照、电子合同等应用场景，提高政务服务的便捷性和安全性。

（五）物联网技术

物联网技术凭借其将各类设备与传感器接入互联网的能力，实现了数据的即时收集与传输，为数字政府的运作带来了革新。在城市管理、环境监控以及公共服务等多个方面，物联网技术的应用显著增强了政府职能的智能化程度，不仅提升了服务效率，还促进了资源的优化配置与环境的可持续监管，是数字政府智慧化转型的关键支撑。

（六）移动互联网技术

移动互联网技术使公众可以通过手机等移动设备随时随地获取政务服务。政府可以通过开发移动政务应用、建设移动政务门户等方式，为公众提供便捷、高效的在线服务体验。

综上所述，数字政府的技术运用涵盖了大数据技术、云计算技术、人工智能技术、区块链技术、物联网技术以及移动互联网技术等多个方面。这些技术手段和方法共同构成了数字政府的技术支撑体系，为政府服务的数字化、智能化和透明化提供了有力保障。

三、数字治理

数字治理代表了数字技术与社会治理深度融合的过程，为传统的管理模式融入了"数据分析的智慧视角"。这使公共管理者能够站在一个更高的分析层面，跳出原有的思维框架，在一个全新认知空间探寻治理挑战的创新解决方案，促进政府、社会及个人三者间的和谐共生与共同发展。其本质特点体现在全社会治理活动中的数据互通、各领域间全面的数字化协同作业，以及超越单一机构限制的工作流程重塑，共同织就了一个"依赖数据发声、依据数据决策、运用数据管控、借力数据创新"的新型治理生态系统。

数字治理基本的出发点一方面在于通过现代信息技术达到重构公共部门数字化管理体制机制的目的，另一方面也期待以数字化改革推动整个社会的数字化发展进程。所以有学者认为，数字治理需要从数字化转型面临的实际问题和挑战出发，全方位审视已有的治理范式，改革现有不适应时代的制度，建立适应数字时代的现代化治理体系，反馈数字化转型演进机制，保障数字化转型有序进行[1]。在中国，数字治理的核心任务就是为数字化转型保驾护航，保证网络空间战略稳定，并构建和谐的数字秩序，推动中国从网络大国走向网络强国，助力数字化转型和智慧社会建设。梳理学界有关数字治理理论的整体性论证发现，数字治理理论经过了不断发展，其基本观点主要有如下几个方面。

第一，数字治理强调协同治理。数字治理理论下，政府不是单一治理主体，需要打破界限与市场、社会协同进行治理——这一点已经被很多学者论证。如有学者指出，数字治理下政府与社会、市场与公众的关系发生了很大变化，政府需要由原有的资源与权力主导者转为主体利益协调者，而社会公众也由原来的那种碎片化、零散式参与转变成一种整体性治理[2]。

第二，数字治理强调数字技术对于政府流程再造与体制机制改革的积极作用。数字治理将技术与治理相结合可以破解政府原有治理的很多协同难题，通过信息技术可以重塑政府公共部门的联动关系。各政府部门以居民需求为基本出发点，通过各种数字化技术、数据化服务平台以及基础设施，社会服务领域的数字化转型可以促进跨部

① 张晓.数字化转型与数字治理［M］.北京：电子工业出版社，2021.
② 王晨.基于公共价值的城市数字治理：理论阐释与实践路径［J］.理论学刊，2022（4）：161-168.

门合作，跨层级的流程再造[1]。

第三，数字治理助推国家治理实现现代化。数字治理理论认为，要充分发挥现代信息技术的作用，不断发挥现代信息技术在治理中的积极价值，打破以往多头管理产生的数据孤岛。无论是从政府内部还是政府外部来看，数字治理都可以实现数据整合：在政府内部，数字治理通过打破数据孤岛，重塑业务流程，革新组织架构等举措，打造出了边界清晰、权责明确且精简、高效、统一的现代化政府；在政府外部，数字治理又使政府更加开放透明，打破"黑箱"偏见，在为市场增效、社会赋权的同时，深刻重塑了传统的市场运行机制和社会治理机制，全面推动着国家治理体系和治理能力现代化[2]。

总的来看，当今世界无论是中国还是国外，数字经济异军突起，数字社会蓬勃发展，数字政府建设快速推进，各种新情况新问题层出不穷，与数字化转型发展实践相适应的学术研究还相对滞后、政策供给有待加强。与政治学、公共管理等学科领域比较成熟的理论学说相比，数字治理理论探究目前还处于初始阶段，而且国内研究明显滞后于国外研究。因此，今天我们探究数字化转型发展问题，需要借鉴反思西方数字化治理框架模式的有益成分，密切结合中国国情实际，构建具有中国特色的数字治理理论体系，以更好地指导实践，并努力争取全球数字治理国际话语权和规则制定权。

第二节 基层治理数字化典型案例

案例一 深圳市龙华区数字治理实践探索

深圳市龙华区的数字治理模式，立足于互联网、大数据、人工智能、5G等先进科技，着重借助数字孪生技术的应用力量，构建起由党委政府为主要引领，多元主体协作互动的运行架构。该模式的根本目的在于持续增进民众福利与公共利益，推动社会经济的全面进步。其核心特色在于打造一个贯穿全域、覆盖全周期，集数字化、智能化、高精准度、以人为本及法治化于一体的社会治理新模式，标志着社会治理向更加高效、智能和人性化的未来迈进。

（一）数字城区龙华模式——全生命周期型的数字城区发展

在顶层设计层面，规范数据化管理制度及数据要素标准的界定，以数字化改革机制创新，为龙华建设数字城区提供制度保障。

---

[1] NOUR M A, ABDEL R A, FADLALLA A. A context-based integrative framework for e-government initiatives [J]. Government Information Quarterly, 2008（25）: 448–461.

[2] 以数字治理助推国家治理能力现代化 [N]. 法治日报, 2021-06-23（5）.

在设施保障层面，在龙华空间结构上合理布局信息基础设施，夯实城市硬件设施部件的数字化升级，形成"万物互联、数智融合、技术引领"的数字基础设施体系。

在平台建设层面，升级城市各类数据处理系统，赋能交通、水务、城管、工程项目等管控平台，建立高效化、智能化、标准化的数据处理中台体系，推进城区数字化、网络化、智能化、可视化发展。

在技术驱动层面，依托科研机构、头部科技企业着力攻克关键核心技术，推动数字技术产业化发展，科技赋能龙华数字城区建设。

在应用场景层面，策略聚焦于场景驱动，紧密跟随市场需求的步伐与消费升级的趋势，运用消费反馈来指导生产活动，实现了从需求到供应的逆向驱动模式。这一过程深度融合数据洞察、内容创意、精密算法、用户体验、增值服务及硬件设备等多要素，共同塑造了一个高度协同的生态系统，从而确立了数字消费在新兴产业中的重要地位。

（二）数字治理龙华模式——"党建＋科技＋治理"

2021年7月，融合了"党建＋科技＋治理"的龙华模式因其创新性与实效性，被国家发展和改革委员会选为深圳经济特区的典型经验，并向全国推荐普及。该模式的独特之处在于，将党组织深度融入数字治理体系，作为核心治理主体，巧妙地将党建工作长期以来的优势与最新一代信息技术相结合，释放出强大的协同效应。此模式致力于重构和优化党政机关与社会、市场，以及数字平台与社区、民众之间的互动关系，形成了一个以增强民众幸福感和满意度为评价标准的综合服务体系，这一整套方法被总结为"集成式数字治理模式"。

（三）数字治理龙华路径——"党委领导、政府负责、数据支撑、协同治理"

1. 统合数字治理的党委领导：以党建引领激活基层治理效能

2021年2月，深圳市龙华区观澜街道开创性地设计并实施了"社区—街区—网格"三层级的立体网格化管理模式，旨在全面覆盖并深化社区党建工作，同时实现网格化的精细管理。这一举措不仅有效巩固和完善了党组织结构，还强化了基层党组织的功能定位，通过"分区明确责任"的方式，显著提升了基层治理效能与责任感。

2. 统合数字治理的政府职责：以政府数字化转型牵引治理数字化协同

龙华区在推进数字政府建设中，着重强调"一网化"整合管理系统的构建，致力于不断改进和升级政务服务的"一网通办"平台，加强政府治理的"一网统管"能力，并促进政府内部运作的"一网协同"机制，全方位提升了行政效率和服务质量。

3. 统合数字治理的数据支撑：以大数据驱动体系化、源头性治理

在城市治理的实践探索中，龙华区致力于强化政务数据的标准化生成，优化数据资源管理框架，健全数据共享与应用的机制，同时，深化推进公共数据的开放以促进增值服务，并且全面建构起数据安全保障体系，确保数据在有效利用的同时得到妥善保护。

4.统合数字治理的协同治理：以多元主体实现社会共建共享

龙华已建成线上线下一体化的"共治＋服务"综合体，丰富"i龙华"应用，强化居民自我管理、自我服务，实现由"他组织"向"自组织"转变。

（四）数字治理龙华举措

2021年7月，龙华区发布了《"智慧龙华"和"数字政府"第十四个五年规划》；2021年8月，启用"区—街道—社区"三级数字治理智慧中心，构建了"1（区）+6（街道）+N（职能局）"数字治理指挥体系。2022年4月，龙华区发布了《龙华区数字治理三年行动计划（2022—2024年）》，进一步加强数字治理统筹规划和整体建设，构建"1+3+5+N"数字治理体系。

"1+3+5+N"数字治理体系概述如下。

"1"指的是构建一个核心的"治理大脑"。龙华区已成功设立50处社区数字治理指挥中心，形成了"一体管全局"的跨层级、立体化的数字治理指挥网络。这一"治理大脑"通过整合业务、系统互联与数据共享，正朝着科学管理、全域协调的"一网统管"模式迈进，实现对全局的智能掌控。

"3"代表三大关键治理板块：基于网格化框架的社会治理、多方主体协同参与的多元化共治模式，以及以人民获得感为标尺的公共服务，每个领域都根据自身特性实施分层分类管理与整合。

"5"聚焦于五大软实力提升方向：一是构建统一的数字治理团队和架构。二是建立长期机制，如联合会议制度、事项分类处理机制、"一数一源"及社区事项准入等。三是确立一套全面的标准、指标与评估体系。四是推广"首席数据官"制度，强化干部数字技能培养。五是营造数字治理生态，包括建立技术验证中心，促进生态环境的良性循环。

"N"则涵盖了多样化的数字治理应用场景，特别是针对民生问题，通过挖掘高频需求，创建具有代表性的示范项目，直接回应民众需求。

此外，智慧城市的基础建设也在同步推进，包括统一规划网络与云计算资源，部署"2+6"OTN环网以支持物联网设备与视频资源的快速接入，升级视频专网等，以满足不同部门需求。同时，构建云端服务的三层架构，加速系统云端迁移，并实现公安与交通监控资源的全面融合，形成统一的视频资源管理。

在通信网络设施建设上，龙华区致力于构建"5G+千兆光纤＋智慧专网＋物联网"全方位通信体系，强化光纤网络覆盖，确保全区通信基础设施的高水平建设和完善。

建设全栈云平台。推动原有业务云化，搭建功能灵活的政务云、卫健云、AI云、公安云、视频云等平台，开发创新业务应用，以实现全栈业务承载、全栈服务能力、全栈资源管理和全栈架构演进。

营造多元共治的协作平台。打造党建引领基层治理"龙华品牌"。推广北站社区党建经验；深化"两新"书记直通车机制；打造"一社区一园区"区域化党建示范点，加强城中村等人群密集区域 24 小时党群服务 V 站建设；推动基层专职党务工作者专业化职业化改革；加强龙华区基层治理学院建设。

探索适应高密度城区特性和规律的新型数字治理模式，具体措施包括：首先，构建"七位一体"（团队、机制、资源、业务、数据、流程、标准）的高度整合型治理体系，实现全区范围内的治理统一化和高效化。其次，激励基层创新，专注于"小而精"的治理场景拓展，通过立体化应用开发，推动综合治理、系统治理及源头治理的深入实施，形成全方位、协同一致的治理格局。最后，利用区块链、移动技术等创新手段，加强与企业、社会组织信息系统的互联互通，构建广泛的数字连接网络，确保服务直达群众，消除"最后一公里"障碍。

基于统一的应用支撑平台，深化精准智能的社会治理实践，特别是在政务服务、城市运维、产业升级、生态保护和民生改善五大关键领域，全面推广"智慧+"应用，以科技赋能社会治理与服务升级。

同时，着重提升行政效率与实效，推行"一件事"全流程一体化办理模式，确保公众只需"一次申请、一次办结"，政府内部则实现"一件事、协同办理"，大大简化了办事流程。创新实施"免申即享"政策，从根本上改变传统的政策查找模式，转变为政策主动匹配并送达，符合条件的企业和民众无须主动申请即可直接享受优惠政策。作为企业负责人，在"免申即享"服务模式下，将能通过手机等移动设备直接接收与您的企业相关的国家资助政策信息推送，极大地解决了政策知晓难、申请复杂的问题，提高了政策惠及面和执行效率。

（五）数字治理龙华成效

1. 数字治理平台的建设与完善

龙华区已经成功构建了数字治理平台，实现了治理数据的集成和共享，使治理工作更加高效、精准。该平台不仅覆盖了区、街道、社区等多个层级，还实现了跨部门、跨业务的协同，为治理工作提供了强大的技术支撑。

2. 数字化应用场景的丰富

龙华区在数字治理领域探索并推广了众多数字化应用场景，如智慧交通、智慧城管、智慧环保等。这些应用场景的实施，不仅提升了治理效率，也增强了公众对数字治理的感知和认同。

3. 群众获得感逐步提升

龙华区分别入选"2020 中国县域智慧城市百强榜"五强和"2021 中国智慧城市百佳县市"；2022 年党建引领基层治理分拨平台提升事件处置效率，事件平均处置时限从 3 天缩短至 1.5 天；AI 赋能数字抗疫，"龙·眼"智慧流调工作系统实现了大数据流调"一网追踪"，核心流调时间由 4 小时压缩到最快 40 分钟，流调人员 10 秒即可查询到场所轨迹、同时空场所人员等信息；在全区 26 个隔离酒店上线"防疫识别 AI 机器人"，实时监测隔离人员是否有在红区走廊逗留、未佩戴口罩等各类高风险违规行为，减少隔离酒店近 500 名安保人员，占总人数的 1/3。

"龙华政府在线"等政务公开平台主动公开政府信息累计 5 万余条，线上受理全区群众诉求累计 3 万宗，累计化解 2.9 万宗，化解率达 97%，受理量和化解量均排名全市第一。

4. 群众幸福感不断激发

2020 年，龙华开展智能化养老服务建设试点项目，为辖区 83 处养老服务场所配置智能化设备 406 件，智能设备累计提供有效活动轨迹异常预警 119 次、老年人主动呼叫 129 次、老人累计收听广播 22218 次，得到老年人和家属的一致好评。

2022 年上半年，创新"时间银行""积分超市"等激励机制，建立健全积分兑换体系，形成"以服务换服务、抓服务促治理"的良性循环，居民参与志愿服务 3 万余次，兑换积分 80 万分。

首创"暖心柜"15 个，精准服务新就业群体和困难群众，免费兑换爱心物资 6 万余次。推出两批共 41 个"免申即享"事项，实现主动查找、主动告知、主动兑现，第一批已发放民生补贴 4.3 亿元、受益人数超 12 万人。

以智慧养老服务平台为支撑，以区长者服务指导评价中心为统领，有效链接 6 个街道长者服务中心、N 个社区长者服务站点等养老设施，统筹全区养老服务资源，构建了"1+6+N"养老服务网络。

5. 群众安全感有力保障

建立线上线下相结合的监督评价机制。线上做到每个单位的事件处置情况"全过程留痕＋全线上评价"，线下强化区、街道两级督查队伍建设，按照"应采尽采、应办尽办"原则开展实地督导检查。

龙华区出台《龙华区数字治理办挂牌督办工作办法（试行）》，自 2022 年 1 月起，对平台应用效果不佳、监督评价得分较低、处置整改不力的单位每月进行通报；自 3 月 7 日起每周对重点事件进行研判分析，累计周报 17 篇；自 5 月 29 日起每日对敏感事件进行预警，累计日报 39 篇。

不断完善数据产权保护和利用的新机制，建立数据隐私保护制度，建设龙华区知识产权保护促进中心，激发创新创造活力。积极探索数字信访新模式。打造"500 米群众诉求服务圈"，建成四级群众信访诉求综合服务平台，优化升级群众诉求服务系统，数字赋能推进源头治理；建立平安志愿者奖励金制度，激励引导平安志愿者参与数字治理。

总的来说，龙华数字治理的发展成效显著，为城市的可持续发展和社会治理现代化提供了有力支撑。未来，随着技术的不断进步和应用场景的不断拓展，龙华数字治理的潜力将进一步释放。

案例二 部分其他省区市数字治理发展情况

（一）上海

"一网统管"系统通过从单纯的数据汇集进化到能力集成，使数据转化为行动指南，赋予城市更高级别的智能化决策能力。该系统已成功集成了来自公共安全、市容绿化、公共卫生、气象、水务等部门的超过 100 种基础数据源，提炼出 86 项关键指标，初步达到了在单一界面上全面监控城市动态的"一屏观全局"目标。

临港地区则通过三大实战场景与六项核心能力的深度融合，利用人工智能技术突破城市治理的重重难关。具体实践中，将"城区、景区、园区"与"可视化能力、感知能力、数据能力、计算能力、管理能力和预判能力"紧密结合，实现了交通状况的模拟推演、无人机自动化巡查、建筑工地污染智能控制、海岸线安全预警以及旅游趋势的精准预测。

徐汇区的智慧化城市运营管理平台升级为"智慧网格 2.0"，涵盖了多个关键领域："大平安"通过实时监控重点区域的人流与事件，绘制区域风险彩色地图，确保对区域安全状态的实时掌握；"大市场"保持对企业监管信息的实时更新，确保市场监管的时效性；"大建管"利用智能感知设备对城市基础设施进行细致监控；"大民生"则紧密围绕社区、家庭和个人需求，尤其是对老年人和困难群体，做到了需求的提前识别与快速响应，体现了城市治理中的人文关怀和技术温度。

（二）广东

在推动省域治理模式向"一网统管"转型的过程中，着重加强政府内部的"一网协同"机制，致力于达到"三网融合"的目标，即治理网、服务网与信息网的无缝对接。在技术实施策略上，依托先进的信息技术（IT）、通信技术（CT）及数字技术（DT），构建了一个强调"协同共享、高效服务"的技术框架，并以此为导向促进省与市层面的一体化进程，确保资源与信息的流动畅通无阻。

在数字化架构设计上，建立了一个自上而下贯穿国家至市县层级的全省一体化数据架构，旨在提升各级政府在数据管理和应用上的综合效能。这一架构不仅覆盖数据的采集、处理、分析到应用的全生命周期管理，还力求通过全方位的数据赋能，加速数据要素价值的倍增效应，为数字政府的革新与建设注入强大动力。

安全方面，设计了一套统一且严密的安全管理体系，其基础是健全的安全技术防护体系，辅以高效的安全运营和严格的监管措施，确保从预防、监测到响应的每一个环节都得到妥善处理。这套体系致力于打造一个"安全可信、合规可控"的多维度安全防护网，为数字政府的运行构建坚不可摧的安全壁垒，实现全周期、立体化的安全保障。

（三）浙江

遵循"四横四纵"架构原则，以一体化、智能化的公共数据平台为基座，数字政府的综合应用体系得以构建，旨在整合现有各行业数字化转型的丰硕成果，并以疫情防控等十二项重大任务为核心，催生一系列跨场景、跨业务协同的应用实例，有力推动各领域数字化系统的功能升级与效能提升。

其中，"四横"架构横向贯穿了五个主要数字化改革领域的业务应用系统、全省范围内的资源共享应用支撑系统、全面的数据资源管理体系，以及坚实的基础设施支撑体系，形成了数字政府的宽广基底。"四纵"架构则纵向构建了政策制度的支撑体系、标准化规范体系、强有力的组织保障机制，以及确保政务活动安全稳定的网络安全体系，为数字政府建设提供了稳固的框架与导向。

此外，通过"两个掌上"平台——"浙里办"面向公众提供便捷服务，"浙政钉"助力政府内部高效协同，进一步实现了政务服务的全面触达与流程优化，提升了政府服务的整体效能与公众满意度。

（四）广西

一体化平台作为全区政务服务的核心"枢纽站"，扮演着支撑"一网式办理、零跑腿服务、一证通办、智能化审批"的关键角色，它遵循统一的标准、实施统一建设和规划，向上与国家级政务服务平台紧密相连，水平方向上则与各类专业业务系统无缝对接，为全区所有级别和部门的政务服务提供了统一的入口、通道和支撑平台。在贵港市，除个别自建系统外，所有部门均采用统一的云平台和政务服务一体化平台，这一策略有效避免了重复建设和维护的资源浪费，累计节约了超过10亿元的建设资金，显著提升了资源利用效率和政务服务效能。

（五）宁夏

构建了"1+2+3+4+5"数字治理体系。

"1"核心在于搭建统一的数字政府基础设施平台，涵盖政务云、电子政务外网、政务大数据中心及数据共享交换平台等基础架构，同时建立健全包含统一身份认证、电子证照、电子签章、公共支付等在内的共性应用支撑体系，为数字政府运行奠定坚实基础。

"2"旨在创建数字政府的双移动门户，即"我的宁夏"App作为面向公众的政务服务入口，方便百姓在线办事；而"宁政通"App则服务于政府内部，作为移动办公的主要平台。

"3"代表着数字政府运行的三大主线应用：政务服务追求"一网通办"，实现线上服务无缝链接；社会治理依托"一网通管"，确保管理高效透明；政府运行强调"一体协同"，促进内部工作流畅衔接。

"4"强调构建数字政府的四大支撑体系：统一标准体系确保数据互认与流程规范；统一安全防护体系保障信息与系统安全；统一投诉反馈体系及时响应民众需求；统一联动的运营运维体系确保平台稳定高效运行。

"5"则是指实现自治区、市、县、乡、村五级行政机构间的信息系统全面贯通与协同作业，形成上下联动、资源共享的应用生态，加速推进治理体系与服务能力现代化。

案例三　部分城市数字治理发展情况

（一）杭州

1. 数字治堵1.0

杭州城市大脑的管理范围已扩展至原先的28倍之广，通过对1300个交通信号灯的智能化优化，其运行效率显著提升。如今，系统每2分钟就能完成一次区域交通状况的全面扫描，处理问题的速度较之前提高了9倍，有力证明了"数字治堵"策略的高效性。

2. 数字治城2.0

保障特种车辆快速通行，守护市民生命财产安全；实施"非浙A急事通"，满足外地牌照车主进杭需求；实现市民就医全程无须先付费，就诊结束后一次性付费；实现游客"多游一小时"，更多时间花在旅行上；全城连通便捷泊车，"先离场后付费"；停车与就医场景联动，破解医院周边的停车难题。

（二）青岛

借助数字孪生城市的镜像映射特性，决策者能够在虚拟的数字环境中预先模拟决策效果，为实际操作提供更加科学合理的依据。这一过程为城市配备了全方位的"感知、传输、认知、应用"能力，激活其如同神经系统般的复杂网络，使城市能够全面观察、广泛沟通、全局理解并动态增强其运行效能，进化成一个能够自我感知、自主思考、高效处理事务并实现整体协同的次世代智慧城市模型。

在具体实施过程中，该体系覆盖了城市生命线维系、公共安全、生产安全及自然灾害防范这四大关键领域，并在燃气管理、热能供应、供水排水、桥梁健康、化工安全、电梯监控、消防安全、森林火灾预防等多个专项场景中部署应用，编织了一张无所不包的"城市感知网络"。这张网络不仅实现了对城市安全要素的"三清"（底数清晰、风险明了、隐患可见），还具备"四能"（实时监测、提前预警、辅助科学决策、快速应急处置）的强大功能，确保城市安全风险的识别、预警到最终解决形成一个闭合的管理链条，全方位守护城市的健康与安全。

第三节 答疑解惑

问题1：数字政府的定义是什么

数字政府是依托最新一代信息技术构建的新型治理模式，它重新定义了政务信息化的管理、业务及技术框架。通过建立以大数据为核心的政务运行新机制、构筑新型平台与沟通渠道，数字政府深刻改造了政府内部结构、运作流程和服务模式，旨在各个关键职能领域——包括经济调控、市场监督、社会治理、公共服务及环境保护——显著增强政府效能。这一模式倡导以数据为基石的决策与服务文化，强调"以数据交流、以数据决策、以数据服务、以创新驱动"，标志着向更智慧、高效、现代化治理模式的转变。

问题2：为什么要进行数字化改革

进入"十四五"规划期以来，中国迈入全面社会主义现代化国家建设的新阶段，这一进程中的核心动力源自大数据、云计算、移动互联网、物联网及人工智能等前沿科技的蓬勃兴起。这些数字技术不仅是现代化征程的强大引擎，而且深刻变革着生产生活的面貌，重塑个人行为、社交互动、组织运作及社会运行机制，思想观念与思维模式也随之革新。新兴技术持续催生新的业态、商业模式和工作形式，加速了国家现代化的深度与广度。因此，加速构建数字社会不仅是对当前科技发展趋势的积极响应，也是建设数字中国的关键一环，更是推动社会主义现代化事业快速发展不可或缺的一环。

新发展理念，即创新、协调、绿色、开放、共享的发展原则，与数字社会建设的核心宗旨不谋而合。数字社会通过高效的数据管理和流动，在网络空间内集成了广泛资源，极大提高了资源配置效能，数据作为绿色且富有创新潜力的新生产要素，促进了跨地域、跨界别的无缝连接与协同，体现了资源使用的灵活性与高效性。数字平台的普及使得全民能够实时参与社会活动，享受无界限的便利服务，加速了发展红利的全民共享，这正是新发展理念内在要求的体现。

面对我国社会主要矛盾的变化及民众日益增长的美好生活需求，数字社会建设成为满足这些期盼的关键途径。从灵活多样的就业机会到高品质的生活环境，从优质的教育资源到便捷的医疗健康服务，再到丰富多彩的文化体育活动和全面的社会保障体系，数字技术的广泛渗透为解决这些社会关切问题提供了可行性方案。它不仅拓宽了美好生活的实现路径，也展现了未来数字化生活方式的无限可能，成为打造人民美好生活的重要工具。

问题 3：数字中国的战略意义是什么

贯彻落实新发展理念。发展数字中国，是贯彻实施创新、协调、绿色、开放、共享五大新发展理念的集中表现。

推进国家治理体系和治理能力现代化。数字中国建设有利于形成数字化的经济社会管理体制和服务系统。数字中国是推动政府部门决策科学化、治理精确化和服务高效化建设的关键技术手段。

有利于社会、民生等事业发展。数字中国建设将为中国的经济、政治、文化、社会、生态等方面的建设提供数字技术与信息资源支持和保障，通过全面完善现代信息技术基础设施，积极推广应用新型的信息技术，进一步提升人民群众日常生活的智能化、便利化水准，使广大人民群众在信息化发展中有更强的获得感。

助力中国抢占未来发展先机。全球数字化转型正成为未来发展的趋势，以新一代信息技术为核心的第四次工业革命正重塑全球产业格局，推动经济社会数字化发展已然成为全球共识，全力推动数字中国建设至关重要。

问题 4：新一代技术主要有哪些

新一代信息技术代表了对传统计算机、集成电路制造以及无线通信技术的根本性革新，它融合并超越了这些基础领域，涵盖了诸如人工智能、量子信息科学、物联网，以及区块链等前沿技术。这些技术共同构成了信息时代的新型基础设施，推动社会与经济的全面转型。以下是几个关键领域的概述。

物联网：这一概念涉及将各种实体对象通过射频识别（RFID）、传感器、GPS 及其他信息采集装置与互联网相连，从而实现物品间的智能互联。物联网使数据的自动收集、交换与处理成为可能，为监控、管理乃至预测物理世界的动态提供了强大的工具。

人工智能：作为一门旨在模仿、增强和拓展人类智能的综合性学科，AI 利用复杂的算法模型和大量数据，来训练机器执行认知任务，如理解语言、识别图像，甚至作出决策。人工智能的发展旨在创造能够自主学习、适应并以类似人类智慧的方式作出响应的智能系统。

区块链：这是一种分布式账本技术，通过在对等网络中应用加密算法和共识机制，确保数据记录的安全、透明和不可篡改。区块链以其独特的数据结构——区块链接成的链式数据库，为交易提供了去中心化、高度可靠的记录方式，进而被广泛应用于金融、供应链管理等领域。

5G：作为第五代移动通信技术，5G 代表了移动网络技术的最新进展，相较于 4G 和其他前代技术，提供了更高的数据传输速率、更低的延迟以及更大的设备连接容量。

5G 不仅是速度的提升，它还为物联网、自动驾驶、远程医疗等需要即时响应和大带宽传输的应用场景提供了可能性，是未来数字经济和社会发展的关键基石。

这些技术共同定义了信息技术的最新前沿，为数字化、网络化、智能化的世界奠定了基础，驱动着全球创新与经济增长的新一轮浪潮。

问题 5：基层治理数字化的主要和典型应用领域有哪些

（一）数字政务

当前智慧城市建设中各领域的数据大部分仍旧处于割裂状态，需要进一步形成政务数据治理体系和标准，持续实现数据的跨部门、跨行业共享，推动城市政务数据和社会数据的融合利用，打破数据的孤立状态，形成城市治理强大合力。

（二）营商环境

结合营商环境评价指标，参与国务院办公厅营商环境实地督查，对世界银行营商环境指标体系等进行深入分析，构建营商环境分析系统，建立数据采集系统和感知层，对各类数据进行分析处理，形成系统＋服务模式，开展横向纵向对比分析，实时监控区域营商环境的关键指标。

（三）经济运行

"一带一路"倡议、数字经济的崛起、经济的前瞻性分析、产业的结构转型与升级以及"三新"经济（新产业、新业态、新模式）的发展，共同构成了当代全球经济与区域发展中不可或缺的几大支柱。在这一背景下，经济指标作为衡量经济活动健康度、预测未来发展趋向的标尺，其重要性越发凸显。经济指标体系囊括了实物量指标与价值量指标，旨在通过全面而均衡的视角，为经济研究、规划、统计分析以及政策制定提供坚实的数据支撑。

为了确保经济分析的精确性和实用性，构建的指标体系不仅要实现各类指标内部的综合平衡与相互对应，还需根据指标的特性（如性质、时间跨度、地理范围等）进行多层次的细化与补充，形成既相对独立又能相互关联的多维度指标网络。这样的精细化操作不仅有助于深入评估经济活动的效益，还能为实际经济管理和政策调控提供更为精准的导向，确保在快速变化的全球经济环境中，能够及时把握机遇，应对挑战，推动经济可持续发展与区域竞争力的提升。

（四）社会治理

建立健全利用人工智能技术强化科学决策与社会治理的机制，旨在驱动政府管理模式和社会治理框架的革新。通过人工智能自动化监测，有效识别包括违法建筑、垃圾乱堆放、非法占道经营等在内的城市管理难题，旨在直接改善居民的生活质量，提升城市的整体风貌，进而促进社会的和谐稳定。在此基础上，结合权威专家的评审意见与公众的广泛参与，从安全性、整洁度、美观性、活力指数及高端化五个关键维度出发，对城市街道进行全面评估。评估结果将以街道评价地图的形式直观展现，为实现精细化的网格化城市管理提供强有力的支持，进一步推动城市管理的智能化与高效化。

（五）绿化养护

以深圳市南山区绿化管理为例，建立"一树一档"，记录树种、胸径、树高、冠幅等信息，对树木进行数字化、智慧化管理。采用图像识别、激光雷达数据分析等技术，实现对树木数据（图像、视频、激光点云等）的快速采集和智能分析，减少人工成本，提升工作效率。在树上植入无源传感器（如 RFID 等）进行绑定，设定树木唯一标识，基于区块链技术在后端平台记录树木移栽的信息。

（六）人才雷达

利用大数据、人工智能等新一代信息技术，建设本籍人才库，深度挖掘城市本籍精英人才，以"反哺行动"带动地方招商，打造最具效率和价值的引才、招商举措。

（七）应急管理

构建"看得见、调得动、即时反应、即时处置"的城市智慧应急管理平台，针对洪涝灾害、林草火灾、地质灾害等应急场景，集业务数据的归集、模型化和主体化加工治理于一体，以及基于智能引擎提供的对突发事件的对接、预案、决策、指挥和调度。

（八）园区管理

推动危险品类园区的数字化转型，实现安全监控从"事后回溯"到"事前预警""事中提醒"的智能升级，提升园区 HSE 管理水平和效率。充分、实时挖掘不同传感器数据，进一步提升园区安全运营质量，做到防患于未然。

（九）智慧交通

智慧交通体系在交通运输范畴内深度融合物联网、云计算、大数据、人工智能、自动控制及移动通信等先进技术，旨在构建一个高度信息化的交通生态系统。该系统通过集成海量交通数据，不仅覆盖交通管理、运输服务到个人出行的每一个角落，还贯穿交通基础设施规划、建设与维护的全生命周期，实现了对广域时空范围内交通活动的全面监控、深度分析与智能决策支持。

智慧交通的核心在于赋予交通系统以"智慧"——使其能够实时感知路况变化，实现设备与信息的广泛互联，基于数据分析进行精准预测，并采取主动控制措施，以此确保交通安全，最大化利用交通资源，显著提升运行效率与管理水平。最终，这一智能化的交通解决方案致力于为公众提供更为流畅的出行体验，同时为经济的持续健康发展注入动力，体现了科技创新在现代交通管理和服务中的核心价值。

（十）电车监控

2019 年，深圳有轨电车日均客运量 3 万人次，居全国 16 个已开通有轨电车城市的首位。采用视觉识别技术，对有轨电车的周界、站台等区域进行智能监控，自动识别车辆越界、人员闯入等违规事件并进行上报；自动识别站台等待乘客人数，对有轨电车运行状态进行自动调控。其研究成果已在成都市进行试点验证。

（十一）生态环境监测

基于数字孪生技术，深度融合多维度水务数据信息（空气质量、湿度、水质、地质灾害、摄像头等数据），实现生态环境的数据资源化、管理精细化、决策智慧化。

（十二）民生服务

民生服务包括智慧社区 / 小区综合平台提供信息服务、物业管理、安防、党建等主要功能，通过数据化和智能化手段，实现社区 / 小区人、事、物全景状态的实时掌控，实现社区的最佳运营并赋能高效管理。

（十三）智慧教育

智慧教育是依托于数字化信息与网络技术的进步，构建在计算机与网络平台之上的全新教育模式，它全面涵盖了教学、科研、校务管理、技术支持及生活服务等校园活动信息的收集、处理、整合、保管、流通与应用，旨在最大化利用数字资源，创造出一个高度优化的虚拟教育生态系统。

该模式通过环境（含硬件设施、教室布局）、资源（如电子图书、课程资料等）及应用层面（教学、学习、管理、服务、办公活动）的全链条数字化转型，在实体校园的基础上叠加了一个数字化空间，旨在打破传统教育的时间与空间限制。智慧教育不仅提升了教育管理与运行的效率，还扩展了校园服务的边界，其终极目标是实现教育活动全程的信息化，以此加强教育管理效能，促进学生就业能力的提升，为教育的现代化转型与发展开辟新路径。

（十四）行为管理

通过人工智能自动识别学生表情和行为（如打瞌睡、东张西望等），自动判断学生上课专心程度以及老师授课的质量。加强学生身体素质，提供智能化综合体测平台，对参与体测项目（如引体向上、俯卧撑、短跑等）的学生进行体测成绩智能分析和管理，制订科学的身体素质提升计划。

（十五）智慧公园

智慧公园平台整合了数据的采集、存储、管理、挖掘、分析及可视化展示等多种功能，通过时空数据的标准化处理与智能算法的模块化设计，极大地增强了平台在园区交通管理、旅游路线定制、游客消费分析、能源消耗监控等多个垂直领域的应用效能。该平台采用点、线、面全方位的策略，为公园提供了一套完整的智慧化解决方案，涵盖了从科学规划、高效运营维护到精准未来预测的全链条服务，旨在构建一个闭环的、利于持久发展的智慧公园生态系统。

（十六）智慧监管

监管体系积极融入大数据、区块链等前沿科技，大力推进智慧监管的实践深度与广度，以此强化监管效能与质量，力求监管工作的标准化、精确化及智能化。这一策略旨在推动监管模式从被动响应向主动预见转型，从表面问题处理深入根本原因治理，进一步从事后补救的滞后模式跨越到事前预防的前瞻性策略，全面构建更加高效、前瞻和以预防为主的现代化监管体系。

（十七）药品监控

通过统计感冒类药品销售异常情况以及异常情况分布的区域，疾病防治中心可以向附近医院发出预警，也可以向区域内市民发出提醒短信。

第四节　考核通关

一、考核形式

考核对象：基层行政管理人员。

考核内容：全面回顾本次实训所学的知识点，提升实训学员基层治理理论水平和实操能力。

考核形式：通过作业、分组讨论和汇报等形式进行考核。

二、考核要求

在实训的第一节课上布置相关工作，将全班分为 7 个小组，每个小组 10 名学员，包括分组汇报（15 分钟 / 组）、总结点评（20 分钟）、颁发结业证书（15 分钟）；分组汇报（10 分钟 / 组），总结点评（20 分钟）环节。

授课教师、技术人员、政府职能部门人员担任点评嘉宾，在学员汇报结束后进行点评，并评选出优秀小组和优秀个人。

课前准备：将学员分为 7 个小组，建议每组分别选取以下三个主题中的一个（或自拟题目），准备 10 分钟 / 组的汇报 PPT，各小组选题尽量平均，汇报前形成小组统一观点。

（1）围绕龙华区基层治理数字化平台和技术应用的现状和存在的问题，结合工作实际，提出数字化解决方案或优化建议。

（2）围绕基层治理中社区生活新场景，提出数字化解决方案。

（3）围绕基层治理中党建新场景，提出数字化解决方案。

第八章 "网格菁英"：网格服务的"多面手"

本章系统讲授基层网格化服务管理的核心内容，全面解析如何构建和优化基层网格化服务管理体系。在基本理论部分，深入阐述网格化服务管理的理论基础、关键概念和发展趋势，为学员提供清晰的理论框架。在基本方法部分，介绍各种有效的管理工具和技巧，帮助学员掌握网格化服务管理的实用方法，并通过真实案例展示网格化服务管理的成功实践，为学员提供实践参考和借鉴。

通过本章学习，培养学员在基层网格化服务管理方面的专业能力，有利于对网格化服务管理知识和技能的掌握，促进知识的巩固和提高，推动基层治理模式的创新和提升。

第一节 基层网格化服务管理基本理论

一、城市社区网格化管理概念

城市社区网格化管理，就是根据属地管理、地理布局、现状管理、人口规模、区域面积、功能要素等现状和特点，将社区细分为若干个人口规模、区域面积、功能要素适于一天巡查一遍的网格状单元，明确各网格属地责任单位、责任人，并配备专职网格员对网格全域实施全时段、全要素巡查，以便及时发现收集居民群众反映的问题，汇集上报至有关部门，促使有关部门及时作出回应和处理，并力所能及协助有关部门及时妥善处理一些可能影响区域社会稳定的苗头性问题，把属地管理责任落到网格和具体人员，使问题发现更加主动，处理问题更加及时，防止纠纷、不满演化为矛盾并淤积上行。因此城市网格化管理最初是维稳的需要，目的是在人口流动情况下做到属地情况明、底数清、属地管理责任落实落地，并形成群众意见汇集有序反映到有关责任单位和管理部门，使群众意见得到及时回应和妥善处置。

《上海市城市网格化管理办法》^①界定城市网格化管理，是指按照统一的工作标准，由区（县）人民政府设立的专门机构委派网格监督员对责任网格内的部件和事件进行巡查，将发现的问题通过特定的城市管理信息系统传送至处置部门予以处置，并对处置情况实施监督和考评的工作模式。责任网格是指按照标准划分形成的边界清晰、大小适当的管理区域，是城市网格化管理的地理基本单位。

二、城市社区网格实践发展

（一）缘起

1996年开始，城镇化进入加速发展时期，人口大量流向城市，随着城市务工就业人员快速增加，临街餐饮、占道地摊等经营业态快速发展，无照经营、噪声油烟扰民等引发的矛盾突出，尤其是随着住房制度改革的推进和商品化住宅小区的开发以及投入使用，原单位管理的城市住宅小区逐渐转变为社区化管理，大量"单位人"转变为"社会人"；同时社会流动人口增加，使原社区管理人口和面积规模过大，居民群众诸多需求以及各类矛盾纠纷不能在社区内得到及时解决，城市管理难以适应发展需要。面对这一形势，2004年北京市东城区率先探索实施网格化管理。同期，各地都在适应城镇化快速发展，城市住房制度改革，就业创业方式改变形势下的管理机制体制以及方式。如深圳在20世纪90年代初，为适应人口大规模流入深圳，商品化住宅小区发展、人口高流动性等情况，率先培养了专门从事流动人口信息采集管理的"户管员"和从事出租房屋管理的"房管员"。2003年11月这两支队伍进行了整合，在政法综治系统建立"深圳市出租屋综合管理办公室"并加挂"深圳市房屋租赁管理办公室"牌子。2006年11月，更名为"深圳市流动人口和出租屋综合管理办公室"，并建立责任到属地、到人，实行"以房管人、人房共管"的管理机制，划片定格定岗定人定期上门巡查，探索实行"人房共管、信息共享、宜居共建、网格共治"的社区管理机制。

（二）城市社区网格实践发展——从维稳到服务

党的十八大以来，随着社会治理理念的提出，中央要求加强城市基层党建、城市基层社区自治、精细化管理、精细化服务、平安建设、应急管理、基层民主协商等，城市社区网格化不断丰富其实践内涵，由城市基层社区管理维稳的方式，逐步实体化为集党建、管理、信息、维稳、服务、城市管理、公安治安、应急防控、平安建设于一体的综合性治理平台，从城市部件管理、事件管理到人口房屋等基础数据采集、矛盾纠纷排查信息汇集报送、功能型党建的社会综合治理，并逐步实体化为城市街道、

---

① 《上海市城市网格化管理办法》是上海市人民政府于2013年8月5日发布的城市网格化管理办法，从2013年10月1日起开始实施。

社区、小区治理平台和责任部门落实责任、依托网格推动落实工作的平台。因此，各部门各条线纷纷设置网格。为网格内的居民提供多元化、精细化、个性化的各种服务，让网格化管理工作人员，对每个网格进行点对点的单独操作，使政府开展的各种工作能够细腻地渗透到每一个群众中。2015年，中共中央办公厅、国务院办公厅印发了《关于加强社会治安防控体系建设的意见》，明确"把网格化管理列入城乡规划，将人、地、物、事、组织等基本治安要素纳入网格管理范畴，做到信息掌握到位、矛盾化解到位、治安防控到位、便民服务到位。因地制宜确定网格管理职责，纳入社区服务工作或群防群治管理，通过政府购买服务等方式，加强社会治安防控网建设。到2020年，实现全国各县（市、区、旗）的中心城区网格化管理全覆盖"。党的十九大报告指出，要"加强社区治理体系建设，推动社会治理重心向基层下移"。党的十九届四中全会更是对"构建基层社会治理新格局"提出了新要求，要求"健全社区管理和服务机制，推行网格化管理和服务，发挥群团组织、社会组织作用，发挥行业协会商会自律功能，实现政府治理和社会调节、居民自治良性互动，夯实基层社会治理基础"，"推动社会治理和服务重心向基层下移，把更多资源下沉到基层，更好提供精准化、精细化服务"。这些纲领性文件对社区网格管理提出了明确的发展方向。

（三）网格规范化——从单一到全科

根据2021年4月《中共中央 国务院关于加强基层治理体系和治理能力现代化建设的意见》，中共中央组织部、中共中央政法委员会、民政部、住房和城乡建设部在2022年印发了《关于深化城市基层党建引领基层治理的若干措施（试行）》。若干措施根据强化党建对社会基层治理领导的要求，进一步对社区网格定位、设置、功能、人员配置、运行机制作出了规范。明确要求支部建在网格内，加强党建引领网格管理，合理设置社区网格，建强社区网格党组织，完善社区网格运行机制，提升社区精细化治理、精准化服务水平。为此，在社区网格设置方面，中央明确规模上一般以居民小组或住宅小区、若干楼院为单元划分社区网格，每个网格原则覆盖300～500户，要把社区内的党建和政法综治、民政、城管、信访、市场监管、卫生健康、应急管理等各类网格统一整合成"一张网"。在加强基层党支部对网格领导方面，中央要求建强社区网格党组织，一个网格设立1个党支部或党小组，社区网格党支部书记、党小组组长由社区党组织成员或社区党员骨干担任并兼任网格长。在人员配置上，一个网格应配备1名专职网格员，统一纳入社区工作者队伍进行管理。在各地探索实践中，随着市、县将直接面向群众、基层能够承接的政务服务、公共服务、公共安全事项管理依法下放到乡镇（街道），尤其是随着信息技术和网络建设的快速发展，各级各地推进实施"互联网＋基层治理"行动，社区网格由信息收集汇集报送和维稳逐渐扩展功能、丰富工作内容，发展成多功能合一的"一张网"。在"一张网"基础上，不仅进一步加强矛盾纠纷信息收集汇集报送，强化基层社区网格在政法综治和信访矛盾纠纷化解中的功能与作用，而且进一步细化网格，做实网格，丰富网格工作内容。即以基层党组织为依托，集民政、城管、市场监管、卫生健康、应急管理等多功能于一体，特别是以基层党支部为依托和主渠道，整合各部门政策资源和资金，整合区域内各属地单位资源和社会资源，依法将政务服务、公共服务、平安建设、应急管理、行政执法等力量下沉至网格，健全部门协同回应反馈处置、行政综合执法的管理平台和各部门各条线落实推动工作的平台。

（四）网格与治理：微网实格

从目前各地的实践看，有些地方将社区网格进一步细分，或以一栋楼为一网格单元，或以各楼栋单元为一网格，或以一定户数为单元，以本楼宇本楼门的党员户为基本力量，各地把这种做法叫作"微网实格"。以网格划分细化，把责任落实到部门和到人，做好矛盾纠纷排查工作，使矛盾发现于第一时间第一地点，化解在网格内；同时把基层政务服务、公共服务延伸到居民群众家门口，及时回应群众急难愁盼问题，解决好服务群众"最后一米"；实现党的基层组织和工作全覆盖，构建党建引领的基层社会治理格局和网络。

三、深圳市网格管理的实践创新

作为改革开放的先行示范区，深圳是全国最早推进网格化管理改革的城市之一。深圳市社区网格管理办公室服务深圳经济社会发展大局，一方面统筹全市社区网格管理机构，积极推进社区网格化管理创新工作，另一方面充分运用和依托深圳信息技术的优势，实现技术以人为本，遵循"以房管人、人房共管"的原则，着力解决社区"底数不清、情况不明"等具体问题，有效解决了流动人口和出租屋管理难题，消除了藏匿于出租屋内的大量问题隐患，改善了出租屋整体治安环境，是创建平安深圳的坚实基础，同时也建立了城市管理和政府信息资源共享的强大数据支撑和技术底座[①]。

20世纪90年代初，培养了专门从事流动人口信息采集管理的"户管员"和从事出租屋管理的"房管员"。2003年，为缓解流动人口和出租屋的巨大管理压力，深圳成立了市、区、街道、社区四级出租屋综管机构，创建"人房共管、信息共享、宜居共建、网格共治"的社会治理新格局，实行"以房管人、人房共管"，建立了"来有登记，走有注销"的流动人口动态跟踪管理机制，实行划片定格定岗定人定期上门巡查。2003年11月整合这两支队伍，在政法综治系统建立"深圳市出租屋综合管理办公室"

---

① 李锐忠，方维慧，张盼.强化社区网格化管理 探索市域治理"深圳样板"[N].民主与法制时报，2020-12-15.

并加挂"深圳市房屋租赁管理办公室"牌子。2006年11月，更名为"深圳市流动人口和出租屋综合管理办公室"，采取网格化管理手段，推行"以房管人，人房共管"改革。2008年，深圳在南山区蛇口街道办探索实践一种叫"一格三员"的网格化管理新模式。2014年11月，加挂"深圳市社区网格管理办公室"牌子，成为全市"织网工程"建设的重要成员单位，自此"一套人马，三块牌子"的格局形成。

2013年12月16日，中共深圳市委办公厅、深圳市《人民政府办公厅关于印发〈关于全面推进社会建设"织网工程"的实施方案（试行）〉的通知》（深办〔2013〕7号），明确"织网工程"基本框架。同时出台了"1+3"配套文件。实施方案中将网格员定义为"网格信息员"，主要负责动态采集网格内的实有人口、法人（机构）、房屋、城市部件等基础信息以及市（区）相关单位的业务信息、矛盾纠纷和问题隐患等事件信息，及时核实居民、法人（机构）主动申报的信息，并为社区居民提供力所能及的便民服务。2014年，在各级综管机构的基础上，又加挂了"社区网格管理办公室"牌子，管理内容发生了重大变化，信息采集范围拓展至"实有人口、实有房屋、实有法人、实有事件"，涉及城市管理、社会治理和社会服务等领域，横跨城管、安监、消防、市监、环保、卫生等20多个行业，从而形成了出租屋综管、房屋租赁管理、社区网格管理"三合一"的运行体制。2016年8月，在市委政法委机构改革中，市社区网格办调整为市委政法委直属机构，"深圳市社区网格管理办公室"调整为主牌，综管办名称变更为"深圳市人口和房屋综合管理办公室"，同时继续加挂"深圳市房屋租赁管理办公室"牌子。2019年机构改革后，房屋租赁职能划转至市住房和建设局。

到2020年，深圳市网格管理工作推行6年以来，体制机制在不断完善，全市按照300~500间（套）房屋或1000名实有人口的标准划分了1.8万个社区基础网格，并建立了网格动态调整和逐级审核机制；按照"一格一员，采办分离"的原则，通过整合出租屋综管员、部分计生员等基层协管力量，全市组建了一支1.6万余人的一线网格员队伍；充分利用信息化技术手段，建立了全市统一的社区网格管理大数据平台和综合信息采集系统，建成了实有人口、房屋、法人等基础数据库，实时共享给各级部门使用；统筹建立了各级网格事件分拨处置平台，实现了网格事件采集、分拨、处置、监督的闭环运行；统筹推进社会治理立体化网格管理体系建设，推动社区基础网格与公安、消防、安监、城管、市监、计生、环保、烟草专卖等部门专业网格的无缝对接，逐步实现不同部门、不同网格之间的联动配合。近年来，网格化管理在整合城市基层管理资源、促进政府职能转变、提高城市管理水平和提高基层社会问题解决效率等方面，其优势明显[1]。2020年，是深圳市推进市域治理现代化开创之年，深圳市社区网格

---

[1] 李锐忠，方维慧，张盼.强化社区网格化管理 探索市域治理"深圳样板"[N].民主与法制时报，2020-12-15.

管理办公室深入学习贯彻党的十九届四中全会精神，紧紧围绕市域社会治理新要求，从全市网格管理优秀单位中将南山区招商街道全科网格和龙华区福城街道办事处城中村出租屋改革两个创新项目选入市域社会治理现代化创新经验推广项目库（第一批），在全市推广、借鉴、复制。涌现了很多具有地方创新特点的案例和模式，是深圳市网格改革推进基层治理现代化的重要成效。

2020年以来，深圳市社区网格管理办公室深入研究，提出了调整优化市、区、街道、社区四级基层治理架构，加快构建涵盖基层公共安全、城市管理、治安防控、矛盾化解和公共服务等网格管理服务事项的"多网合一"体系，打造以社区（块）为主的"全科网格"，初步形成了《关于推进基层社会治理实施多网合一构建全科网格的指导意见》及相关的7个配套文件，为基层治理精细化、现代化、法治化改革探索深圳的新模式。

四、社区网格在基层社会治理中的作用

中央要求社区网格发挥的主要作用是坚持和发展新时代"枫桥经验"，建立健全信息收集、问题发现、任务分办、协同处置、结果反馈工作机制，做到民有所呼、我有所应。专职网格员要开展日常巡查走访，了解掌握社情民意，及时处理矛盾问题。在社区网格运行机制上，要求社区对网格排查上报事项做好梳理汇总并上报街道。构建城市网格化管理机制，要细化乡镇（街道）以下管理幅度、规模、责任，健全"条块联动、资源整合、重心下移、实时监督"机制，解决好在陌生人社区生活中居民群众依靠自身资源和周边资源难以妥善解决的事。例如，有人随时主动发现问题，群众的诉求有人及时回应，对社区生活中发生的矛盾纠纷有人在第一时间、第一地点负责解决，有人负责动员组织大家，有人有权调动整合资源。

因此，从党中央赋予社区网格及网格员的职能和责任，以及各地在实践中的运行情况来看，网格员主要承担三项职责：一是信息收集、汇集报送，即网格监督员对于巡查中发现的部件、事件问题，应当通过拍照或者摄像等方式，即时将相关信息报送区（县）城市网格化管理机构。二是对于巡查中发现的能够当场处理的轻微问题，网格监督员应当当场处理，并及时将处理信息报送区（县）城市网格化管理机构。三是对于本市相关服务热线等渠道转送的市民投诉、举报问题，网格监督员进行现场核实；经核实属于城市网格化管理的部件或者事件范围的，应当予以立案。

第二节　基层网格化服务管理基本方法

一、社区网格员的主要工作内容

城市社区网格员的工作，是新时代基层群众工作的重要组成部分和重要方式。是以网格化管理为载体，以差异化职责为保障，以信息化平台为手段，促进条块融合、联动负责，形成社区（村）管理、服务和自治有效衔接，互为支撑的治理结构，实现政府职责特别是市场监管、社会管理和公共服务职责在基层的有效落实。

城市网格员职业定义：运用现代城市网络化管理技术，巡查、核实、上报、处置市政工程（公用）设施、市容环境、社会管理事务等方面的问题，并对相关信息进行采集、分析、处置的人员。网格员的主要工作内容包括：①操作信息采集设备，巡查、发现网格内市政工程（公用）设施、市容环境、社会管理事务等方面的问题，受理相关群众举报。②操作系统平台对发现或群众举报的网格内市政工程（公用）设施、市容环境、社会管理事务等方面的问题进行核实、上报、记录。③研究网格内市政工程（公用）设施、市容环境、社会管理事务等方面问题的立案事宜，提出处置方案。④通知存在问题的责任单位，并协助解决相关问题。⑤核实上级通报的问题，协助责任单位处置，并反馈处置结果。⑥收集、整理、分析相关信息、数据，提出网格内城市治理优化建议[①]。

社区网格员要做到"三勤""五善于"。"三勤"即腿勤，就是要按照规定要求，对网格范围内的各部件、所有人要走访巡查到位；嘴勤，要与见到的居民群众多交流多沟通，从交谈中、从群众的情绪中、从群众诉求中发现问题，把群众反映的问题，无论是巡查中发现的问题，还是热线交办的事情办理情况，要及时有针对性地反馈给群众；笔勤，就是要把发现的问题及时记录下来，汇集起来，汇总上报，做到事事有记录，件件有落实。"五善于"是社区网格员必备的五项技能，即要善于发现问题，眼中有活，心中有问题。要善于与群众沟通，用群众喜闻乐见的沟通方式与群众打交道，把工作真正做到群众中。要善于发挥下情上达、上情下达的桥梁纽带作用，把发现的问题及时汇集反映上去，把一时不能满足群众要求的问题向群众做好说明，把妥善解决的问题及时传达到群众中。要善于运用好智慧手段，现在基层治理千头万绪，群众诉求千头万绪，需要报送的信息千头万绪，传统工作方式已经远远难以适应现代工作需要。现在基层正在建设各种数据信息系统，拓展应用场景，网格员要善于利用这些

---

① 龚琬岚．社区安全［M］．北京：应急管理出版社，2021.

科技手段做好数据综合采集利用，要利用好科技手段对一些问题进行汇集分析上报。要善于调动整合各方面的资源和力量，借势而为，因势利导，要利用基层党组织党员的资源，基层群团组织的资源和社会组织资源，辖区内各种单位企业的资源，群众自治组织、兴趣组织、志愿者的资源做好工作。

智慧手段是社区网格员提高效率和精准化服务的强有力支撑。现在各地都在推进城市运行管理信息系统建设，如上海"一网统管、一网通办"，杭州的"城市大脑"，北京的接"诉即办"和"街巷吹哨，部门报到"等机制。基层街道（乡镇）也在探索与群众互动平台建设，这些信息化智慧平台和系统建设，为基层社区网格员工作提供了技术支撑，一些地方在探索建设"基层一张表"应用系统，如山东烟台；一些地方探索"码上办"，如江苏淮安政协的做法，就是要求把基层网格信息收集、分析、汇集、报送工作规范简化。

二、社区网格员的主要能力和素质要求

一名合格的网格员需要具备的能力和素质有多方面：网格员就是社区的管理者和服务者，他们在地方政府和社区居民之间起到桥梁的作用。网格员的主要职责：管理和维护所负责的网格区域，如环境卫生、公共设施的维护等。收集和反馈社区居民的需求和意见，帮助解决社区中的问题。协助执行地方政府的各项政策和规定，如卫生规定、社区活动等。在需要时，协助地方政府进行社区的各种调查和统计工作。在突发事件（如自然灾害、公共卫生事件等）中，协助地方政府进行应急管理和服务。网格员每天的基本工作，就是用脚步丈量网格，用担当守护平安，用汗水诠释初心，在城中街道各个角落、社区内外都能见到网格员的身影，他们入户走访察民情，遍访辖区"大事小情"，聚焦民生服务，解决社区微问题，民情在网格掌握、服务在网格开展、问题在网格解决、矛盾在网格化解。构建"全科网格"基层治理模式，充分调动和发挥网格员"多面手"能力，解决群众急难愁盼等，立足实际，坚持党建引领网格化治理工作，在"一格一长""一格多员"全覆盖的基础上，把网眼做小、工作做实、服务做精，用基层治理一张"网"兜起民生服务万千事，持续让"小网格"汇聚起保障社会安定、人民幸福的"大能量"。

一是要当好信息"收集员"，织密和精细化数据网络。网格员通过入户走访、动态摸排、参与式观察等方式，深入楼院、商户，对网格内的人口、组织与机构、空间、社区问题、社区民情等基础信息进行核实，做好人、地、物、事、组织等基本信息采集和数据更新维护等工作，并及时将信息归总录入上报。

二是要当好政策"宣传员"，贴心服务群众。基层是服务群众的"最后一公里"，是政策法规宣传的前沿窗口。利用网格员"人熟地熟"优势，通过与居民们聊天拉家常等具体形式，用通俗易懂的语言、喜闻乐见的方式开展各类宣传活动。

三是要当好矛盾"调解员",化解邻里纠纷。网格无小事,事事连民心。网格员做到腿勤、嘴勤、笔勤,及时发现问题、打捞问题、解决问题,急群众之所急,想群众之所想,依托"调解室"、阳光议事直通车等平台,做到"小事不出网格,大事不出社区",当好矛盾纠纷化解的"万能钥匙"。

四是要当好群众"安全员",排查隐患盲区。网格员每天穿梭在网格里,用脚步丈量网格,深入楼院查看是否存在电动自行车入楼、飞线充电、公共空间杂物占用消防通道等情况,并深入开展商户食品安全检查行动及消防和燃气安全检查行动,通过开展常态化的大排查大整治工作,及时排查网格内的各种安全隐患,并列出整改清单,落实隐患"清零"工作。

五是要当好居民"服务员",关爱特殊人群。民生无小事,枝叶总关情。网格员持续关心关注辖区特殊人群,把暖心服务送上门。常态化开展上门义诊活动,为社区老年人送去健康;常态化走访慰问辖区困难党员、孤寡老人、困难儿童、低保残疾人员,及时向社区、街道反馈他们的实际需求及现实困难,将党和政府的关怀与帮助送到家中;上门为困难家庭、残障人士家庭宣讲惠残政策,积极协助他们申领相关补贴;针对老年人不会在手机上进行养老认证的问题,网格员入户手把手对他们进行现场指导协助。

因此,一个合格的网格员必须具备的能力素质包括以下几个方面。①熟悉社区环境:作为一个网格员,需要对所负责的社区有深入的了解,包括社区的地理环境、设施、人口结构、社区文化等。这样,当社区居民有需求或问题时,可以迅速找到解决方案。②良好的沟通能力:网格员需要与社区居民、地方政府以及其他相关机构进行频繁的沟通。因此,良好的沟通能力是非常重要的。需要能够清晰、准确地表达自己的想法,同时也需要有耐心倾听他人的意见和需求。③解决问题的能力:作为网格员,可能会遇到各种各样的问题,如环境污染、社区纠纷、公共设施损坏等。需要有解决问题的能力,能够迅速找到问题的关键,制订出解决方案,并协调各方资源来解决问题。④服务意识:网格员的工作本质上是服务社区居民。因此,需要有强烈的服务意识,始终以满足社区居民的需求为工作的目标。⑤专业知识:网格员需要掌握一些专业知识,如社区管理的基本理论、地方政府的政策和规定、应急管理的基本方法等。这些专业知识可以帮助更好地完成工作。⑥责任心:作为网格员,是社区居民和地方政府之间的桥梁。需要有强烈的责任心,对工作负责,对社区居民负责。⑦团队协作:虽然每个网格员负责一个网格,但是在处理一些大的问题或者项目时,可能需要和其他网格员或者部门进行合作。团队协作能力在这种情况下显得尤为重要。

第三节 基层网格化服务管理实践案例

案例一 宁夏石嘴山市"微网格"解锁基层治理新模式 ①

宁夏回族自治区石嘴山市大武口区创新网格管理模式，以党建引领、资源下沉为基础，破解"制度运作难"，坚持顶层设计、顶格推动，按照"科学划网、力量进网、格情上网、职责入网"整体思路，研究制定《关于加强大武口区社区（村）网格管理服务意见（试行）》《微网格管理实施办法（试行）》，调整设置34个社区党委、5个社区党总支、129个网格党支部、312个楼栋院落党小组，构建"街道（镇）党（工）委—社区党委—网格（片区）党支部—楼栋（院落）党小组—党员中心户"纵向到底的社区党组织五级体系，拧紧党建引领网格化治理的"动力主轴"，逐级落实包联网格、联系群众制度，收拢上面"千条线"，集聚网格"一根针"，形成一贯到底、强力推进的工作态势。以多跨协同、数字赋能为牵引，破解"体系贯通难"。数据赋能提升治理数据化。以"智慧城市"建设为牵引，打造大武口区"互联网＋网格"社会治理综合信息平台，整合自治区人社厅、民政厅等区直16个部门建成大数据中心、智慧大脑、社区E通等16个子系统，建立纵向贯通、有效衔接、高效运转、数据共享共用的社会治理共同体，截至2023年年底，共整合各部门各类数据资源200余万条，各部门、街道、社区共享数据资源1600余万次，有效实现网格治理数字化引领基层治理现代化。以治理需求、群众认可为导向，破解"作用发挥难"。以阵地为载体，绘制红色服务"幸福图"。依托党群服务中心、托幼机构、红色驿站、卫生服务站、颐养中心、党建公园等优势资源，打造婴幼儿"15分钟活动圈"、百姓家门口"15分钟救护圈"、党员教育"15分钟学习圈"、老人娱乐"15分钟文体圈"、小哥便捷"15分钟服务圈"，2022年度开展宣传党的政策、教育管理党员、群众文体活动、服务周边群众、方便新就业群体等"一站式"微服务8000余次，强化"党建＋服务"的模式，凝聚起网格事务齐抓共管的"大合力"。

① 大武口区党群服务中心. 大武口区：党建赋能"微网格"解锁基层治理新模式［EB/OL］.（2023-03-02）［2023-03-02］. https://mp.weixin.qq.com/s?__biz=MzAwNDI0MjYzNg==&mid=2650133318&idx=1&sn=8c9bc11bdb026f8bb8d747f14e8cfd30&chksm=75d35f73453bb27c17a48a9de0f27585761219aa50d95174353d82388faf0c57518638f390fa&scene=27.

案例二　山西晋城城区精准划分精细管理①②

山西省晋城市城区随着城市化建设的推进，人口密度增大、居民成分多元、社区类型多样、潜在风险隐患增多、城市治理难度加大等矛盾问题日益凸显。为有效破解这一难题，城区将网格作为社区治理的重要抓手，着力在精准划分网格、精细实施管理上下功夫、找突破，探索出城市党建引领网格精细化治理路径。

一是网格如何划？因地制宜，分类施策。通过充分调研论证，按照"任务相当、规模适度、方便管理、界定清晰、平战一体"原则，重新精细划分网格。在城市，以13个社区为试点，将网格划分为新建型、城中村型、老旧小区型、单位型、城郊型5种类型。新建型小区以高层住宅楼为主，因居民分布集中，物业服务齐全，配套设施较新，安全隐患和矛盾纠纷较少，以每两幢楼500户左右标准划分。城中村型小区以老城区内连片独院房为主，呈现流动人口、五小门店、沿街摊贩和安全隐患"四多"特点，以50～100户标准划分。老旧型小区以七层以下无电梯的多层住宅楼为主，因网格员走访工作量较大，以每5幢楼200户左右标准划分。单位型小区以机关企事业单位建设的多层住宅为主，居民素质较高，且邻里比较熟悉，管理相对容易，以每300户左右标准划分。城郊型地处城郊接合部，建筑类型多样，发展程度不均衡，小型作坊多，风险隐患多，以隐患点数量及分布情况划分网格。13个试点社区共划分116个网格。在农村，主要以自然村和村民小组为单元，以不超过300户标准划分。43个行政村共划分109个网格。在特定场所，比如相对独立的工业园区、商圈市场、景区、建筑工地和医院、学校等企事业单位，划分485个专属网格。在面对疫情防控和文明城市创建等紧急任务时，按照"邻近便利、无缝覆盖、平时划好、战时启用"原则，将区域较大、200户以上的基础网格，按100户左右精细设置320个微网格，及时进行"平战转换"。

二是队伍从哪里来？整合力量，团队管理。社区党支部书记任总网格长，组建"网格长＋专职网格员＋网格帮帮团"的网格治理团队。

（1）"两委"党员干部担任网格长。由"两委"党员干部担任网格长，对网格进行包联，指导监督和协调处置所有网格事项。

（2）优选专职网格员。面向"五老网格员"和有"两委"工作经验人员、社会新人，按照"老中青"30%、40%、30%的比例，择优招聘409名专职网格员，按照"就近、就地、就熟、就便、就优"原则，合理分类、调配使用。比如，将有"两委"工

---

① 晋城城区：精准划分　精细管理　探索城市网格化治理路径［EB/OL］.［2023-05-09］. http:// www.jccq.gov.cn/ztzl/zdjcjczl/202210/t20221018_1685026.shtml.

② 晋城城区党建引领持续提升城市基层治理水平［EB/OL］.［2023-09-27］. http://www.jccq.gov.cn/ztzl/xxqg/xyxsx/202309/t20230927_1860964.shtml.

作经验的网格员,分配至矛盾纠纷多、治理难度大的城中村型小区、城郊型小区;将素质较高的老干部、老教师、老党员等网格员分配到老旧小区;将新招聘的年轻网格员,先行放在新建型小区熟悉锻炼。

(3)组建网格帮帮团。坚持"平战结合"原则,网格帮帮团主要由社区民警、物业人员、居民代表、报到党员以及社区社会组织中的活跃居民等力量组成,建立相对固定的人员储备库,日常通过开展志愿服务加强联系。在面对紧急任务时,随时就地分散转为微网格的应急骨干力量。同时,打造专属网格员队伍,专属网格员一般由企事业单位负责安全的一名或多名同志担任,主要是排查解决网格内各类纠纷隐患问题。

三是网格怎么抓?党建引领,组织动员。强化网格党支部在治理服务中的引领凝聚和组织整合作用,加强对网格内物业服务企业、社会组织等各类组织和党员的引领带动。

(1)支部建在网格。13个试点社区116个网格上全部成立网格党支部,选拔政治上过硬、服务本领强、群众信得过的党员担任网格党支部书记。对重点区域、矛盾问题较多的网格选派社区"两委"班子成员担任党支部书记。

(2)党员编入网格。建立报到党员台账,将在职党员、离退休党员、流动党员按居住地编入网格,接受网格党支部统一领导。建立微网格管理员常态化联系制度,通过开展不定期"应急演练",做好在疫情防控、文明创建等紧急任务中的"平战转换"。

(3)服务引进网格。推行党员户挂牌和党员公开承诺制度,亮明党员身份,通过党员联户等措施常态化开展"我为群众办实事"活动,推行"敲门行动",了解社情民意、化解矛盾纠纷、消除风险隐患。

四是机制怎么建?吹哨报到,三级响应。依托区、镇(街道)、村(社区)三级综治中心开展网格治理,制定信息报送、沟通联络、限时办结、签收反馈、通报专报、考核评价、问责追责、准入退出"八项制度",网格员将巡查发现的"小微"事件直接处置,对超出权限需上报事件,通过省综治信息系统,实行问题上报、案卷建立、任务指派、调查落实、反馈结果、结案归档"六步闭环"处置。按照"25715"机制处置,一般事件2日内由村(社区)中心负责处置,较复杂事件由镇(街道)中心5日内协调解决,需区级主管部门化解处置的由区综治中心协调7日内妥善处置,重大事项15天内协调解决。同时,对已办结上报事件进行定期回访、跟踪问效,实现案结事了、群众满意。在面对紧急任务时,开通微网格"上报直通车",发现重大风险隐患直报区综治中心和相关主管部门,确保第一时间发现、第一时间处置。

五是工作怎么考核?明确职责,严明奖惩。晋城城区制订《关于开展"全科网格"建设的实施方案》,配套完善网格员选聘、职责、管理、考核、培训、薪酬及专属网格管理7个文件,做到全过程监管、全环节考核。

(1)明职责。划分网格员和社区、物业不同职责,明确网格员九项职责,实行网格事项准入机制，将网格员工作定位为"一采二巡五责"，即动态采集 1 个网格内信息，每日巡查所在网格至少 2 次，重点做好发现上报、协助管理、志愿服务、法规宣传、专项任务 5 类工作。在面对紧急任务时，充分发挥微网格管理员作用，协助开展排查、上报、服务、宣传等工作。

（2）保待遇。专职网格员按照全市"基本工资＋绩效报酬"薪酬结构领取，基本工资每月 1880 元，绩效报酬每月最高 300 元，缴纳"五险"。

（3）重激励。建立上报事件奖励制度，对网格员、网格帮帮团成员和居民群众及时上报的安全隐患、疫情信息、信访风险等，分级分类发放 50 元、500 元、2000 元、5000 元不等奖励；对表现优秀的微网格管理员，优先列为评先评优对象，优先发展为党员并纳入社区后备干部库。

（4）严考评。实行百分制测评，综合每月网格员考勤签到、信息采集等情况，对照测评结果，发放不同标准薪酬，在每月测评基础上进行年度考核，并按照 10％的比例，确定年度优秀网格员，实行年度优秀奖励，同时建立九项不合格网格员退出的负面清单制度。

（5）明出路。网格员连续两年考核优秀等次的在社区工作者招录时予以加分；获评区级十佳优秀的优先选拔进社区"两委"班子；获评市级十佳优秀的优先推荐为"两代表一委员"人选；获得省级及以上表彰的在事业单位招录时设置专属岗位或予以加分，切实打通网格员职业上升通道，激发干事创业热情。

案例三　黑龙江大庆市网格与警格深度融合做好社区矛盾化解[①]

黑龙江省大庆市公安局积极推动"网格＋警格"双向赋能、同频共振，通过打造高质高效的融合治理新模式，不断提升人民群众的获得感、幸福感、安全感。网格，是社会治理的最小单元，离群众更近。社区民警，则是离群众最近的警察。自主题教育开展以来，政法部门不断推进"网格与警格"的双网融合联动新模式，高效处理群众需求，让人民群众在每一次求助、每一起业务办理、每一次执法行为中感受到尺度、力度和温度，提升群众满意度、安全感和幸福感。作为一名资深网格员，丛思雨深知，虽然这是一起常见的居民噪声纠纷，但如果解决不及时、不彻底，就会引发更大的矛盾。丛思雨立即联系"警格"内的贾警官，把双方叫到网格驿站，和民警共同调解这起邻里纠纷。经过网格员和民警半个多小时的释情说理，两名当事人的情绪逐渐缓和，邹大娘主动拉起了李阿姨的手。就这样，一起矛盾纠纷，在网格员和民警的协作下，圆满解决。

---

①　公安部."学习贯彻二十大精神"　黑龙江大庆："网格＋警格"让平安力量攥指成拳［EB/OL］.［2022-12-11］. https://baijiahao.baidu.com/s?id=1751884453529392133&wfr=spider&for=pc.

目前，大庆有4880个网格和937个警格紧密融合，共同推进矛盾纠纷解决、反电信诈骗、命案防控等群众关切的工作，群众满意度不断提升。在龙凤区三永街道利民社区网格驿站的墙上，有一张由网格员和社区警察共同绘制的"七彩民情图"，每一个绿色大格代表一栋楼，每一个小格代表一户居民。其中，不同颜色的小格代表每个家庭不同类型的人员构成，重点人群可以一目了然，便于开展工作和服务群众。龙凤区三永街道利民社区党支部书记、居委会主任姜哲彬说："我们要把这些内容全部上墙，做到一目了然，让网格员做到心中有数，每天工作的重点要在这些七彩民情当中去工作去实施。"在全市"一网统管"社会治理信息平台上，全市网格与警格边界的无缝衔接，实现了公安最小警格与多个社区网格边界无缝融合。

全市网格员、社区民辅警、法院、调解员、下沉干部等社会共治力量，进入1.2万个大庆网格互联集群，入群居民146万人，基本实现了全市一户一人居民全覆盖。市综治中心"一网统管"社会治理信息平台累计采集的214万条人口信息、130万条房屋信息，通过与公安派综平台数据核查比对，实现了网格员采集的"人、地、事、物、网"数据与公安大数据应用平台资源共享、责任共担、网格共维，使资源能够共享融合。大庆市委政法委副书记孙雪冰表示："把网格工作这个载体用好，主题教育就更接地气，也更有抓手。所以下一步我们在主题教育工作当中，还是坚持把工作重心放在重实践和建新功上，密切网格和群众的联系，办好民生实事，把'网格吹哨，部门报到'的机制做好，通过一件件具体实事，让群众感觉到实实在在的变化，增强群众对网格工作的满意度。我们还要整理搜集宣传在主题教育当中涌现出来的好人好事，让全市5000多名网格员都向他们学习，共同努力在主题教育当中实践全心全意为人民群众服务的宗旨和初心。"

第四节 答疑解惑

问题1：社区网格员应具备的能力和素质

合格网格员必须具备的能力素质包括以下几个方面：①熟悉社区环境，当社区居民有需求或问题时，可以迅速找到解决方案。②良好的沟通能力，网格员需要与社区居民、地方政府以及其他相关机构进行频繁的沟通。③解决问题的能力，能够迅速找到问题的关键，制订出解决方案，并协调各方资源来解决问题。④服务意识，始终以满足社区居民的需求为工作的目标。⑤需要掌握一些专业知识可以更好地完成工作。⑥责任心，需要有强烈的责任心，对工作负责，对社区居民负责。⑦团队协作，在处理一些大的问题或者项目时，可能需要和其他网格员或者部门进行合作，团队协作能力在这种情况下就显得尤为重要。

问题 2：网格员入户采集信息，居民不了解不信任不配合怎么办

网格员如何取信于社区居民？如果想顺利推进社区网格化，突破网格员工作的瓶颈，首要问题就是解答居民对网格的种种疑惑，比如到底网格员入户要采集哪些信息？采集信息是做什么用的？会不会泄露出去？网格员上门采集什么？居民姓名、身份证号、家庭（组织）关系、联系电话，这是网格员上门需要登记的 4 类基础信息，而对身份证和户口簿拍照也是信息录入工作中的一部分。也有一些居民对网格员入户采集的材料提出了疑问。"这些材料不是在辖区派出所里已经有了吗？为什么还要重复采集，而且还要给身份证和户口簿拍照，有什么用途吗？"市民章先生很疑惑。对此，万福社区的网格员宁鑫解释，拍身份证和户口簿是为了保证信息的准确性，避免因为单纯用笔记录而出现差错，另外，这也是信息采集工作的一部分，之后网格员还需要将身份证和户口簿的照片上传到内网系统，以便完成录入。此前公安部门人口信息系统录入的信息主要侧重在常住人口方面，流动人口往往没有登记，因此派出所的信息并不一定全面[①]。

信息有没有泄露危险？网格员采集的信息有没有可能泄露，是很多居民关心的问题。在采访中，一些市民也表示，不给网格员开门、不让网格员拍照，不是不愿意配合，而是担心个人信息的泄露。"这些个人信息万一被诈骗分子获得，那该怎么办？"网格员入户采集人口数据，一般分为两部分。一种是网格员用笔记录住户身份证等信息，再到网格员办公地点通过内网录入数据库；另一种是通过网格员手中的移动服务端——安装有"社服通"软件的手机，拍照后直接上传到数据库。但无论哪种，都不会停留在网格员手上或居委会。因为数据库是内网，不能随意进入，所以不用担心资料会被泄露。而且每名网格员上岗前都经过专门培训，并签有保密协议，绝不允许泄露社区居民的信息。如果发现网格员与居民信息泄露的事件有关，网格员同样需要承担相应的法律责任。网格员的基本信息在相关部门都有备案，就算离职了，也能找到人。

网格员"管"什么？"网格员可以直接管社区居民吗？"不少居民也对网格员具体能"管"什么，提出了疑问。"像路灯坏了，垃圾没人清理了，墙上有人乱贴小广告了，这些事，网格员能管吗？他就只有一个人，能忙得过来吗？"网格员并不是社区的管理者，其工作性质和内容更接近为社区居民提供服务的"保姆"。像办证、政策咨询、邻里纠纷、社区卫生、公共设施维护，还有空巢老人、孤寡老人等特殊群体需要帮助，都可以找网格员。网格员接到居民诉求后，会前往现场了解，根据具体情况，能处理

---

① 邓海宁.闭门羹，网格员难咽的家常菜［N］.海南日报，2014-05-15（3）.

的立即处理，处理不了的现场拍照上传到 12345 热线的社区指挥调度系统。系统将第一时间把办件派发到相关单位，收到办件的单位对问题进行处理，处理完后网格员会再到现场查看处理情况，并拍照上传。"这样不仅缩短了办事流程，社区服务也更加便捷，效果也得到了保证。"

问题 3：网格员调解纠纷，群众不认可不接受怎么办

在日常的网格工作中，矛盾纠纷是引发基层群众生活不和谐的重要因素之一。为切实维护群众利益，实现辖区人居环境和谐稳定，走街串巷的网格员发挥自身优势，成为党群沟通的桥梁，做邻里矛盾的"和事佬"，用心用情调解网格内群众矛盾纠纷，为村居和谐发展贡献网格力量[①]。调解矛盾纠纷是网格员工作的一项重点，网格员利用人熟地熟情况熟的优势，使各类矛盾纠纷早发现、早控制、早解决。把问题化解在萌芽状态，解决在基层网格内，通过矛盾纠纷"诉"和"调"，打通服务群众的"最后一米"，为辖区居民群众营造安定和谐的生活环境。网格员以第一时间第一地点抓牢源头性疏导、实质性化解、综合性治理三个诉源治理为发力点，积极预防和有效化解各类矛盾纠纷，推动"一站式"多元解纷体系与基层社会治理对接，建立"网格 + 调解"模式，走出一条人民调解矛盾纠纷的新路子。有的地方研发网格员专用微信小程序，网格员发展成矛盾纠纷信息采集员、排查员，实现"信息上报有通道，网格工作有留痕"。使用微信小程序简单、方便，不仅在收集矛盾纠纷时快速，同时对网格员的工作量有了留痕记载，对其工作认可也有了积极的评价体系。

问题 4：网格员如何向有关部门吹哨

网格员需要首先明确所发现的问题或隐患，这可能包括社区内的安全隐患、环境整治问题、社区秩序维护等。通过日常巡查、居民反馈等方式，收集关于问题的详细信息，包括问题的具体情况、影响范围、可能的原因等。将收集到的信息进行整理，形成清晰、准确的问题描述，以便向有关部门报告。通过多种方式向有关部门吹哨，如电话、邮件、短信、微信等。在选择方式时，需要考虑问题的紧急程度、重要程度以及部门的响应速度等因素。在向有关部门吹哨时，网格员需要详细描述问题的具体情况，比如问题的时间、地点、成因、范围、解决的可能性和解决方案等。网格员在吹哨后，需要密切关注问题的处理情况。如果问题得到及时、有效的处理，网格员需要及时向居民反馈处理结果。如果问题没有得到处理或处理不当，网格员需要继续向有关部门反映，并寻求进一步的帮助和支持。为了确保网格员吹哨的有效性，还需要加强部门之间的联动和配合。网格中心可以充分发挥枢纽和桥梁作用，建立与各个部

---

① 郭龙君，袁芳，吴亚琦.小事不出格 大事不出村［N］.东昌时讯，2023-05-05（3）.

门的联系和沟通机制，确保问题能够及时、准确地传达到相关部门并得到妥善处理。同时，也可以加强网格员的培训和管理，提高其发现问题、解决问题的能力和水平。

第五节　考核通关

一、考核形式

开展调解模拟实训、学员情景模拟比赛，由教师和外请专家任评委，对每一组学员的策划方案进行点评、打分，决出优胜者，颁发荣誉证书。

事先储备案例库，包含物业纠纷、家事纠纷、家庭暴力、拆迁纠纷、钉子户劝导、群体性事件、邻里矛盾、突发事件、宠物冲突、社区空间改造、社区文化建设等各方面内容，并精心设计，从案例介绍、结案处理、办案要点、结案范式、案例总结五个环节开展情景模拟与教师点评。在培训班正式开班时，可以根据学员的工作性质、兴趣等开展分组实训。

二、考核要求

（一）案例计划书框架

每名学员需要撰写一份"如何有效开展网格员工作绩效"计划书，包括用所学的理论及知识写明你对所负责的社区面临的问题与需求的分析、工作策略、工作方法、实施计划、预期效果、工作评估、总结与反思等内容。

（二）案例考核标准

包括理论适切性（20分）、需求真切性（20分）、目标有效性（20分）、内容可操作性（20分）、整合资源的现实可行性（20分）五个维度，满分100分。

规则：案例得分前5名获得"网格菁英金牌"，第6~14名获得"网格菁英银牌"，第15~25名获得"网格菁英铜牌"。

第九章 "安心社工"：筑起心灵的"小港湾"

2021年，中共中央、国务院出台的《关于加强基层治理体系和治理能力现代化建设的意见》强调，"基层治理是国家治理的基石，统筹推进乡镇（街道）和城乡社区治理，是实现国家治理体系和治理能力现代化的基础工程"，并就加强基层治理体系和治理能力现代化建设提出若干意见。实现国家治理体系和治理能力现代化，离不开基层治理现代化。基层社会治理的特点是直接面对群众，事务琐碎复杂甚至艰巨繁重，是社会治理的基础和重心。当社会治理意指具体社会事务治理时，在大部分时候，社会治理与基层社会治理是重合的。作为一项专业化、职业化的助人技术和活动，社会工作以"助人自助，服务社会"为理念，结合社会治理的基本内涵、特征来看，其特质决定了社会治理需要运用科学的治理工具，引入专业的治理载体。专业社会工作与社会治理思维和实践具有高度的契合性，对社会治理深入推进作用的形成具有存在的合理性和价值性，成为满足基层多元化利益诉求、解决基层治理实际问题的重要社会力量，在协同基层社会治理、协调民族关系、服务困难群体、促进社会和谐、实现多元有效合作治理中发挥了服务型治理的重要作用。

本章通过分析和探讨专业社工在基层治理中的相关理论和实践案例，旨在为社会工作领域的专业人士提供实用的指导，以促进他们更好地参与基层治理，推动社会进步。在当前社会发展的背景下，深入研究专业社工的参与将有助于更好地理解社会工作在基层治理中的作用，为构建更加和谐、公正的社会提供理论和实践支持。

第一节 专业社会工作者参与基层治理基本理论

一、政策解读

2021年，中共中央、国务院出台了《关于加强基层治理体系和治理能力现代化建设的意见》。意见指出，基层治理是国家治理的基石，统筹推进乡镇（街道）和城乡社区治理，是实现国家治理体系和治理能力现代化的基础工程。2022年10月，党的二十大报告提出，"推进国家安全体系和能力现代化，坚决维护国家安全和社会稳定"，"完善社会治理体系。健全共建共治共享的社会治理制度，提升社会治理效能"。由此可见，中央对基层社会治理高度重视，而未来基层社会治理的主要任务是调解社区矛盾、促进社区稳定，打造和谐、安心的社区。这就要求提高基层干部特别是社区工作者分析和处理问题，化解社区矛盾的能力。

在现代化新发展阶段，我国要以高质量发展为基本要求和动力。党的二十大报告提出了"中国式现代化"的命题，对我国现代化的特征进行了清晰的勾画，对我国经济社会发展具有重要的指导意义。"中国式现代化"的概念和命题，蕴含着它既有各国现代化的共同特征，又有基于自己国情的中国特色。中国式现代化的特点及其本质阐述，对于我国社会工作在新发展阶段的发展也具有重要的指导作用。在党的领导下，社会工作要服务国家现代化建设、服务民生，重视专业服务和本土实践经验的互动和结合，建构与中国式现代化进程相适应的社会工作发展模式。中共中央社会工作部及其系统的建立是补齐社会建设短板、加强社会领域治理、促进基层治理体系和治理能力现代化的重要举措。党的社会工作是党建指导下的、面向社会领域的、用多种社会工作方法，了解群众要求、协助解决民生、促进社会治理和社会建设的工作。在社会领域实现党在政治上统领，组织建设上全覆盖，重要社会性工作的统筹、指导，促进基层社会治理和社会建设。社会工作必须回应经济和社会发展提出的要求，秉持专业理念，扮演积极角色，在实现中国式现代化的过程中发挥更加积极的作用。

二、专业理论

社会工作理论是社会工作者指导实践的理论基础，是对社会工作者在实施服务过程中所运用的各种理论知识的总称。涵盖了人类行为、社会系统、政策和实践等方面，具有以下方面的功能和价值：解释人的行为与社会过程，确定社会工作者将要协助解决的问题性质与原因；根据对人类行为与社会问题性质与成因作出的解释，设定社会工作过程的工作目标；提出一套达到目标的实务工作方法、技巧及模式，并进行总结与提炼。社会工作理论既反映了社会工作的专业化发展，也是不断演进和适应不同文化、时代挑战的产物。深入理解社会工作理论对于提高实践的效果和促进社会问题的解决至关重要。

理论一：心理动力学

心理动力学，源于19世纪末20世纪初由西格蒙德·弗洛伊德（Sigmund Freud）等人发展起来的心理学派，旨在探索人类心理深层次的动力和机制。其核心思想强调无意识心理过程在个体心理活动和行为中的作用，认为人类心理和行为受到潜意识冲动、欲望和冲突的强烈影响。心理动力学理论提供了一种框架，不仅帮助我们深刻理解个体心理发展和心理障碍的成因，也为社会问题的分析和解决提供了独特视角。心理动力学可以帮助社会工作者深入理解社会问题，并为其在面对这些问题时提供有效的介入策略。

1. 心理动力学视角下的社会问题

社会问题通常被视为社会结构、文化和经济体系中的不平等、压迫和矛盾的产物。然而，从心理动力学的角度看，这些问题同样根植于个体心理的深层次冲突和无意识过程。例如，贫困、犯罪、家庭暴力等社会问题，不仅是经济和社会结构失衡的结果，也反映了个体心理状态的复杂性和多维性。

（1）贫困的心理动力学分析：从心理动力学角度看，贫困不仅是物质匮乏的状态，更是个体和社群心理经验的贫瘠。贫困情境中的个体可能经历慢性的不安全感、被遗弃的恐惧以及对自我价值的质疑，这些心理状态可能源自早期的亲子关系和无意识的自我认同过程。

（2）犯罪行为的心理动力学解释：犯罪行为不仅是道德败坏或社会环境的直接产物，它也可以被视为个体解决内心冲突和无意识冲动的一种方式。犯罪者可能在无意识层面寻求惩罚以缓解内疚感，或通过犯罪行为表达对权威的反抗和对自身无力感的补偿。

（3）家庭暴力的心理动力学探讨：家庭暴力并非简单的力量关系失衡，而是加害者和受害者之间复杂心理动力的体现。加害者可能因无法处理自身的情绪和冲突，将暴力作为一种控制和沟通的手段。受害者则可能因为早期依恋经历和自我价值观的扭曲，在无意识层面接受或容忍暴力行为。

2. 心理动力学在社会工作中的应用

社会工作者可以借助心理动力学理论，深入理解服务对象面临的社会问题背后的心理动力，从而设计更为有效的介入策略。

（1）深入理解服务对象的心理需求：通过心理动力学的分析，社会工作者可以识别服务对象的无意识冲突、恐惧和欲望，理解这些心理因素如何影响他们的行为和决策。这种深入的理解有助于构建更为紧密的社会工作者—服务对象关系，为有效介入奠定基础。

（2）处理转移和反转移现象：在社会工作实践中，服务对象可能将与其早期重要他人的情感和冲突转移到社会工作者身上（转移），社会工作者也可能将自己的情感反应投射到服务对象身上（反转移）。理解这些心理动力学过程对于维护专业关系和提供有效支持至关重要。

（3）设计心理动力学导向的介入计划：针对服务对象的具体心理需求和无意识冲突，设计包含心理动力学理解的个性化介入计划。例如，通过心理治疗、团体工作或家庭干预，帮助服务对象识别和处理潜在的心理冲突，促进其情绪调节和行为改变。

（4）促进社会意识和变革：社会工作者还可以利用对心理动力学的洞察，促进社区和社会层面对根深蒂固的信念、态度和行为模式的反思和变革。通过公共教育、政策倡导和社区动员等方式，引导社会对边缘化群体的深层次理解和支持。

3. 对社会工作参与基层治理的启发

心理动力学提供了一种深入分析和理解个体及社会问题的框架，强调了无意识过程在形成个体行为和社会现象中的作用。对社会工作者而言，运用心理动力学的理论和方法不仅能够增进对服务对象心理状态的理解，还能在社会工作实践中设计出更为有效的介入策略。通过结合心理动力学的深度洞察和社会工作的专业技能，社会工作者可以在促进个体福祉的同时，为社会正义和变革作出贡献。

理论二：认知行为理论

认知行为理论（Cognitive Behavioral Theory，CBT）是一种综合认知心理学和行为心理学原理的心理治疗方法，其核心假设是个体的情绪和行为受到其认知（个体对事物的看法、信念、评价和解释）的显著影响。自20世纪60年代由艾伦·贝克（Aaron Beck）和其他心理学家发展以来，认知行为理论已成为治疗抑郁症、焦虑症、压力相关疾病及其他心理障碍的主要方法之一。近年来，认知行为理论的应用已扩展至社会工作实践，特别是在处理社会问题和提供社会服务方面展现出其独特的价值。本手册旨在探讨认知行为理论的基本原理及其在社会工作中的应用，以提供对社会问题深层次理解的视角，并为社会工作者提供有效的介入策略。

1. 认知行为理论的基本原理

认知行为理论认为，个体的认知加工方式（如思维模式和信念体系）在其情绪反应和行为选择中起着决定性作用。这些认知过程可能是有益的，也可能是有害的，后者通常导致或加剧心理痛苦和不适应行为。认知行为理论的目标是识别和修改不合理或扭曲的认知过程，以改善情绪状态和促进适应性行为。认知行为理论的核心组成部分如下。

（1）认知重建：帮助个体识别和挑战不合理或扭曲的思维模式（如灾难化、以偏概全、过度概化等），并用更现实和积极的方式重塑这些思维模式。

（2）行为激励：鼓励个体参与积极行为，特别是那些能带来积极反馈和满足感的活动，以改善情绪状态和生活质量。

（3）技能训练：教授个体应对技能，如问题解决技巧、情绪调节技能和人际交往技巧，以增强其适应性行为和应对挑战的能力。

2. 认知行为理论在社会工作中的应用

在社会工作实践中，认知行为理论提供了一种有效的框架和方法，以帮助服务对象识别和改变导致社会功能受损的认知和行为模式。以下是认知行为理论在社会工作中应用的几个关键领域。

（1）个体和家庭干预：社会工作者可以运用认知行为理论技术，如认知重建和技能训练，帮助个体和家庭成员识别并改变不适应的思维模式和行为，解决如抑郁、焦虑、人际关系困扰等问题。

（2）社区和群体工作：认知行为理论可以用于提升社区成员的心理健康意识，增强其应对社会压力的能力，促进积极的社会互动和支持网络的建立。

（3）应对社会问题：认知行为理论的原理和技术可以应用于广泛的社会问题，如贫困、失业、社会排斥和暴力等。通过增强个体的认知和行为适应能力，社会工作者可以帮助服务对象更有效地应对这些挑战，促进社会融合和福祉。

（4）政策制定和实施：认知行为理论提供的见解可以作为社会政策的制定和实施的参考，特别是那些旨在改善公众心理健康和福利的政策。

3. 实施认知行为理论的挑战与策略

虽然认知行为理论在社会工作中具有广泛的应用前景，但在实施过程中也面临一些挑战。这些挑战包括资源限制、文化敏感性和个体差异。为克服这些挑战，社会工作者可以采取的策略如下。

（1）资源优化：利用现有资源，如在线认知行为理论程序和自助工具，扩大服务覆盖范围，并提高干预的可及性和成本效益。

（2）文化适应性：调整认知行为理论技术，以适应不同文化背景的个体需求，确保干预措施的相关性和有效性。

（3）个性化干预：根据服务对象的具体情况和需求制订认知行为理论干预计划，考虑到他们的心理、社会和文化背景，以增强干预的有效性。

4. 对社会工作参与基层治理的启发

认知行为理论为理解和干预社会问题提供了强有力的工具和框架。通过识别和改变不合理的认知和行为模式，社会工作者可以帮助个体、家庭和社区成员提高其心理健康水平和社会功能，更有效地应对生活中的挑战。尽管在实施认知行为理论时存在挑战，但通过创造性地应用认知行为理论原理和技术，以及调整干预以适应服务对象的多样性，社会工作者可以在促进个体和社会福祉方面发挥关键作用。

理论三：生态系统理论

生态系统理论是一种深刻理解个体与环境相互作用的理论框架，它强调了个体在其生活环境中的相互依存性和动态互动。该理论最早由乌里·布朗芬布伦纳（Urie Bronfenbrenner）在 20 世纪 70 年代提出，并在社会工作领域得到了广泛的应用。生态系统理论认为，为了全面理解一个人的行为和发展，必须考虑到个体所处的多层次环境系统以及这些系统之间的交互作用。本手册旨在探讨生态系统理论的基本原则，分析其对社会问题的解释力，以及为社会工作者提供有效的介入策略。

1.生态系统理论的基本原则

生态系统理论将人的发展视为一个复杂的系统，这个系统由多个层次的环境构成，主要包括如下内容。

（1）微观系统：个体直接参与的、对个体有直接影响的环境，如家庭、学校、工作场所等。

（2）中观系统：不同微观系统之间的关系和互动，如家庭与学校、工作与朋友之间的关系。

（3）外观系统：个体不直接参与的环境，但这些环境对个体所处的微观系统有间接影响，如社区服务、父母的工作环境等。

（4）宏观系统：文化、社会价值观、法律和政策等广泛的社会环境，它们对个体及其环境系统有着深远的影响。

（5）时间系统：指上述各环境系统随时间变化的模式，如生命事件、历史变迁等。

2.生态系统理论对社会问题的解释

生态系统理论提供了一个分析社会问题的多维框架，强调社会问题不仅是个体层面的问题，而且是个体与环境相互作用的结果。例如，贫困反映的不只是个体的经济状况，还与社区资源的缺乏、教育制度的不公、宏观经济政策等因素有关。通过生态视角，可以更全面地理解社会问题的根源，以及问题如何在不同环境系统中得以维持和传递。

3.生态系统理论在社会工作中的应用

生态系统理论为社会工作者提供了一种全面评估服务对象情况和需求的方法，以及制定有效介入策略的指导原则。

（1）全面评估：社会工作者应从生态系统的视角出发，评估个体在不同环境系统中的互动情况，包括家庭、学校、工作、社区等多个层面的关系和影响。

（2）多层次干预：基于生态系统的分析，社会工作干预应同时考虑多个层面的因素，既包括直接针对个体的支持和服务，也包括对家庭、社区等更广泛环境的干预。

（3）强化系统间的正向联系：通过促进不同环境系统之间的良性互动，如加强家庭与学校的沟通、提升社区资源的可及性，以支持个体的健康发展。

（4）倡导社会变革：社会工作者应利用生态系统理论的宏观视角，参与政策制定和社会变革活动，推动更公平的资源分配、更有利于公众福祉的政策制定等。

4.实施策略和挑战

应用生态系统理论进行社会工作时，社会工作者面临的挑战包括跨系统协作的复杂性、资源限制以及文化和社会多样性。为有效应对这些挑战，社会工作者可以采取以下策略。

（1）跨领域合作：与其他专业人士和机构建立合作关系，共同为服务对象提供综合服务。

（2）资源整合：有效利用和整合不同系统中的资源，如链接社区资源、促进机构间的信息共享。

（3）文化敏感性和多样性：在评估和干预过程中考虑个体的文化背景和身份特征，尊重多样性，提供符合个体文化和社会背景的服务。

5. 对社会工作参与基层治理的启发

生态系统理论为社会工作者提供了理解个体与环境相互作用的全面框架，强调在多层次环境系统中考虑社会问题和设计干预策略的重要性。通过应用生态系统理论，社会工作者不仅能够更深刻地理解服务对象面临的挑战，还能够设计出更为有效的、多维度的干预策略，从而在个体、家庭、社区乃至社会政策层面促进改变和提升福祉。

理论四：人本主义理论

人本主义理论，作为20世纪中叶心理学领域的一股清流，强调个体的主观体验、自我实现的需求以及人的潜能和成长的可能性。这一理论由卡尔·罗杰斯（Carl Rogers）和亚伯拉罕·马斯洛（Abraham Maslow）等人提出并发展，它反对早期行为主义者忽视内心体验的做法，也与弗洛伊德的精神分析学说形成鲜明对比，后者过分强调无意识冲突和心理病理。人本主义理论以其对人的积极看法和对个体价值的强调，在社会工作实践中提供了一种独特的视角和方法，旨在帮助个体认识和发挥其内在潜力，以及在面对生活挑战和社会问题时保持其完整性和个人价值。

1. 人本主义理论的核心概念

（1）自我实现：马斯洛将自我实现视为人类需求层次中的最高层次，是个体实现其最大潜能和最真实自我的过程。人本主义心理学认为每个人都有实现自我的内在动力。

（2）无条件积极关注：罗杰斯强调，在治疗关系中提供一个无条件积极关注的环境，可以促进个体自我认识的增强和自我观念的正向改变。

（3）真实性：在人本主义心理学中，真实性是指个体保持其真实自我与外在表现的一致性。罗杰斯认为，真实性是治疗过程中的关键元素，也是个体健康发展的重要标志。

（4）自我概念：个体对自己的看法和评价。人本主义理论认为，自我概念的积极发展对于个体的心理健康至关重要。

（5）全人关怀：人本主义心理学强调看待个体应从整体出发，不仅关注其心理状态，也要考虑其生理、社会、文化和精神等多方面的需求。

2. 人本主义理论在社会工作中的应用

在社会工作实践中，人本主义理论的应用可以为社会工作者提供以下指导原则。

（1）建立真诚的关系：社会工作者应与服务对象建立基于真诚、尊重和无条件积极关注的关系，这有助于营造一个安全的环境，让服务对象愿意开放自己，分享其体验和挑战。

（2）强调个体的自我决定和力量：人本主义理论强调个体的选择权和自我决定能力。社会工作者应鼓励服务对象参与决策过程，发掘和利用其内在的资源和能力，以应对生活中的挑战。

（3）全面性评估和干预：在评估和干预时，社会工作者应考虑到个体的多重维度，包括其心理、生理、社会和精神等方面的需求，实施全人关怀的原则。

（4）促进自我实现：通过支持服务对象认识和追求其自我实现的需求，社会工作者可以帮助他们发现个人的意义和目标，激发他们实现个人潜力的动力。

（5）提供支持性环境：为服务对象提供一个充满接纳、理解和尊重的环境，帮助他们克服内在的恐惧和自我怀疑，增强自信和自尊。

3. 面临的挑战与策略

尽管人本主义理论为社会工作提供了重要的指导原则，但在实践中也面临着一些挑战，例如如何平衡个体的自我实现与社会责任、如何在资源有限的情况下满足服务对象的全面需求等。面对这些挑战，社会工作者可以采取以下策略。

（1）倡导和链接资源：积极为服务对象争取更多的社会资源和支持，链接不同的服务和机构，以满足其全面的需求。

（2）持续专业发展：通过不断学习和实践，提高自身的专业能力和敏感性，更好地应用人本主义理论于多元化和复杂的社会工作实践中。

（3）强化社会支持网络：促进服务对象与家庭、朋友和社区的积极互动，建立支持性的社会网络，增强个体面对挑战的能力。

4. 对社会工作参与基层治理的启发

人本主义理论以其对人的深刻理解和对个体价值的高度重视，为社会工作实践提供了宝贵的指导原则。通过建立基于真诚、尊重和理解的关系，强调个体的自我决定权和自我实现的可能性，社会工作者可以更有效地支持服务对象发掘和利用其内在潜力，促进其个人和社会功能的提升。面对实践中的挑战，社会工作者需不断学习和适应，以人本主义的精神，为服务对象提供全面、个性化的支持和干预。

理论五：存在主义理论

存在主义理论是一种哲学思想，起源于 19 世纪末到 20 世纪中叶，强调个体存在的主观性、自由、选择和责任。它反对将人类理解为科学研究的客观对象，认为人的本质在于其存在，即"存在先于本质"。著名的存在主义者包括索伦·奥贝·克尔凯郭尔（Søren Aabye Kierkegaard）、弗里德里希·尼采（Friedrich Nietzsche）、让 - 保罗·萨特（Jean-Paul Sartre）和阿尔贝·加缪（Albert Camus）等。存在主义在心理学和社会工作领域的应用，特别是通过维克多·弗兰克（Viktor Emil Frankl）与罗洛·梅（Rollo May）和欧文·亚隆（Irvin Yalom）的作品，探讨了个体面对生活困境和苦难时的心理状态和行为选择，为理解深层社会问题和提供有效的社会工作介入策略提供了独特视角。

1. 存在主义理论的核心概念

（1）自由和责任：存在主义认为，人类拥有选择自己生活方式的自由，但同时也必须承担这些选择的责任。

（2）存在的孤独性：个体在本质上是孤独的，必须面对自身存在的孤独感和生活的不确定性。

（3）死亡的终极性：对死亡的反思是存在主义的一个重要主题，认为通过面对死亡的终极性，个体可以更深刻地理解生活的意义。

（4）意义的追求：存在主义强调个体追求生命意义的重要性，认为即使在极端困境中，人也能通过创造性和爱的行为找到生活的意义。

（5）存在的焦虑：面对生活的选择和责任，个体可能会经历存在的焦虑，但这种焦虑也是个体实现自我的动力。

2. 存在主义理论在社会工作中的应用

存在主义理论为社会工作提供了深层次理解个体经历和介入的框架，尤其在处理个体经历的危机、悲伤和生命意义的探索方面。

（1）支持个体面对存在的挑战：社会工作者可以帮助个体认识到自身的自由和选择权，鼓励他们在面对生活挑战时积极作出选择，并承担相应的责任。

（2）探讨和发现生活的意义：通过对话和反思，社会工作者引导个体探索个人价值观和生命意义，尤其是在经历失去、悲伤或绝望时。

（3）认识和接纳存在的焦虑：社会工作者帮助个体认识到存在的焦虑是人生不可避免的一部分，通过面对和接纳焦虑，个体可以找到前进的动力和生活的方向。

（4）促进个体的自我实现：存在主义强调个体通过自我决定和自我实现来克服生活的困境。社会工作者通过倾听、同情和反馈，支持个体在追求个人成长和实现过程中的努力。

（5）提供无条件的关怀：类似于人本主义的无条件积极关注，存在主义在社会工作实践中，社会工作者提供一个支持性、非评判性的环境，让个体感受到被理解和接纳。

3. 面临的挑战与策略

在将存在主义理论应用于社会工作时，社会工作者可能面临诸如个体对生活意义的深层次质疑、存在的焦虑以及面对死亡和孤独感的挑战。应对这些挑战的策略包括以下几方面。

（1）培养深层次的倾听和同情技能。社会工作者需要具备深层次的倾听和同情技能，以理解个体的独特体验和存在的挑战。

（2）强化个体的自我意识和反思能力。通过反思性对话和练习，帮助个体增强对自己选择、行为和生活意义的意识。

（3）使用创造性和表达性方法。通过艺术、写作或其他创造性活动，鼓励个体表达自己的感受和思考，作为发现生命意义和处理存在焦虑的手段。

（4）建立支持性的社会关系。虽然存在主义强调个体的孤独感，社会工作者仍可以通过促进健康的社会关系和社区参与，帮助个体感受到支持和联系。

4.对社会工作参与基层治理的启发

存在主义理论为社会工作实践提供了一种深刻的理解个体经历的框架，特别是在面对生命的困境、悲伤和寻找生命意义时。通过强调自由、责任、意义的追求和存在的焦虑，社会工作者可以更有效地支持个体在面对生活挑战时发现个人的力量和方向。尽管存在主义方法在应用上存在挑战，但通过深层次的倾听、同情和支持，社会工作专业人员可以帮助个体探索和实现更加充实和有意义的生活。

理论六：女性主义理论与增权视角

女性主义理论与增权视角是社会科学领域中用于理解和解决性别不平等及其相关社会问题的重要工具。这一理论框架不仅揭示了性别如何在社会结构中构建和维持不平等，还提供了一种促进个体和群体赋权的方法，以建立更加公正和平等的社会。通过结合女性主义的批判视角和增权的实践方法，社会工作者可以有效地支持服务对象，尤其是女性和其他边缘化群体，使他们克服社会障碍，提高生活质量和社会地位。

1.女性主义理论的核心原则

女性主义理论起源于对女性在社会中遭受的广泛歧视和不平等的观察与反思。它主张认识到并解构性别不平等的根源，这些根源包括但不限于以下几点。

（1）性别建构论：性别是社会和文化构建的，不仅是生物性别的直接结果。这意味着性别角色和期望是通过社会化过程被学习和强加的。

（2）父权制和男性中心主义：一个以男性为中心，男性权力在家庭、社会和经济结构中占主导地位的社会系统。

（3）交叉性和多重影响：理解个体如何同时受到性别、种族、阶级、性取向等多重社会身份的影响，这些身份在特定情境下可以加剧个体的边缘化和压迫。

2.增权视角的核心原则

增权视角着眼于赋予个体和群体权利，使他们能够影响自己的生活和社区。这一视角强调：

（1）能力增强。通过教育和资源的提供，增强个体的能力，使其能够克服外部限制，实现个人目标。

（2）参与决策。确保个体和群体能够在影响他们生活的决策过程中发声和参与。

（3）社会资本和社会网络建设。促进个体通过建立支持性的社会关系和网络来增强其社会资本，从而提高他们解决问题和实现目标的能力。

3. 在社会工作中的应用

将女性主义理论与增权视角融入社会工作实践，意味着采取一种批判性和赋权的方法来理解和解决社会问题。具体策略包括：

（1）性别敏感的服务提供。开发和实施能够识别并解决性别特定需求和障碍的服务和程序。

（2）提倡性别平等。在个体、社区和社会政策层面倡导性别平等，挑战性别刻板印象和歧视。

（3）增强参与。支持和促进女性及边缘化群体在家庭、社区和政治决策中的参与。

（4）赋能干预。通过提供资源、信息和支持，增强服务对象的自我效能和自主权，使他们能够为自己的权利发声。

4. 面临的挑战与策略

在将女性主义理论与增权视角应用于社会工作中时，社会工作者可能会遇到一系列挑战，包括资源限制、社会和文化阻力以及政策制约等。应对这些挑战的策略可能包括：

（1）多领域合作。与政府机构、非政府组织和私营部门合作，共同促进性别平等和社会变革。

（2）社区参与和社区动员。利用社区的力量和资源，动员社区参与性别平等倡议和行动。

（3）持续教育和倡导。通过教育和公共倡导活动，提高公众对性别不平等问题的认识和理解，促进社会态度和行为的变化。

（4）证据基础实践。依据研究和数据支持的证据，开发和实施有效的干预措施和策略。

5. 对社会工作参与基层治理的启发

女性主义理论与增权视角为社会工作提供了一个强大的理论和实践框架，以理解和解决性别不平等及相关社会问题。通过采取批判性和赋权的方法，社会工作者可以支持服务对象克服障碍，提高他们的生活质量和社会地位。成功的实施需要对性别动态的深入理解，对社会结构的批判性分析，以及对增强个体和群体能力的持续承诺。

理论七：叙事理论

叙事理论是一种心理治疗和社会工作实践中的方法，该理论起源于20世纪80年代，迈克尔·怀特（Michael White）和大卫·艾普斯顿（David Epston）是这一理论的先驱。叙事理论认为，人们通过故事来组织和解释自己的生活经验，这些故事反过来又影响了他们的行为、感受和人际关系。通过探索、重塑和重新叙述这些故事，个体可以改变他们的生活观念，解决问题，并促进个人成长和变化。

1. 叙事理论的核心概念

（1）故事构成现实：叙事理论认为，我们的生活和身份是通过故事构建的。这些故事不仅反映了我们如何看待自己和世界，也塑造了我们的现实感。

（2）问题饱和叙事：人们可能会陷入一种将问题视为自身身份不可分割部分的叙事中，这种叙事被称为"问题饱和叙事"。这类故事限制了个体看待问题和可能解决方案的视角。

（3）外化对话：叙事治疗中的一种技术，通过将问题外化，即将问题视为个体经历而非个体特性，帮助个体与问题保持距离，从而更容易地探索和解决问题。

（4）重新叙述：叙事治疗的一个核心过程，通过探索和强化与问题饱和叙事相对立的经历和故事，帮助个体构建更有力、更积极的生活叙事。

（5）多重故事：认识到个体的生活不仅由一个故事组成，而是存在多个并行的故事，关注被边缘化或被忽视的故事可以揭示个体的力量和可能性。

2. 叙事理论在社会工作中的应用

叙事理论为社会工作提供了一种独特的介入框架，尤其适用于支持个体和群体理解并重塑他们的生活故事。以下是叙事理论在社会工作中的一些应用策略。

（1）听故事和讲故事：鼓励服务对象分享他们的生活故事，社会工作者作为一个积极的听众，通过倾听和确认来验证这些经历的价值和意义。

（2）识别和挑战问题饱和叙事：帮助服务对象识别那些限制性的、消极的故事，并探索这些故事背后的假设和信念。通过提问和反思，挑战这些故事的有效性。

（3）促进外化对话：通过将问题视为独立于个体的"外部"实体，帮助服务对象建立一种更健康的距离，从而更容易探讨和解决问题。

（4）探索和培养替代叙事：鼓励服务对象探索那些被忽视或未被充分发现的经历和故事，这些故事可能提供新的见解和解决方案。

（5）利用社会建构主义：理解个体的故事是在特定的社会、文化背景中构建的，社会工作者可以帮助服务对象识别和质疑这些背景对个人故事的影响。

3. 面临的挑战与策略

将叙事理论应用于社会工作实践中，社会工作者可能会面临一系列挑战。例如，抵抗性，服务对象可能对改变他们长期持有的故事抱有抵抗心理；复杂性和多重叙事，服务对象的生活故事可能异常复杂，包含多个相互冲突的叙事；文化敏感性，不同的文化背景可能对个体的叙事构建有深远的影响。面对这些挑战，社会工作者可以采取以下策略。

（1）通过建立信任和安全的关系，以及使用温和的探询和倾听技巧，渐进地引导服务对象探索新的可能性。

（2）识别和探索这些不同叙事之间的关系，寻找融合与和谐的方式，以及强化那些促进个体成长和解决问题的叙事。

（3）深入了解服务对象的文化背景，尊重和融入这些文化价值观和信念体系，以增强叙事干预的相关性和效力。

4.对社会工作参与基层治理的启发

叙事理论为社会工作实践提供了一种强大的工具，帮助服务对象通过重新叙述他们的故事来理解和重塑他们的生活。这种方法不仅促进了个体的自我理解和成长，还有助于解决复杂的社会问题。通过采用叙事方法，社会工作者可以支持服务对象发现自己的力量和可能性，促进他们的恢复力和希望。成功地实施叙事理论需要社会工作者具备深刻的倾听技巧、对服务对象的深度同情，以及对不同文化和社会结构的敏感性和理解。

第二节 专业社工参与基层治理基本方法

一、专业社工"九大方法"

社会工作的九大方法是社工实践的基础和指导，它们强调以服务对象为中心的理念，帮助社工进行研究和评估，发挥领导作用，并鼓励进行反思和持续的专业发展。这些方法对于提高社工的实践效果和服务质量具有重要意义。

（一）个案工作法

是一种针对个人或家庭问题的独特处理方法，强调对每个服务对象深入而细致的了解和关怀，通过建立深厚的信任关系，提供必要的支持和指导，帮助服务对象切实解决问题，并促进其个人的成长和发展。

（二）小组工作法

是一种通过组织小组活动来开展工作的方法。它侧重于小组成员之间的互动和协作，利用团队的力量和集体的智慧，来解决个人或组织面临的问题，最终实现个体和社会的和谐发展。

（三）社区工作法

是一种以社区为基础的工作方法，通过与社区居民的互动和合作，深入了解社区的需求和问题，动员和组织社区资源，共同制订并实施解决方案，致力于改善社区环境，并提高居民的生活质量。

（四）宣传工作法

是一种借助宣传手段来传递信息、引导舆论、塑造形象的方法。它注重对宣传对象的研究和分析，通过各种宣传手段和渠道，向宣传对象传递特定的信息、价值观和理念，最终达到宣传者的预期目的和效果。

（五）咨询工作法

是一种提供专业意见、建议和指导的工作方法。它注重对咨询对象的问题和需求深入了解和分析，为咨询对象提供专业的意见和建议，帮助咨询对象解决问题、实现目标并获得更好的发展。

（六）调解工作法

是一种通过调解手段来化解矛盾、协调关系的方法。它注重对矛盾双方的了解和沟通，通过公正、客观地分析和处理矛盾，协调双方的关系，最终达到化解矛盾、维护和谐的目的。

（七）研究工作法

是一种借助科学研究方法来探究现象、发现规律、创新理论的工作方法。它注重对研究对象的深入调查和分析，通过科学实验、观察、调查等手段，获取数据和信息，进行归纳和演绎推理，最终得出科学结论和创新理论。

（八）培训工作法

是一种借助培训手段来提高人员素质、能力、技能的工作方法。它注重对培训对象的需求和特点深入了解和分析，制订针对性的培训计划，通过各种培训手段和方式，有效提高培训对象的素质、能力和技能水平。

（九）督导工作法

是一种通过对下级工作的监督、指导和协调来保证工作顺利实施和工作质量提高的方法。它注重对下级工作的了解和指导，通过监督、检查、评估等手段，及时发现问题并给予纠正，促进个人成长，并确保工作的顺利实施以及提高整体的工作质量。

二、专业社工"九项修炼"

专业社会工作者在参与基层治理中，不仅需要较高的政治素养、政策理解和执行素养，同时也要具备专业社会工作能力。《社会工作综合能力》（中国社会出版社，2023年版）概括出社会工作者应具有六类基本能力：沟通与建立关系的能力，促进和使能的能力，评估和计划的能力，提供服务和干预的能力，在组织中工作的能力，发展专业素质的能力。

在此基础上，新时代专业社工通过"九项修炼"，可以提升自己的专业素养和实践能力，为服务对象提供更优质的服务。同时，"九项修炼"也有助于社工个人职业的发展和成长。

（一）注重倾听沟通，建立情感共鸣

1. 善聆听

（1）保持耐心：在聆听服务对象叙述时，要给予服务对象足够的时间和空间，不轻易打断他们的陈述。

（2）关注非言语信息：除了语言内容，还要关注服务对象的非言语信息，如语气、表情、姿势等，以便更全面地了解他们的感受和需求。

（3）提问和澄清：通过提问和澄清，帮助服务对象更清晰地表达自己的想法和感受，同时也可以确认社工对服务对象意图的理解是否正确。

2. 懂回应

（1）给予肯定：对于服务对象所表达的情感、观点或经历，社工应该给予积极的回应和肯定，让服务对象感受到被关注和支持。

（2）情感共鸣：社工要尝试理解服务对象的情感和感受，并表达出共鸣，与服务对象建立情感联系。

（3）建设性反馈：对于服务对象存在的问题和需求，社工应该给予建设性的反馈和建议，帮助他们更好地解决问题。

3. 精沟通

（1）使用简洁明了的语言：社工在与服务对象沟通时，应该使用简洁明了的语言，避免使用专业术语或复杂的语句，以确保双方能够顺利交流。

（2）明确表达意图和目标：社工要明确表达自己的意图和目标，同时也要了解服务对象的期望和需求，以便更好地达成共识。

（3）积极倾听和表达：社工要积极倾听服务对象的观点和需求，同时也要清晰、准确地表达自己的意见和看法，以达到良好的沟通效果。

（二）保持热情真诚，建立信任关系

1. 真诚

（1）展示真实自我：社工应该真实地表达自己，不掩饰或伪装自己的想法、感受和观点。这样可以增加服务对象对社工的信任感。

（2）倾听并尊重服务对象：在沟通过程中，社工应该积极倾听服务对象的意见和感受，并尊重他们的观点和需求。这可以表明社工对服务对象的关心和重视。

2. 热情

（1）积极的态度：社工应该以积极、热情的态度对待服务对象，让他们感受到社工的关心和支持。

（2）给予及时回应：对于服务对象的需要和问题，社工应该给予及时的回应和关注，让他们感受到社工的关注和重视。

3. 专业

（1）具备专业知识和技能：社工应该具备专业知识和技能，能够提供有效的支持和帮助，以满足服务对象的需求。

（2）保持专业素养：在与服务对象交流和提供服务时，社工应该保持专业素养，不将自己的情感和偏见带入工作中。

4. 建立信任关系

（1）遵守保密原则：社工应该遵守保密原则，保护服务对象的隐私和机密信息，以增加服务对象对社工的信任感。

（2）持续提供优质服务：社工应该持续提供优质的服务，解决服务对象的问题和需求，并跟进服务效果，以建立长期的信任关系。

（三）培养观察能力，捕捉细节变化

（1）培养观察能力：社工应该具备敏锐的观察能力，能够注意到服务对象及其他相关人员的微妙变化和细节。观察能力可以通过实践、反思和接受培训来提高。

（2）增强对细节的关注：在提供服务的过程中，社工应该时刻关注服务对象的细节，包括他们的言行举止、情感变化、行为模式等。通过关注细节，社工可以更准确地判断服务对象的需求和问题。

（四）把握服务方向，有效制定目标

（1）了解服务对象的需求和问题：社工首先要了解服务对象的需求和问题，包括他们的背景、困境、目标和期望等。这可以通过深入的访谈、观察、问卷调查等方式来收集信息。

（2）确定服务目标和方向：根据服务对象的需求和问题，社工需要确定服务目标和方向，明确要解决的核心问题。这需要社工对服务对象的问题有深入的理解和分析，同时考虑社区、机构和资源的实际情况。

（3）制订具体可行的计划：在确定服务目标和方向后，社工需要制订具体可行的计划，包括服务的具体内容、时间安排、人员分工、资源需求等。计划应该明确、具体、可行，并能够根据实际情况进行调整和优化。

（4）协商并取得共识：社工需要与服务对象协商并取得共识，明确双方的责任和期望，确保服务的顺利实施。在协商过程中，社工需要尊重服务对象的意愿和选择，同时提供专业的建议和支持。

（五）识别问题敏锐，分析需求精准

（1）具备敏锐的观察能力：社工需要具备敏锐的观察能力，能够及时发现服务对象的问题和需求。通过与服务对象的积极互动和沟通，社工可以敏锐地捕捉到他们的言行举止、情感变化等细节，从而准确地识别问题。

（2）注重综合信息的收集：社工需要采取多种方式收集服务对象的综合信息，包括他们的家庭背景、社会关系、健康状况、文化特点等。通过综合信息的收集和分析，社工可以更全面地了解服务对象的需求和问题，为精准分析提供依据。

（3）运用科学的方法进行需求评估：社工可以采用科学的方法进行需求评估，如问卷调查、访谈、观察等。通过这些方法，社工可以了解服务对象的真实需求和问题，并对其进行分析和评估，从而制订更精准的服务计划。

（4）具备扎实的专业知识和技能：社工需要具备扎实的专业知识和技能，包括社会工作理论、心理学、法律等方面的知识。这些知识和技能可以帮助社工更准确地识别和分析服务对象的问题和需求，为提供精准的服务奠定基础。

（5）不断学习和实践：社工需要不断学习和实践，掌握最新的社会工作理论和实务方法。通过学习和实践，社工可以提高自身的专业素养和分析能力，从而更好地识别和分析服务对象的问题和需求。

（六）挖掘多方资源，搭建互助网络

（1）了解社区资源：社工需要了解社区内的资源分布情况，包括人力、物力、财力等方面的资源。通过了解社区资源，社工可以更好地协调和整合各方资源，为服务对象提供更有效的支持。

（2）建立合作关系：社工应该积极与社区内的组织、机构、企业等建立合作关系，共同挖掘资源，为服务对象提供更全面的支持。通过合作，社工可以借助其他机构的资源和力量，扩大服务范围和影响力。

（3）搭建互助网络：社工可以搭建互助网络，将有相似需求和兴趣的人聚集在一起，促进他们之间的交流和合作。通过搭建互助网络，社工可以激发社区内的活力，提高社区的凝聚力和归属感。

（4）借助社交媒体：社工可以借助社交媒体平台，如微信、微博等，宣传和推广公益活动，吸引更多的人关注和参与。通过社交媒体平台，社工可以扩大影响力，提高社区的知名度和社会认可度。

（5）定期评估和调整：社工应该定期评估社区公益事业的发展情况，检查资源的使用情况和效果，并根据实际情况进行调整和改进。通过评估和调整，社工可以确保资源的有效利用，提高社区公益事业的发展效果。

（七）勤反思重交流，关注服务效果

（1）反思工作过程：社工应该定期反思自己的工作过程，审视自己的服务方法和策略是否得当，是否真正解决了服务对象的问题。通过反思，社工可以发现自己的不足之处，并及时改进。

（2）收集反馈意见：社工应该积极收集服务对象和其他相关人员的反馈意见，了解他们对服务的评价和建议。这可以帮助社工了解自己的工作效果，以及需要改进的地方。

（3）与团队成员交流：社工可以与团队成员进行定期的交流和分享，讨论工作中遇到的问题和困难，分享成功的经验和做法。通过交流和分享，社工可以相互学习、共同进步，提高服务的质量和效果。

（4）参加专业培训：社工应该积极参加专业培训，学习新的理论知识和实务方法，提高自身的专业素养和实践能力。这可以帮助社工更好地应对复杂的服务需求，提高服务的质量和效果。

（5）关注服务效果：社工更应该关注服务的效果和质量，而不仅是关注服务的数量和速度。通过关注服务效果，社工可以更好地了解服务对象的真实需求和问题，为提供更精准的服务奠定基础。

（八）提高专业素养，提升服务质量

（1）提高专业素养：持续学习和注重自我专业成长可以帮助社会工作者不断提高自己的专业素养，掌握最新的社会工作理论和实务方法，更好地应对复杂的服务需求和问题。

（2）提升服务质量：通过持续学习和实践反思，社会工作者可以不断完善和提高自己的服务能力和水平，为服务对象提供更优质、精准的支持和服务，提高服务效果和质量。

（3）适应社会发展变化：社会在不断发展和变化，持续学习和注重内心成长可以帮助社会工作者更好地适应这些变化，及时调整自己的服务方向和方法，满足服务对象的需求和期望。

（4）增强职业竞争力：在竞争激烈的社会环境中，持续学习和注重自我专业及内心的成长可以帮助社会工作者增强自身的职业竞争力和可持续发展能力，以更好地适应职业发展的要求。

（5）促进个人成长和发展：持续学习和注重自我专业及内心的成长可以帮助社会工作者更好地认识自己、发掘自己的潜力，促进个人成长和发展，实现自我价值和社会价值的双重提升。

（九）觉察自我情绪，善于自我调适

（1）了解自己的情绪：社工应该了解自己的情绪，注意自己的情感反应和情绪变化，认真感受自己的情绪状态。通过了解自己的情绪，社工可以更好地掌控自己的情绪，避免情绪过度波动。

（2）接受自己的情绪：社工应该接受自己的情绪，不要抑制或掩饰自己的情绪，而是尝试正视和面对自己的情绪。接受自己的情绪可以帮助社工更好地理解自己的情感需求和情感反应，从而更好地应对服务对象的情感问题。

（3）找到适合自己的情绪调适方法：社工可以找到适合自己的情绪调适方法，例如通过运动、音乐、阅读、写作等方式来缓解压力和调整情绪。社工可以根据自己的喜好和需要选择适合自己的方法，以达到自我调适的效果。

第三节　专业社工参与基层治理典型案例

案例一　党建引领下社会工作参与社区微治理探索 [①]

党的二十大报告指出，要坚持大抓基层的鲜明导向，推进以党建引领基层治理。A社区综合服务中心以地区发展模式作为指导理论，以改善非机动车停车环境为切入点，开展"H小区公共空间微治理"项目，积极探索推动多元主体形成治理合力的党建引领路径，培育和激发社区活力，提升社区治理效能。

（一）背景与起因

小区楼道内、地面上非机动车乱停放一直是H小区治理中的一项顽疾。H小区内居住人员多，电动自行车保有量大，乱停放，非机动车停车位杂物堆积等问题成为

---

① 案例来源：广东石碣社会工作优秀案例征集大赛一等奖，石碣社工公众号。

困扰小区环境治理的难题。小区居民多次在小区内部群发布有待整改的环境照片，也有居民通过阳光网问政平台投诉小区的环境不理想。总体而言，老旧小区的问题与政府提倡的宜居环境存在很大的反差，不仅降低了社区的颜值，也影响了社区居民的幸福指数。

1. 小区非机动车停车环境脏乱差

随着城市机动化水平的快速发展，非机动车作为不可或缺的一部分，其数量急剧增加，伴随而来的安全隐患和停车问题也日益凸显。H 小区属于老旧小区，前期规划并没有预留太多非机动车车位，公共停车位资源紧张，加之废旧且无人维护的非机动车占据了有限的车位和楼道，小区存在停车位和电动自行车充电桩不足的问题，乱停车现象严重。在调研中，98.82% 的业主认为小区环境问题有待改善，超过 90% 的受访业主对小区环境表示不满意。

2. 居民自治意识薄弱

小区居民对于公共空间的建设及维护意识薄弱，有居民乱停放非机动车的行为时常发生，由于物业配备的保安人手不充足，无法及时协调停车问题。调研显示，仅有 36.15% 的业主认为小区的环境问题与自身有关，而 63.85% 的业主表示改善小区环境是物业及社区相关部门应该承担的责任，自己作为居民并不需要为小区环境负责。此外，95% 的居民表示从未参加过小区的事务。一些在小区租赁居住的商户由于生活所迫，更关注自身生活水平的提高，对参与小区事务的积极性不高。

3. 参与主体定位不清晰

职能部门由于其主体构成，主要提供行政方向的服务。此外，小区现有的物业公司因小区性质，物业费收费低，收缴率也低，而人工成本等费用近年来不断上涨，导致其运营入不敷出。为了降低人力成本，物业公司只能以低工资聘请保安，导致服务质量下降，进一步加剧了"非机动车停车环境脏乱差"的现象。

（二）做法与经过

1. 突出党建引领，共筑同心圆

（1）社区党委引领协同共治。

老旧小区环境差、物业服务缺失、业主对物业服务满意度不高等一直是近年来物业管理的痛点问题，也是群众投诉的热点问题。物业公司"入不敷出"更是让小区物业管理及小区环境陷入每况愈下的恶性循环。社工把此现象反馈给社区党委，倡导发挥党建力量解决小区的困扰。在社区党委的多次协调下，社工终于可以与物业正式沟通，共同研判症结所在。通过社工的多番沟通，物业意识到自身在小区中不再仅限于是完全市场化的角色，更是小区治理创新的参与主体。

小区党支部、"两新"党群服务中心等多元社区治理力量都有着各自独有的治理优势，若能形成整体合力，不仅其治理的独特优势能得到发挥，整体效益也会明显提升。

在社区党委的推动下，社工将原先分散的主体力量整合起来，不断协调治理关系、整合治理资源，初步实现了治理结构的重塑。

（2）社工激发参与活力。

由于小区既有的社会互动网络较差，公共活动组织和公共事务参与的机会较少，居民对主人翁意识的认知有限，对小区公共空间微治理的项目持观望态度。为此，社工联合社区党员志愿者常规化开展不同类型的线下便民活动，以及定期在小区微信群发布与居民息息相关的社区资讯，以更好地建立熟悉关系。

除了传统的外展摆摊宣传微治理项目，社工还通过多种方式吸引居民关注小区非机动车停车环境问题，并强调其参与小区微治理的重要性。例如，开展"环境问题随手拍"活动，邀请居民化身小区环境"巡查员"，用手机镜头"找碴儿"。这种活动在拉进居民之间及居民与社工之间距离的同时，也让居民意识到小区存在的问题及其解决的可能性。

2. 发挥社工优势，赋能协商议事

（1）挖掘内生资本。

社工通过小区物业、社区居委会、镇志愿者协会等多元主体获得过往积极参与社区活动人员名单，社工与之进行交谈，了解他们对小区发展的想法及邀请其一同参与小区事务。此外，借助小区活动招募志愿者，并从中挖掘志愿服务过程中的积极分子成为小区居民骨干。在挖掘小区居民骨干的过程中，社工也充分利用已有的居民资源，通过"滚雪球"模式接触到更多热心居民。

（2）多方协商，协同推进。

为了增强小区居民骨干的社区参与度，社工通过培育赋能服务，鼓励居民表达意见、参与活动，并赋能关键主体，提升他们的议事能力和技能。社工引导居民根据关心和需要的甄选条件对共识议题进行排序，形成协商议事清单，为基层治理提供行动方向。经过摸排，最终确定"清理僵尸车，增设非机动车停车位"为公共空间微改造的主要内容。

在社区党委的指导下，社工构建了议事平台。在居民代表的议事会上，社工引导居民分析小区环境和非机动车停车问题，共同讨论问题的来源和解决办法。在多方联席会议前，社工确定协商的主体、形式、时间和地点，并提前告知参与各方相关信息。在多方联席会议上，各方围绕会议目的、困难和解决方案展开讨论。律师提供清理闲置车辆的法律意见；居民代表表示可以争取更多居民的支持；小区党支部书记为微改造提供联动资源；物业分享了如何降低居民"扯皮"风险的经验。

（3）汇集共建力量，构建共享格局。

为了让更多居民参与非机动车停车位微改造，社工与物业制定了倡议书，由小区志愿者张贴到每栋楼的宣传栏，让大家清理自家的闲置车辆。居民代表在微信群倡导，争取得到居民的支持。党员发挥先锋模范作用，投身于系列志愿活动中。在社区党委指导下，社工联动镇中心片区人大代表、小区党员、志愿者、物业、律师等多方力量开展闲置车清理行动。大家把非机动车停车区域的破旧废弃电动自行车、自行车、囤积的杂物进行统一清理。活动现场还设置了闲置车置换礼品的环节，鼓励小区居民主动用家里的闲置车置换大米、面条等生活必需品。

清扫地面灰尘，挪动未规范停放的车辆……某社工与小区党员和青少年志愿者为褪色的停车位重新画线。行动中，一些热心居民也参与了非机动车停车位的微改造，助力小区建设。由于改造面积大，需要专业施工队的支援，行动还得到了爱心企业的支持。社工与物业、居民、企业施工团队分工明确，打标线、操控机器喷漆，现场秩序井然，标线准确、清晰，一个个崭新亮丽、整齐有序的停车位完成了画线。大家以朴实的方式为小区环境改善贡献力量，共同描绘微治理的"风景线"。

（三）成效与反响

1.任务目标：非机动车停车环境得到改善

该行动共清理废旧电动自行车、自行车、三轮车100余辆，为非机动车停车区域腾出空间。开展老旧小区电动自行车车位微改造行动154个，居民车辆有处可放、有序停放，尽最大努力满足了广大居民的停车需求。"感谢某社工把小区电动自行车车位搞好了，我们小区邻里应该有序停好车，共同维护小区环境。"小区的陈先生把小区电动自行车整齐摆放的照片发到微信群里，并致谢某社工对小区公共环境作出的努力，得到众多点赞。

2.过程目标：多元利益相关方参与小区微治理的责任感及能力得以提升

居民的意识有所提升，在项目开展前及实施结束都分别做了问卷调查了解居民对小区治理的建议，项目前测90%的居民建议物业整改，项目后测80%的居民的建议呈现理性的关注点，如关注电梯问题、发动更多志愿者等。满意度是4.98分（满分是5分）。该项目动员小区志愿者30名，志愿服务时数300小时；召开居民议事会5场，收到议案5份。

社区党委具有示范作用，对小区事项把关定向；小区党支部发挥先锋引领作用，有效对居民疑虑进行了化解，强化了居民对党组织的信任；镇"两新"组织积极推动公共部分的广告等增值服务所产生的收益来补充物业服务的资金，并联动爱心企业提供停车位规划技术指导。

（四）总结与反思

1.党建引领下专业社工服务介入小区公共空间微治理

在党建引领的作用之下，党组织的政治优势、组织优势有效地转化成了社区治理优势，使社区拥有了更多的治理资源。社工发挥专业特长，对小区事务需求进行精准评估，应用社会工作专业理论与方法，在推进实务工作的过程中，实现了传递信息、整合资源、形成合力的目标，保证介入过程各环节互通互畅。

2. 外部支持与内生力量相结合

老旧小区问题的产生是复杂的，整合小区内外支持力量能够真正促进小区环境问题的解决。一方面，在社区党委的指导下，社工需要联动多元主体为小区环境治理工作的推进提供支持。另一方面，应持续动员、组织社区居民参与，寻找社区骨干和能人，激发内生力量。小区治理的事务通常会涉及多个治理主体，需要社区党组织、基层政府、居委会、居民等多主体的共同努力，如果各个主体各执己见，会降低社区治理的成效。为此，通过沟通协商明确共治目标后，还应该通过适切的联结强化共治目标。

案例二 "书记下午茶"创新社区民主协商新模式[①]

2018年以来，福建省厦门市湖里区江头街道园山社区主动适应社区治理的新变化、新特点，为有效破解小区治理难题，巧借闽南工夫茶这一茶道文化形式，创造性地开设了"书记下午茶"，将民主议事协商的"茶桌"移到小区里、榕树下、广场中，边泡茶边讨论边解决难题。在"一茶一议"间，有效回应居民诉求，将各种资源链接在一起、各方力量凝聚在一起、各类群体团结在一起，不断增强居民自治能力，推动了基层治理创新。

（一）背景与起因

社区是构建和谐社会的"细胞"，也是党和政府联系群众的"纽带"。江头街道园山社区有17个居民小区，8个外国公寓，总人口近1.4万，其中常住人口4390人，流动人口约1万。辖区大部分小区为20世纪90年代初期建成的拆迁安置房小区，存在着"三难"：遗留问题破解难、小区规范管理难、自治力量组织难。

1. 遗留问题破解难

辖区老旧无物业、安置房小区较多，建设比较早，基础设施配套不完善，有的小区无活动场所、无物业管理、无公共维修基金，导致小区破损严重，遗留问题非常多，并且多是涉及政策支持、大额资金等难题。

2. 小区规范管理难

长期以来，因为小区遗留问题多，导致没有物业愿意进驻提供服务。虽然小区治理开展以后，有的小区成立了业委会、管委会，但是由于业主多为困难群体，缴费意识淡薄，业委会在选聘物业、提高物业费等工作推进过程中困难重重，推进小区规范管理难度较大。

3. 自治力量组织难

小区治理主要靠自治力量推动，如何激发内生动力，让广大业主积极行动起来，

---

① 中国社会治理研究会"全国社会治理创新案例（2022）"入选名单。

推动共建共治共享，成为一个非常严峻的现实问题。长期以来，小区居民处于无组织状态，因遗留问题导致部分群众颇有怨言，再加上社区与小区居民沟通渠道少，日积月累对于上级号召和组织的活动参与积极性不高。

（二）创新与实践

为了破解上述难题，社区一直在积极探索解决方案。受共建单位茶话会的启发，2015年园山社区在全市首创了"书记下午茶"共建共治共享工作品牌。该活动由社区党委书记牵头，定期邀请区、街相关负责人进入小区、企业、楼宇，听取民声、解决民忧、温暖民心。在茶香氛围中了解居民的急难愁盼，通过闲话家常解决社区居民的操心事、烦心事和揪心事，弘扬闽南人以茶会友、以茶叙事的传统。

1.巧泡"民心"茶，破解"会而不议"的尴尬

（1）找好定位。"书记下午茶"最初是为了组织好老党员学习设立的，在社区一处晒日角，摆上一个茶桌，小区里的老党员围坐在一起，泡工夫茶、学习文件、交流体会，大家觉得在这种宽松的环境下，消弭掉了平常开会座谈状态下居民群众与社区党委的距离感，更易于表达诉求，社区居民把它贴切形容为"家人朋友的茶叙时光"，这就是最早1.0版本的"书记下午茶"；后来，随着社区治理的不断深入，小区信访不断增加，社区党委主动到小区里接访，利用"书记下午茶"以泡泡茶、话家常的形式倾听群众呼声，变上访为下访，成为信访调解的平台，这是2.0版的"书记下午茶"，停留在听取意见、收集民意重点上；随着小区治理的不断深化，为了更深更透抓治理、更精更细做服务，社区党委就把"书记下午茶"再升级为民主协商平台，广泛收集民生问题，让群众参与进来，实现民主协商的全流程共治闭环。为了避免"会而不议"，"书记下午茶"坚持以"听民声、解民忧、暖民心"为宗旨，以社区党委书记、小区党支部书记为召集人，不拘场地、不拘形式，紧扣社区、小区重点工作议事协商。

（2）建好机制。为了更好地推动民主协商议事，社区党委在实践中不断总结经验，制定了"'书记下午茶'指南"等规章制度，并形成了"提前问事、群众说事、集中议事、事后查实"的工作机制，标准化"书记下午茶"民主议事流程。

首先是提前问事。每周五收集意见，社区党委能处理的问题及时处理，无法立即解决的提交"书记下午茶"民主协商。重要议题发布时，网格员深入小区带动居民关心自家"门前"事。

其次是群众说事。在"书记下午茶"中，社区党委走进小区、企业，居民可反映生活难事、切身利益实事和社区发展大事，书记们认真倾听并记录。

再次是集中议事。社区党委针对收集的议题，邀请相关职能部门、共建单位一起喝工夫茶共商共议，通过温暖的交流，为社区建设贡献智慧和力量。

最后是事后查实。重视结果反馈，保护居民参与积极性。每月底召开一次"书记下午茶"工作会议，跟踪督促本月议定事项，责任落实到人，总结经验，妥善解决问

题，并在小区里公示办理情况和进度，接受群众监督评议，确保居民的话有处说，说出的话有回应。

2. 烹出"连心"茶，破解"议而不决"的尴尬

（1）选好主题。共治共建共享是小区治理的终极目标。"书记下午茶"每月都提前规划，通过"提前问事"环节，让网格员及时收集居民的意见和建议。收集的信息按照轻重缓急分类，急事即办，难事商量办。社区党委紧扣时代主题，综合分析当前的热点、焦点和难点问题，并组织辖区党代表、人大代表、政协委员、居民代表及共建单位、小区业委会、物业、楼道长等提前磋商探讨，把能解决的议题排上"书记下午茶"日程，确保民主协商的有效性和科学性。同时，建立民主协商信息处理流程，能够当场答复的由召集人当场答复办理，使居民诉求或纠纷得到及时解决，对于重大疑难问题和事项当场不能答复的，由社区党委上报相关部门协调落实，最大限度地解决"议而不决"的难题。

（2）定好规则。在基层民主协商、居民议事过程中，经常会出现发言跑题、"一言堂"、打断他人发言等现象，使得协商时间过长，也严重影响了协商的效果和质量。在"书记下午茶"中借鉴"罗伯特议事"规则，制定了约定性、工具性、价值中性的规则，推行权利公正、充分讨论、一时一件、一事一议、多数裁决，促进文明议事和高效决策，并取得了很好的效果。如在园山公寓小区改造意见征集的"书记下午茶"活动中，既让持赞成态度者充分表达意见，也让所有人通过议事规则倾听"反对者"意见，在理解、尊重、平等交流过程中，让那些起初不理解、不支持者情绪得以释放，从争议转化为合作，圆满地完成了小区改造项目。小区在改造的基础上，党支部、业委会牵头，进行了软环境提升、品牌提炼等工作，小区联合体工作模式获得省市有关部门的肯定和广大居民群众的好评，使小区房价一下子涨了近万元，固定资产增值的业主们更加拥护小区党支部、业委会的领导。

3. 奉上"安心"茶，破解"决而不实"的尴尬

（1）讲好故事。"书记下午茶"走街串巷、进楼入户，一路倾听一路办好事实事，深得社区居民、辖区企业拥护。社区党委带动党员干部、居民群众、企业代表全面参与民主协商、家园共建活动，推动小区治理改造升级。原本的一杯工夫茶，成为考验社区基层治理智慧的试金石、讲好民主协商故事的试验田。园山社区大部分为早期安置房小区，针对小区基础功能不全、缺失自治组织等问题，"书记下午茶"建立了"片区联管—组织联建"机制，将邻近几个小区"打包捆绑""自我盘活"；越来越多的小区党支部书记发起"书记下午茶"，将小区事务通过"集体讨论—共同决策"的形式推进，创新开展"党员服务超市""共享工具间"等项目，小区党员和能人以"晒服务""晒承诺"的形式，亮出特长和服务项目，为小区居民提供力所能及的帮助。借由"书记下午茶"平台，挖掘榜样作用，讲好小区故事，将"茶话会、解民忧"的好传统

不断发扬光大。

（2）管好家园。"书记下午茶"链接社区党委、小区党支部、业委会、物业、共建单位、爱心商家等优质资源，不断扩大党建共建"朋友圈"，整合更多社会力量，把资源引进来，打造小区、企事业单位、其他社会组织共治共建"同心圆"。2021年，"书记下午茶"开进园山小区，小区居民提出了建设凝心廊、聚力亭的建议，社区大党委成员湖里区直机关党工委、湖里国投等单位慷慨解囊，捐资捐物7.5万元，居民主动认捐2.5万余元，合力建成了小区休闲场所；2022年，"书记下午茶"参与成员经过讨论，开展了网格联建暨为民服务认领活动，19个单位签订了联建协议，认领了为空巢老人维修家电等11个为民服务项目；"书记下午茶"也推动了居民互信互助，一些小区打造了"物品共享角""工具共享间"，由居民自愿提供闲置工具，让有需要的邻居自行联系借用。"一借一还"间，既打破了小区的"陌生感"，也增进了"远亲不如近邻"的邻里情谊。

（三）成效与收获

社区党委把居民群众柴米油盐酱醋茶的"生活小事"当作"头等大事"来抓，把居民对美好生活的向往作为一切工作的出发点和落脚点，推动数百件民生实事的解决，大大提升了辖区居民的幸福感和获得感。借由"书记下午茶"，书记首要责任充分凸显，示范效应充分释放，民主协商难点痛点得到靶向式破解，"人人参与、人人尽力、人人共享"的社区治理共同体正加速形成。7年来，累计举办"书记下午茶"149场次，收集群众急难愁盼问题和民生事项意见349条，成功解决292条，解决率83.7%。

1. 接地气，离群众更近

"书记下午茶"成立之初，仅仅是在社区一处新建成的晒日角，场所面积小，仅能容纳十几名居民促膝而坐。小小的晒日角，激烈的交流，思想的碰撞，解决了许多"烦心事"，啃下了许多"硬骨头"。如今，"书记下午茶"以"为群众办实事"为宗旨，将服务触角延伸至辖区小微商家和楼宇企业，搭建社区党委与企业、企业与居民的互动"微平台"，"书记下午茶"成为联系小微企业与居民的"利企便民连心桥"。2020年新冠疫情暴发，社区小微企业受疫情影响出现经营困难，"书记下午茶"开到企业，参会的工商银行园山支行立即为5家企业授信2000万元助企发展，为3家企业降低收款费率，用实际行动支援企业。

2. 办实事，让居民更暖心

社区工作就是群众工作，要把居民的难事放在心上，更要走到群众中去。一杯茶拉近距离，打开话匣。通过"书记下午茶"，园山社区党委厘清问题，提出针对性对策，园山公寓小区治理经验荣获2021年福建省基层党建创新案例，"园山社区构筑小区服务全龄覆盖的'五个暖心园'"荣获湖里区"改革创新奖"二等奖。"书记下午茶"从关怀困难居民、化解矛盾纠纷到小区改造升级、拓展志愿服务，汇聚了邻里大小事，发挥了群众大智慧，解决了小区烦心事。"书记下午茶"不仅致力于大问题，只要群众有需求，始终坚持群众事无小事，事无巨细都放在心上，并努力加以解决。2020年厦门换发厦门市民卡，社区部分老人行动不便无法到银行办理，社区党委协调工商银行园山支行上门服务，获得社区老人好评。

3. 贴民心，让近邻更亲

"书记下午茶"坚持在形式上创新，打破以往的学文件、听讲话等单一模式，在内容上注重多样性，在形式上注重便民化，使大家乐于融入成为主角。比如，社区党委为50年以上党龄的老党员集体过"政治生日"、开展红歌大家唱、"我为祖国读本书"朗读比赛等活动都一一融入"书记下午茶"中，活动与会议实现无缝对接。同时充分融合"三会一课""党史学习"等内容，既学了党章党规，又做到了学用结合；既增强了书记的责任感，也增强了党员居民的参与感、获得感。2022年"书记下午茶"不仅加入了好邻居、好朋友的元素，还融入了更多闽南元素、乡情共情的文化，开展闽南童玩节、闽南美食陪邻过四季、有话好好说、有邻真好——邻里互助认领活动。"书记下午茶"俨然成为党建朋友圈、社区好邻里大聚会，既加强了联系，也增进了感情。

（四）经验与启示

"书记下午茶"不仅是新时代践行群众路线的工作创新，也是深化基层治理、民主协商的重要举措。"书记下午茶"作为基层民主协商的平台，目前已经在湖里很多社区推广，衍生了"小区事务听评会""吾听邻说""书记接待日"等新品牌。给我们带来如下启示：

1. "书记下午茶"变"听我说"为"听您说"

善于倾听群众意见，是我们党的优良传统。在实际工作中，有的地方政府已经把这个精髓完全忘却，决策中经常是"替民做主"，想当然拍脑袋，凭自己的主观意愿或经验做事，在民主决策中的表现经常是"你要听我说"，而不是充分听取各方意见，下基层、访民生，问计于民、问策于民。"书记下午茶"就是聚焦这一痛点，社区党委主动走进小区、企业，走进居民、员工中，倾听他们的呼声，像朋友式的平等交流，不设主席台，不拘泥于形式，真听真说真落实，只有这样才能科学民主决策。

2. "书记下午茶"变"无处说"为"有地说"

近年来，随着改革不断深化，一些深层次问题不断暴露，群众经常是投诉无门、投诉无果，对党和政府的公信力产生不良影响。"书记下午茶"到小区广场、企业车间访贫问苦，主动下访收集民情民意民声，让"居民的话有处说，说出的话有回应"。"书记下午茶"是基层治理的创新和尝试，让群众代表们在轻松的氛围中畅所欲言、共谋发展，提升了社区居民的存在感、获得感和幸福感。有的居民代表说，之前有问题不知道找谁说，现在大家坐在一起，针对主题展开讨论，成果更容易落地。

3. "书记下午茶"变"净白说"为"不白说"

以往在征求群众意见的过程中，群众不是说好话，就是说瞎话，有的说了实话，最后往往也是不了了之，长此以往群众就对征求意见、民主协商产生了偏见，说了也白说，还不如不说。"书记下午茶"是加强和创新社会治理的新举措，也是搭建在百姓身边的服务网络，自开办以来，就始终把"为群众办实事"作为目标，做到事事有落实、件件有回应、群众说了不白说，"书记下午茶"的问题解决率为83.7%就是一个最好的诠释。有了"书记下午茶"后，群众把心里话说出来，小到家长里短，大到小区改造，在园山，与群众生产生活息息相关的问题，如今都能在"书记下午茶"找个说法。

案例三 安心社工介入社区特殊人群关爱服务探索[①]

（一）抑郁症的主要特点

（1）抑郁症是一种情绪障碍，主要特点是持续的沉重抑郁情绪，伴随自卑、无助感。患者可能经历睡眠障碍、注意力不集中，甚至出现自杀倾向。

（2）抑郁症的具体表现是一个教育知识点，也是服务介入的时候要考虑到的因素。

社工要把握好职责，在服务过程中不做疾病诊断，可以提醒患者及其家属比对症状做自查，或者告知他们去专科医院诊断，社工是依据诊断提供服务，不是诊断的专业人员，要把握好工作伦理，以免给患者和家属带来焦虑或超预期的期待。

（二）抑郁症康复六阶段

1. 挣扎期

挣扎期有四个特点，这时候疾病带给患者和家属的困扰是最大的，这个时期不是康复介入的时期，是资源提供和对亲属提供服务的时期。

2. 治疗期

患者开始尝试面对疾病，并借助医疗的方式让自己情绪、心理、现实层面有空间应对疾病，这时候可以提供的服务包括药物治疗、心理治疗等。

3. 清醒期

患者会回看生病的历程，当适应了疾病，心情放松，在这种情况下，会出现无措，也开始思虑未来，当疾病的影响减少，对现实的思量会更多，随之会带来焦虑。

4. 自我探索期

这个时期有四个细分的发展阶段：与疾病共处，疾病的影响减少，能共处，会有波动，负面性影响多数情况下低于首次发病，患者自己有应对疾病的经验了；自我调整，开始结合自己的情况，将经验转化到日常的生活中；寻找支持，此时患者有与外界联动的动力了，主动寻找支持的可能性变大；向好思考，进而燃起了康复的希望，社工服务介入的契机和空间出现了。

---

① 资料来源：深圳市龙华区委党校，深圳市鹏星社会工作服务社。

5. 生活意义找回期

社工协助患者从过往的经验中找寻有意义的事，也可以根据实际和患者一起发现有意义的事，或者是结合案主和情境规划新的生活。

6. 行动期

结合第五阶段的规划，从易到难地陪伴患者行动起来，在行动中扮演陪伴、支持、指引等角色。

（三）康复支持系统及功能

（1）家庭支持的功能是发挥"陪伴的力量"，支持技巧主要有家庭要给予抑郁症患者理解、信任，帮助抑郁症患者减轻病耻感，给予患者适切关心等。

（2）专业支持的功能是激发患者和家庭"康复的希望感"，支持技巧主要有有效的药物治疗、暖心的心理服务、及时的知识普及等。

（3）同伴支持的功能是发挥群体支持作用，比如说："因为淋过雨，所以想给别人撑把伞。"其支持技巧主要有同样经历的人可以抱团取暖、分享疾病和生活应对经验、提供朋辈支持等。

（4）社区支持是强有力的力量，让患者感受友好的康复环境，有走出心理孤岛的动力。其支持技巧主要有提供资讯和服务、政策和服务。

（5）社会支持的功能是为患者提供心理安全感。其技巧主要有提高社会接纳度，去"污名"，营造友好康复环境。

（四）康复服务设计

1. 服务方向

民政部等相关部门明确提出，到2025年在社区康复的县（市、区）中，60%以上的居家患者接受社区康复服务，基本建立以家庭为基础、机构为支撑、"社会化、综合性、开放式"的社区康复服务体系。

2. 服务总述

针对该服务对象的内容可以概括为以下六个部分。

第一，心理疏导。疏导内容包括具体事情引发的情绪低落或波动，莫名的情绪波动，过往的创伤，等等。

第二，预防复发。抑郁症知识的普及，照顾知识及照顾压力的舒缓，与疾病共处的经验总结。

第三，社交训练。内容：发挥"临时客体"的积极意义，提供有效的社交体验；开展团体性的工作坊或小组，提供同伴支持服务；适度的正向鼓励。

第四，职业康复。鼓励寻找有意义的事情，就业就是重要的选择之一，尤其是过往有经验的个案，可以从职业康复介入支持患者尽快融入社会。

第五，社区康复。鼓励走出家门，作为社区成员，鼓励到公共场合，使用公共设施，参与一些团体活动等，也可以尝试做志愿者。

第六，公众教育。开展多形式的教育活动，重视公众教育，减少污名。艺术、戏剧、文创等是现阶段较为流行的公众宣传教育方式。

（五）社工介入技巧

技巧一：有逻辑地设计需求为本的服务。

技巧二：情感流动提供安心服务。

交谈前认真评估：在与抑郁症患者进行交谈时，首先需要预估交谈的过程，并准备应对可能出现的情况或问题。确保选择适当的环境也至关重要：设施安全、光线明亮、空气流通、整洁舒适的环境对患者有莫大的好处。墙壁可以选择明快的色彩，适当摆放鲜花或绿植，有助于调动患者的情绪，激发他们对生活的热爱和积极性。

做到共情：所谓共情，就是要深入患者的内心世界，去理解和体会患者的情感和思维。与抑郁症患者沟通，首先要让患者知道你理解他们的处境，并会和他们一起努力渡过难关。这样才能让患者感到被理解、尊重和接纳，从而减轻他们焦虑抑郁等负面情绪。

技巧三：系统视角，善用个案管理模式。运用个案管理模式，发挥社工个案管理作用，整合资源提供系统服务。

案例四　运用社会心理服务体系搭建的平台处理突发事件 [①]

社会心理服务体系搭建的平台是为了高效处理突发事件而设计的结构化系统。首先，该平台应包含清晰的组织结构和责任分工，确保在突发事件发生时能够迅速响应。通过建立紧密合作的团队，包括应急响应、沟通协调和资源调配等部门，提高处理突发事件的协同效率。其次，信息管理是平台的核心要素。建立健全的信息收集、分析和传递机制，以确保各个层级都能及时获取准确的信息。平台还需要制定详尽的应急预案，包括紧急疏散、资源调度、危机公关等方面的操作步骤。通过定期演练和培训，确保相关人员熟悉应对流程，提高应急响应的效能。

（一）案例背景

在面临不断增多的突发事件威胁下，建立体系搭建的平台成为当务之急。这一背景下，社会机构认识到迅速响应和协同行动的重要性，着手构建一个有组织、高效的系统。该平台旨在整合资源、加强信息流通，并通过制订详尽的应急预案和定期演练，以提升社会机构在处理突发事件时的整体应变能力。这一体系搭建的平台为社会在灾难和紧急情况下的协同合作提供了有力保障。

（二）案例举措：多部门联动，探索"心理服务＋矛盾调解"服务

为有效应对突发事件，通过建立多部门联动的协同机制，包括社区网格组、社区

---

① 资料来源：深圳市龙华区委党校，深圳市鹏星社会工作服务社等整理。

党群社工团队、社区民警、人民调解员、心理咨询师。打造"区—街道—社区"三级社会心理服务体系，线上线下相互联动，为居民提供多形式、多途径、多元化心理服务。首先，搭建信息共享平台，确保各部门及时获取准确数据。其次，明确责任分工，建立高效的指挥机构，提高决策速度。同时，定期组织跨部门培训和演练，增强团队协同应对突发情况的能力。这一全面方案将促使社会机构更加有序、迅速、有力地应对各类突发事件。

（三）案例效果

通过"区—街道—社区"三级社会心理服务体系，积极探索"心理服务＋矛盾调解"方式，建立社会心理服务体系，推进心理健康科普宣教、心理咨询服务、心理危机干预等工作纵深开展，形成党建引领，深入基层、预防为主，心理疏导、化解矛盾的社会心理服务体系思路。

案例五 运用心理卡牌等工具协助社区女性提升家庭关系和谐度 [1]

（一）社区女性人群问题分析

社区女性人群问题分析是一项关注性别差异和女性需求的研究，旨在全面了解社区中女性的生活状况及面临的挑战。根据最新数据，社区女性占总人口的51%，主要分布在25~40岁。尽管女性在教育方面取得了显著进步，有超过70%完成了高中以上学历，但在职场中仍然存在性别差异，女性平均收入仍低于男性。此外，有约30%的女性表示在工作场所遭受过性别歧视。

在家庭角色中，有一部分女性在照顾家庭和子女的同时，面临职业发展的困境。在心理健康方面，有20%的女性承认曾经历焦虑和抑郁，强调了心理健康支持的迫切需求。

这一问题分析揭示了社区女性在职场、家庭和心理健康方面的挑战。为了支持社区女性的全面发展，应采取针对性措施，包括提供平等就业机会、改善职场环境、强化家庭支持体系以及加强心理健康服务。这样的综合支持将有助于创造更加平等、包容的社区环境，促进女性在各个领域的持续发展。

（二）理论支撑

生态系统理论：家庭成员的问题和需要是家庭生态系统各部分交流的结果。强调系统的整体统一性，强调系统的结构与系统各组织水平之间的关系，有较强的关系取向。系统的原则强调研究系统各个水平内及各个水平间的相互关系，强调系统的动态特征。

家庭系统理论：家庭是一个相互影响、相互关联的系统，家庭成员之间的互动和

---

[1] 资料来源：深圳市龙华区委党校，深圳市鹏星社会工作服务社等整理。

沟通是家庭功能和关系的重要基础。本次活动帮助夫妻意识到他们作为一个系统的重要性，促使他们通过有效的沟通和互动来改善家庭关系。

（三）具体做法

为应对社区女性人群问题，我们可以采取一系列具体做法，以提升女性在职场、家庭和心理健康方面的整体状况。首先，我们将推动平等就业机会，倡导雇主建立公正的招聘和晋升机制，确保女性在职场中获得公平对待。此外，我们将加强职场培训，提供技能和知识，助力女性在各行各业更好地发展自己的职业生涯。

在家庭支持方面，我们将倡导家庭责任的平等分担，通过宣传教育和政策支持，鼓励家庭成员共同承担家务和子女抚养责任。此外，我们将推动灵活的工作安排，使女性更容易平衡工作与家庭生活。

关注心理健康，我们将建立专门的心理健康支持体系，提供心理咨询服务，帮助女性有效处理职业和生活压力。定期组织座谈和心理健康培训，以促进女性对心理健康意识的关注和提高抗压能力。

这些具体做法的综合实施，有助于创造一个更加平等、关爱的社区环境，为女性提供更多发展机会，使她们能够在职场、家庭和心理健康领域全面展现潜力，推动社区的全面发展。

（四）取得成效

通过社工的努力，社区女性人群问题得到了显著的改善。首先，平等就业机会的推动取得了明显成效，女性在职场的晋升机会增加，平均收入水平有所提高。职场培训的实施使女性更具竞争力，获得了更广阔的职业发展空间。

在家庭支持方面，社工的倡导促使家庭责任的平等分担成为社会共识，更多的家庭实现了家务和子女抚养的共同承担。灵活的工作安排使女性更灵活地平衡职业与家庭之间的需求，提高了工作效率，减轻了生活压力。

心理健康支持体系的建立为女性提供了专业的心理咨询服务，增强了她们的心理韧性，有效缓解了工作和生活压力。定期的座谈和培训活动促进了女性对心理健康的关注，提高了整体社区人员的心理素质。

这些成效不仅让社区女性在职场、家庭和心理健康方面取得了实质性的进步，也为社区整体的和谐发展打下了坚实的基础。我们将继续努力，倡导更多平等、关爱的社区氛围，促使女性更好地参与社会发展，共同创造更美好的未来。

案例六　运用社会心理服务体系搭建的平台处理突发事件[①]

体系搭建的平台是为了高效处理突发事件而设计的结构化系统。首先，该平台应

---

①　资料来源：深圳市龙华区委党校，深圳市鹏星社会工作服务社等整理。

包含清晰的组织结构和责任分工，确保在突发事件发生时能够迅速响应。通过建立紧密合作的团队，包括应急响应、沟通协调和资源调配等部门，提高处理突发事件的协同效率。其次，信息管理是平台的核心要素。建立健全的信息收集、分析和传递机制，以确保各个层级都能及时获取准确的信息。平台还需要制订详尽的应急预案，包括紧急疏散、资源调度、危机公关等方面的操作步骤。通过定期演练和培训，确保相关人员熟悉应对流程，提高应急响应的效能。

（一）事件背景

在面临不断增多的突发事件威胁下，建立体系搭建的平台成为当务之急。在这一背景下，社会机构认识到迅速响应和协同行动的重要性，着手构建一个有组织、高效的系统。该平台旨在整合资源、加强信息流通，并通过制订详尽的应急预案和定期演练，以提升社会机构在处理突发事件时的整体应变能力。这一体系搭建的平台为社会在灾难和紧急情况下的协同合作提供了有力保障。

（二）多部门联动应对突发事件

为有效应对突发事件，我们将建立多部门联动的协同机制，包括社区网格组、社区党群社工团队、社区民警、人民调解员、心理咨询师。首先，搭建信息共享平台，确保各部门及时获取准确数据。其次，明确责任分工，建立高效的指挥机构，提高决策速度。同时，定期组织跨部门培训和演练，增强团队协同应对突发情况的能力。这一全面方案将促使社会机构更加有序、迅速、有力地应对各类突发事件。

第四节 答疑解惑

问题1：专业社会工作者参与基层治理的基本理论有哪些

专业社会工作参与基层治理的理论可以通过两个维度来理解，第一个维度是政策维度。需要学习、理解和贯彻关于基层治理的系列政策，尤其是党的二十大报告提出了"中国式现代化"的命题，对我国现代化的特征进行了清晰的勾画，对我国经济社会发展具有重要的指导意义。中国式现代化的特点及其本质阐述，对于我国社会工作在新发展阶段的发展也具有重要的指导作用。在党的领导下，社会工作要服务国家现代化建设、服务民生，重视专业服务和本土实践经验的互动和结合，建构与中国式现代化进程相适应的社会工作发展模式。党的社会工作部及其系统的建立是补齐社会建设短板、加强社会领域治理、促进基层治理体系和治理能力现代化的重要举措。党的社会工作是党建指导下的、面向社会领域的、用多种社会工作方法，了解群众要求、协助解决民生问题、促进社会治理和社会建设的工作。在社会领域实现党在政治上统领，组织建设全覆盖，重要社会性工作的统筹、指导，促进基层社会治理和社会建设。社会工作必须回应经济和社会发展提出的要求，秉持专业理念，扮演积极角色，在实现中国式现代化的进程中发挥更加积极的作用。

第二个维度是社会工作的专业理论。主要包括心理动力学、认知行为理论、生态系统理论、人本主义理论、存在主义理论、女性主义理论与增权视角、叙事理论等，这些社会工作的专业理论，从不同维度和视角为新时代专业社会工作参与基层治理提供了理论支撑。

问题 2：专业社会工作者参与基层治理的主要方法有哪些

社会工作的九大方法是社工实践的基础和指导，它们强调以服务对象为中心的理念，帮助社工进行研究和评估，发挥领导作用，并鼓励进行反思和持续的专业发展。这些方法对于提高社工的实践效果和服务质量具有重要意义。

主要的工作方法有：个案工作法、小组工作法、社区工作法、宣传工作法、咨询工作法、调解工作法、研究工作法、培训工作法、督导工作法。这些工作方法要基于社会工作参与基层治理的实际情况，在专业评估的基础上，择优选取一种或者几种，按照社会工作流程进行实践，并在实践中不断优化、调整策略和方法，达到社会工作目标。

问题 3：新时代专业社会工作者参与基层治理需要哪些基本素养

专业社会工作者在参与基层治理中，不仅需要较高的政治素养、政策理解和执行素养，同时也要具备专业社会工作能力。《社会工作综合能力》（中国社会出版社，2023 年版）概括出社会工作者应具有六类基本能力：沟通与建立关系的能力，促进和使能的能力，评估和计划的能力，提供服务和干预的能力，在组织中工作的能力，发展专业素质的能力。

新时代专业社工参与基层治理，在上述能力基础上，我们总结出九种基本素养和能力：注重倾听沟通，建立情感共鸣；保持热情真诚，建立信任关系；培养观察能力，捕捉细节变化；把握服务方向，有效制定目标；识别问题敏锐，分析需求精准；挖掘多方资源，搭建互助网络；勤反思重交流，关注服务效果；提高专业素养，提升服务质量；觉察自我情绪，善于自我调适。

第五节 考核通关

一、考核形式

（一）撰写案例计划书

根据考核主题"如何跟来访者展开面谈"，运用课程所学理论知识与实践经验，撰写一份首次面谈计划书，要求需求分析到位、目标定位精准、面谈注意事项考虑周全、资源整合合理等。

（二）情景模拟

每组针对给出的案例情景讨论大约 5 分钟，选出 1 名社工扮演者及 1 名来访者扮演者进行情景模拟，用所学的面询技巧真实展现咨询过程，综合各组的表现，最后评选出 1 名安心社工实务能手，1 名最佳来访者扮演者。

二、考核要求

（一）案例情景

一位社区居民来到党群服务中心寻求社工帮助，讲述自己近来睡不着觉，情绪很低落，做什么事情都提不起兴趣，怀疑自己得了抑郁症。作为安心社工，你会如何跟这位居民展开首次面谈？

（二）案例计划书框架

每名学员需要撰写一份面谈介入计划书，内容需要包括用所学的理论及知识写明你对此居民面临的问题与需求的分析、此次面谈的目标、安心社工的角色、面谈的注意事项、可以整合哪些资源帮助他等。

（三）案例考核标准

包括理论适切性（20 分）、需求真切性（20 分）、目标有效性（20 分）、角色定位合理性（20 分）、面谈注意事项全面性（10 分）、整合资源的现实可行性（10 分）六个维度，满分 100 分。

（四）情景模拟要求

每组针对情景讨论大约 5 分钟，选出 1 名社工扮演者及 1 名来访者扮演者进行情景模拟，用所学的面询技巧真实展现咨询过程。

（五）情景模拟考核重点

专业能力（70 分）：价值理念内化、知识理论应用、沟通表达等；面谈成效：对目标准确把控，回答问题的精准性等；舞台表现：情景应变能力、整体形象等。

每个人按照提供的案例计划书模板撰写计划，时间为 60 分钟，做好时间规划，最后 15 分钟会提醒。

（六）情景模拟讨论

每组根据案例的情景讨论选择 1 名社工扮演者，1 名来访者扮演者，然后全组一起讨论 5 分钟，全程时间为 30 分钟，最后 5 分钟会提醒。

主要参考文献

［1］习近平.高举中国特色社会主义伟大旗帜为全面建设社会主义现代化国家而团结奋斗：在中国共产党第二十次全国代表大会上的报告［J］.中国人大，2022（21）：6-21.

［2］习近平关于"不忘初心、牢记使命"论述摘编［J］.实践（党的教育版），2019（9）：45.

［3］陈柏峰.社会诚信建设与基层治理能力的再造［J］.中国社会科学，2022（5）：122-142+207.

［4］顾东辉.从"区而不社"到共同体：社区治理的多维审视［J］.西北师大学报（社会科学版），2021，58（6）：89-97.

［5］周进萍.从"共同治理"到"治理共同体"：基层社会治理实践逻辑转换［J］.重庆社会科学，2022（10）：97-107.

［6］郁建兴.社会治理共同体及其建设路径［J］.公共管理评论，2019，1（3）：59-65.

［7］王思斌.新中国70年国家治理格局下的社会治理和基层社会治理［J］.青海社会科学，2019（6）：1-8.

［8］俞可平.治理与善治［M］.北京：社会科学文献出版社，2000.

［9］王天夫.构建社会治理体系建设社会治理共同体［J］.社会治理，2020（1）：17-19.

［10］徐顽强.社会治理共同体的系统审视与构建路径［J］.求索，2020，40（1）：161-170.

［11］姜晓萍，田昭.授权赋能：党建引领城市社区治理的新样本［J］.中共中央党校（国家行政学院）学报，2019，23（5）：64-71.

［12］吴培豪，钱贤鑫，衡霞.基层协商民主助推社会治理共同体建设的运作机制与驱动逻辑：基于"红茶议事会"的案例研究［J］.湖北社会科学，2023（9）：30-41.

［13］李强.新清河实验及其社会学意义［J］.社会学评论，2021，9（5）：5-19.

［14］王思斌.社会工作参与社会治理的特点及其贡献：对服务型治理的再理解［J］.理论探索，2015（1）：49–57.

［15］杨君，徐永祥，徐选国.社区治理共同体的建设何以可能？：迈向经验解释的城市社区治理模式［J］.福建论坛（人文社会科学版），2014（10）：176–182.

［16］王思斌.社会治理共同体建设与社会工作的促进作用［J］.社会工作，2020（2）：3–9+108.

［17］邓雅丹，葛顺道.社会工作参与社会治理精细化的探索［J］.长白学刊，2019（3）：127–133.

［18］王恒胤.社会治理共同体：党建标准化视野下党建社工的功能定位［J］.广西社会科学，2021（12）：144–149.

［19］原珂，赵建玲."五社"联动助力基层社会治理共同体建设［J］.河南社会科学，2022，30（4）：75–82.

［20］付钊.社会工作参与社区治理共同体建构的实践策略与行动逻辑：基于"情感—关系—行动"解释框架的分析［J］.新疆社会科学，2023（3）：139–149+152.

［21］赵记辉.社会工作如何参与社会治理［J］.中国党政干部论坛，2016（10）：96–98.

［22］张雅茹.合作治理视域下社会工作介入社会治理共同体建构研究［D］.成都：西华大学，2020.

［23］刘霞，李新宇.社会工作介入农村社区治理研究：以山东省崖子镇大崮头社区为例［J］.世界农业，2015（12）：85–89.

［24］张晓.马克思公共性思想及其当代价值研究［D］.成都：电子科技大学，2019.

［25］卢梭.社会契约论［M］.李平沤，译.北京：商务印书馆，2011：21.

［26］马克思，恩格斯.马克思恩格斯文集：第1卷［M］.北京：人民出版社，2009：46.

［27］袁方成，王泽.中国城市社区治理现代化之路：一项历时性的多维度考察［J］.探索，2019（1）：117–126+193.

［28］任文启，吴岳.基层治理现代化中社工站建设的背景、定位与策略［J］.中国民政，2022（9）：58–59.

［29］罗兆均，毛小娟.社会工作参与社会治理困境及优化策略研究：以重庆市×社区为例［J］.重庆工商大学学报（社会科学版），2023，40（4）：158–164.

［30］张帆.市域社会治理现代化视角下的社区治理能力提升研究［J］.延边党校学报，2023，39（2）：83–85.

［31］王思斌.中国式现代化新进程与社会工作的新本土化［J］.社会科学文摘，

2023（4）：96-98.

［32］张和清，廖其能，李炯标．中国特色社会工作实践探索：以广东社工"双百"为例［J］.社会建设，2021，8（2）：3-34.

［33］杨冬玲，李泉然．新时期专业社会工作参与社会治理的内在逻辑、价值内涵和实践路径研究［J］.漯河职业技术学院学报，2022，21（3）：69-75.

［34］桑果果，马秀霞．新时代专业社会工作参与基层社会治理本土化的困境与路径［J］.成都行政学院学报，2022（1）：68-76+118.

［35］陈光，邵慧峰．论社区治理规范化中党的制度建设的引领作用［J］.中共天津市委党校学报，2022，24（4）：75-83.

［36］彭澎，刘勇华，黄婷，等．新时代法治乡村建设的制度价值与推进路径研究［J］.湖南行政学院学报，2020（3）：40-49.

［37］徐佳琳．音乐治疗元素在团体心理辅导活动课中的实践和思考［J］.新课程评论，2021（3）：98-103.

［38］黎汉文．社区群众文化活动的策划与创新探析［J］.文化研究，2021（7）：32-36.

［39］任文启，吴岳．成都市旧城区社区文化活动中心更新策略研究［J］.智能建筑与智慧城市，2023（9）：58-59.

［40］巴日斯浩特．浅谈群众文化活动创建特色创新的探索［J］.商情，2019（20）：274.

［41］史维涛．群众文化活动的策划与创意分析［J］.文化产业，2019，145（24）：55-56.

［42］谢睿．浅谈如何开展社区群众文化活动［J］.人文之友，2020（1）：7.

［43］姜珊．浅析群众文化艺术活动策划及创意发展问题［J］.海外文摘·学术，2021（2）：1-2.

［44］唐有财，王天夫．社区认同、骨干动员和组织赋权：社区参与式治理的实现路径［J］.中国行政管理，2017（2）：75-80.

［45］周望，焉超越，董欣滢．社区公共空间儿童友好度影响居民参与社区治理的实证研究［J］.深圳社会科学，2021，4（6）：83-95.

［46］李良森．加强调查研究推进科学决策：在全市政研工作会议上的讲话［J］.山区经济，2013（3）：3-5.

［47］刘凯．电子商务以赛促学教学模式实施分析［J］.教育界：高等教育研究（下），2013（10）：10-12.

［48］王丽娜．城市人工景观特色分级方法研究［D］.武汉：华中科技大学，2011.

［49］田旭，沈君．今天你头脑风暴了吗？：浅析头脑风暴在节目创意中的运用

［J］.电视时代，2010（7）：21-23.

［50］王学智.论港务企业行政管理中的办公室协调艺术［J］.办公室业务，2018（18）：48.

［51］王安荣.党建与社会工作相融合的路径探索［D］.南昌：江西师范大学，2020.

［52］郝树源.治安调解策略探析［J］.公安学刊（浙江警察学院学报），2013（2）：31-33+37.

［53］马培新.中西方秘书会务工作比较研究［J］.西藏民族学院学报（哲学社会科学版），2002（2）：69-73.

［54］江峰.善用"四镜"开好现场办公会［J］.秘书，2016（8）：22-23.

［55］魏文涛.对工作总结的认识［J］.秘书，2009（1）：38-39.

［56］王静，阚童.从对立到对话，从对抗到合作：珠海南村豪苑小区业主议事会的故事［J］.现代物业（中旬刊），2017（Z1）：71-73.

［57］中央纪委办公厅印发工作意见集中整治形式主义官僚主义重点整治四个方面12类突出问题［J］.中国纪检监察，2018（19）：7.

［58］张国栋.整治学风会风文风及检查调研方面的突出问题：在"减负"中锤炼务实作风［J］.中国纪检监察，2018（20）：33-34.

［59］杨烁壁，史自强."基层减负年"：减量提了质，减负提了劲［J］.黄金时代，2019（9）：12-13.

［60］严长钧."减负"背景下如何使会议更高效［J］.秘书之友，2019（6）：20-21.

［61］崔正佳.互联网赋能基层治理高质量发展的实现策略：推荐《"互联网+"基层治理现代化的思考》［J］.新闻记者，2024（1）：113.

［62］李华胤.国家建设视野下基层治理的社会基础构筑［J］.江苏社会科学，2023（4）：54-63.

［63］黄雨晴.从社会性出发：中国社会工作数字化转型的影响与应对［J］.华东理工大学学报（社会科学版），2023，38（3）：42-55+69.

［64］金筱霖，王晨曦，张璐，等.数字赋能与韧性治理双视角下中国智慧社区治理研究［J］.科学管理研究，2023，41（1）：90-99.

［65］王志立，刘祺.数字赋能市域社会治理现代化的逻辑与路径［J］.中州学刊，2023（2）：73-81.

［66］侯利文."党建"社会工作：何以可能？如何可为？：兼谈社会工作的本土化［J］.河北学刊，2022，42（6）：9-15.

［67］杨威威，郭圣莉，魏雷东.演进、变迁及动力：社会工作参与基层治理的制

度创新历程分析［J］.甘肃行政学院学报，2022（5）：16-30+60+124-125.

［68］胡莹.数字社会工作的概念、发展与青年社会工作者面临的伦理挑战［J］.当代青年研究，2022（5）：119-128.

［69］童敏，周晓彤.基层治理与自我增能：中国特色社会工作道路的理论审视［J］.华东理工大学学报（社会科学版），2022，37（5）：1-12.

［70］毛文璐.市域社会治理现代化的体系建构与推进路径［J］.北京社会科学，2022（6）：120-128.

［71］魏钦恭.数字时代的社会治理：从多元异质到协同共生［J］.中央民族大学学报（哲学社会科学版），2022，49（2）：77-87.

［72］王力平.社会工作与基层治理的协同发展［J］.甘肃社会科学，2019（5）：171-178.

［73］刘波，方奕华.基于社会网络分析的公共服务供给网络优化研究：以西安、深圳、杭州为例［J］.华东经济管理，2018，32（8）：41-48.

［74］成洪波，徐选国，徐永祥.社会工作参与基层社会治理的机制创新及其实践逻辑：基于东莞市横镇的经验研究［J］.福建论坛（人文社会科学版），2018（7）：126-135.

［75］向国敏.会议学与会议管理［M］.北京：首都经济贸易大学出版社，2019.

［76］李青青.浅析人民调解工作现状［J］.职工法律天地，2016（6）：78.

［77］魏勇，李业文，李颖，等.山东省政府与工会联席会议机制建设研究［J］.山东工会论坛，2015，131（2）：6-9.

［78］魏玉芝.市场调查与分析［M］.大连：东北财经大学出版社，2007.

［79］邵泽慧.厉以宁：新世纪管理人才的三大要素［J］.中国研究生，2003（2）：51-52.

［80］叩颖.秘苑摘萃［J］.秘书之友，2014，334（4）：47-48.

［81］郭圣莉，王宁，唐秀玲.分层决策与利益联结：我国小区治理困境的破解及其常态化机制研究［J］.理论探讨，2022，228（5）：63-71.

［82］整治形式主义官僚主义教育读本［M］.北京：中国方正出版社，2020.

［83］马代绍俊.反对形式主义官僚主义案例与启示［M］.北京：东方出版社，2019.

［84］廖文生.用"逻辑树"拆解问题［N］.解放军报，2017-06-14（6）.

后　记

党的二十届三中全会提出，到二〇三五年，基本实现国家治理体系和治理能力现代化。基层治理是国家治理的基石，街道（乡镇）和社区（村）级层面工作人员的能力水平直接关乎基层治理的能力水平。面对新形势新征程，着力提升基层治理工作一线人员的能力水平，实属紧要之举，意义重大。

当前市面上出版了不少关于街道（乡镇）和社区（村）级层面工作人员能力建设的书籍，但从基层治理全域现代化视角、紧扣提升街道（乡镇）和社区（村）工作人员核心工作能力的实用型书籍还不多见，因此本手册试图做一些有益尝试。

本手册涉及大量工作，得到了相关单位和诸多专家学者的指导和帮助。深圳市龙华区委党校联合中国社会治理研究会策划编撰了本手册，中国社会出版社的编辑人员对手册进行了专业审校，《社区活动策划》主编张晓琴团队、浙江警察学院"枫桥经验"与社会治理研究院教授卢芳霞团队、萝卜规则社区发展促进中心王静团队、中国灾害防御协会应急救援专业委员会滕振宇团队、重庆老杨群众工作站、重庆老马工作室等为本手册提供了丰富、鲜活的实践案例和写作素材，首都经济贸易大学社会工作专业硕士研究生尹铮、袁姝彧、唐佳滔、陈彤彤等参与了本手册资料的收集整理工作。特此向他们表达诚挚的感谢！

本手册可能还存在一些不足，还请读者批评指正。

《基层治理能力提升特色实训手册》编写组

2024 年 11 月